1781

Simon Wiesenthal

Die Sonnenblume

Von Schuld und Vergebung

Hoffmann und Campe

Titel der Originalausgabe
Die Sonnenblume

Die Übertragung der fremdsprachigen Texte ins Deutsche
besorgte Eva Gärtner.

1. bis 5. Tausend 1970

ISBN 3 455 08292 0. Printed in Germany

Die Sonnenblume

Was hatte Arthur heute nacht gesagt? Angestrengt versuchte ich mich zu erinnern. Es war etwas sehr Wichtiges gewesen. Wenn ich nur nicht so müde wäre!
Ich stand auf dem Appellplatz, auf dem sich langsam die Häftlinge sammelten. Sie hatten eben »Frühstück« gefaßt - eine dunkle, bittere Brühe, von den Lagermannschaften großartig Kaffee genannt. Noch im Gehen schlürften sie dieses Zeug hinunter, um nur ja rechtzeitig zum Appell zu kommen.
Ich hatte keinen Kaffee geholt, ich wollte mich nicht durch die Menge drängeln. Der Platz vor der Küche war ein beliebtes Jagdrevier für die vielen Sadisten in den Reihen der SS. Sie versteckten sich meist hinter den Baracken, um sich plötzlich wie Raubvögel auf die wehrlosen Häftlinge zu stürzen. Jeden Tag gab es dort Verletzte. Das gehörte zum »Programm«. Stumm und bedrückt standen wir herum und warteten auf den Befehl zum Antreten. Doch meine Gedanken beschäftigten sich heute nicht mit den Gefahren, die dabei fast immer auf uns lauerten, sie kreisten unablässig um das Gespräch von gestern nacht.
Ja, jetzt erinnerte ich mich wieder.

Es war schon spät. Wir lagen im Dunkeln, man hörte unterdrücktes Stöhnen, leises Flüstern, dazwischen gespenstisches Knarren, wenn sich jemand auf seiner Holzpritsche bewegte. Gesichter waren nicht zu erkennen. Nur an der Stimme konnte man unterscheiden, wer sprach.

Den Tag über waren zwei aus unserer Baracke im Ghetto gewesen. Der Scharführer hatte es ihnen bewilligt. Eine Laune? Vielleicht gepaart mit einer kleinen Bestechung? Ich wußte es nicht. Wahrscheinlich bloß eine Laune - womit konnte schon ein Häftling einen Scharführer bestechen?
Jetzt berichteten sie.
Arthur hockte dabei und neigte den Kopf zu ihnen, um nur ja kein Wort zu verpassen. Sie berichteten Neuigkeiten von draußen, vom Kriegsgeschehen. Ich lag halb schlafend daneben.
Die Menschen im Ghetto waren über vieles informiert. Wir im Lager hatten nur wenig teil an ihrem Wissen. Wir mußten es uns aus den mageren Berichten derer zusammenstükkeln, die tagsüber außerhalb arbeiteten und aufschnappten, was Polen und Ukrainer sich erzählten - Wahrheiten, Gerüchte. Manchmal flüsterten ihnen auch die Menschen auf der Straße heimlich eine Nachricht zu, aus Mitleid oder zum Trost.
Selten genug handelte es sich um gute Nachrichten, und wenn, dann fragte man sich sofort, ob sie wohl auch wahr oder nur fromme Lügen waren. Schlechten Nachrichten dagegen glaubten wir aufs Wort, an sie waren wir schon gewöhnt. Sie jagten und übertrafen sich gegenseitig an Schrecklichem. Die heutigen waren schlechter als die gestrigen, die morgigen würden noch schlimmer sein.
Irgendwie schien die stickige Luft in der Baracke das Denken zu beeinträchtigen. Wochenlang schlief man aneinandergepreßt in denselben verschwitzten Kleidern, die man auch am Tag bei der Arbeit trug. Manche von uns waren so erschöpft, daß sie sich nicht einmal mehr die Schuhe auszogen. Von Zeit zu Zeit schrie einer im Schlaf auf - er träumte vielleicht einen Alptraum, oder sein Nachbar hatte ihn gestoßen. Das nur halb geöffnete Oberlicht der Baracke, die früher einmal ein Stall gewesen war, ließ nicht genug Luft herein, um den Sauerstoffverbrauch von hundertfünfzig Menschen, die

zusammengepfercht auf mehrstöckigen Pritschen lagen, auszugleichen.

Bunt zusammengewürfelt lagen hier Angehörige der verschiedensten gesellschaftlichen Schichten beieinander. Reiche und Arme, Gebildete und Analphabeten, Fromme und Ungläubige, Philanthropen und Hartherzige, Mutige und Abgestumpfte. Das gleiche Schicksal hatte sie gleich gemacht. Doch allmählich bildeten sich kleine Gruppen, enge Gemeinschaften aus Menschen, die sonst niemals zusammengefunden hätten. Es entstanden Freundeskreise, man tauschte Plätze, rückte zusammen, um einander näher zu sein.

In der Gruppe, der ich angehörte, standen mir mein alter Freund Arthur und ein vor kurzem ins Lager gekommener Jude namens Josek am nächsten. Josek war ein tief religiöser Mensch. Sein Glaube konnte durch die Umstände, unter denen wir lebten, und durch die offenen oder versteckten Herausforderungen anderer höchstens verletzt, aber niemals erschüttert werden. Er war zu beneiden. Auf alles hatte er eine Antwort, während wir anderen vergeblich nach Antworten suchten und darüber verzweifelten. Seine unerschütterliche Ruhe brachte uns manches Mal aus der Fassung. Besonders Arthur, dessen Lebensauffassung von Ironie bestimmt war, reagierte nervös, mitunter auch spöttisch und zornig auf Joseks Worte.

Ich nannte Josek scherzhaft »Rabbi«. Er war keiner, er war Kaufmann, aber der Glaube füllte sein ganzes Leben aus. Er wußte, daß er uns überlegen war, daß unsere Glaubensarmut uns noch ärmer machte. Immer wieder versuchte er deshalb, uns etwas von seinem Reichtum abzugeben, um uns zu stärken.

Doch was half es uns, zu wissen, daß wir nicht die ersten verfolgten Juden waren? Und worin lag Trost, wenn Josek in seinem unerschöpflichen Schatz von Anekdoten und Legenden kramte und uns nachwies, daß Leid einen jeden Menschen von Geburt an begleitet.

Sobald Josek sprach, vergaß oder ignorierte er seine Umgebung völlig. Wir hatten den Eindruck, daß er einfach nicht zur Kenntnis nahm, wo er sich befand. Einmal gab es deswegen fast Streit.

Das war an einem Sonntagabend. Wir hatten nur bis mittags gearbeitet und lagen abgespannt auf unseren Pritschen. Jemand erzählte Neuigkeiten, die natürlich wieder traurig waren. Josek schien gar nicht hinzuhören. Er stellte keinerlei Fragen, wie es die andern taten. Plötzlich richtete er sich auf, und sein Blick verklärte sich. Dann begann er zu reden.
»Unsere Gelehrten erzählen, daß bei der Erschaffung des Menschen vier Engel Pate gestanden haben. Es waren die Engel der Gnade, der Wahrheit, des Friedens und der Gerechtigkeit. Sie stritten sich lange, ob Gott den Menschen überhaupt erschaffen solle. Am stärksten widersetzte sich der Engel der Wahrheit. Dies erzürnte Gott, und Er verbannte den Engel zur Strafe auf die Erde. Doch die anderen Engel baten Gott um Verzeihung, bis Er sie schließlich erhörte und den Engel der Wahrheit zurück zu sich in den Himmel rief. Der Engel brachte von der Erde einen Klumpen mit, der von seinen Tränen durchtränkt war, Tränen, die der Engel geweint hatte, weil er aus dem Himmel verbannt worden war. Und aus diesem Klumpen Erde schuf der Herrgott den Menschen.«
Arthur wurde unruhig und unterbrach ihn. »Josek, ich will dir ja glauben, daß Gott aus diesem Klumpen tränendurchtränkter Erde einen Juden geschaffen hat. Aber willst du mir weismachen, daß Er auch unseren Lagerkommandanten Wilhaus aus demselben Stoff geformt hat?«
»Du vergißt Kain«, warf Josek ein.
»Und du vergißt, wo du dich befindest. Kain hat Abel im Zorn erschlagen, aber er hat ihn nicht gequält. Kain hatte eine persönliche Beziehung zu seinem Bruder, wir aber sind unseren Mördern fremd.«

Ich sah, daß Josek zutiefst verletzt war. Um dem Gespräch die Schärfe zu nehmen, mischte ich mich ein.
»Arthur, du vergißt Jahrtausende der Entwicklung, den sogenannten Fortschritt.«
Aber da lachten beide nur bitter - wir lebten nicht in einer Zeit, in der solche Worte am Platze waren.
Arthurs Frage war eigentlich gar nicht so unberechtigt. Waren wir denn wirklich alle aus demselben Stoff geschaffen? Wenn das stimmte, warum wurden dann die einen zu Mördern und die andern zu Opfern? Es bestand doch tatsächlich zwischen uns, zwischen den Mördern und ihren Opfern, zwischen unserem Lagerkommandanten Wilhaus und einem gepeinigten Juden keinerlei persönliche Beziehung.

Gestern nacht nun lag ich halbwach auf meiner Pritsche. Mein Rücken schmerzte. Benommen lauschte ich den Stimmen, die wie von fern an mein Ohr drangen. Ich hörte etwas über neue Nachrichten von BBC London - oder von Radio Moskau.
Plötzlich packte Arthur meine Schulter und rüttelte mich.
»Simon, hörst du?«
»Ja«, murmelte ich, »ich höre.«
»Hoffentlich hörst du mit deinen Ohren, denn deine Augen sind halb geschlossen. Und du solltest wirklich hören, was diese alte Frau gesagt hat.«
»Welche alte Frau?« fragte ich. »Ich denke, ihr habt von dem gesprochen, was ihr über BBC gehört habt?«
»BBC - ach, das war vorhin, du hast einiges verschlafen. Eine alte Frau sagte ...«
»Was kann eine alte Frau schon sagen? Weiß sie vielleicht, wann wir hier herauskommen? Oder wann man uns umlegt?«
»Nein, diese Fragen kann dir niemand beantworten. Aber sie hat etwas anderes gesagt, etwas, woran wir in dieser Zeit

vielleicht denken sollten. Sie meinte, daß Gott auf Urlaub sei.« Arthur machte eine kleine Pause, wie um seine Worte wirken zu lassen. »Was meinst du dazu, Simon?« fragte er schließlich.
»Laß mich schlafen«, gab ich zur Antwort. »Erzähl weiter, wenn Er wieder zurück ist.«
Zum erstenmal, seit wir in diesem Stall lebten, hörte ich meine Freunde lachen - oder hatte ich das nur geträumt?

Wir warteten immer noch auf den Befehl zum Antreten. Anscheinend gab es eine Verzögerung. Ich konnte also Arthur gleich fragen, was Traum gewesen war und was Wirklichkeit.
»Arthur, wovon haben wir heute nacht gesprochen? Von Gott? Von ›Gott auf Urlaub‹?«
»Josek war gestern im Ghetto. Er fragte eine alte Frau nach Neuigkeiten. Sie sah aber nur zum Himmel hinauf und sagte ernst: ›O Gott, Allmächtiger, kehr doch aus deinem Urlaub zurück und schau wieder auf deine Erde.‹ Das hat sich Josek gemerkt, und er war nicht einmal böse.«
»Und das soll etwas Neues sein? Daß wir in einer Welt leben, die von Gott verlassen ist?«
Ich kannte Arthur seit vielen Jahren. Als ich noch als junger Architekt arbeitete, war er mir schon Berater und Freund zugleich gewesen. Wir gehörten wie Brüder zusammen, er, der Rechtsanwalt und Schriftsteller, mit dem leichten, ironischen Lächeln um die Mundwinkel, das er niemals zu verlieren schien, und ich, der sich langsam mit dem Gedanken vertraut machte, nie mehr Häuser zu bauen, in denen sich frei und glücklich leben ließ. Und doch bewegten sich unsere Gedanken oft in verschiedenen Bahnen. Arthur lebte bereits in einer anderen Welt und sah Dinge voraus, die vermutlich erst viele Jahre später geschehen würden. Zwar glaubte auch er nicht, daß wir das hier überleben könnten. Aber er war überzeugt, daß die Deutschen letzten Endes nicht ungestraft

davonkämen. Es würde ihnen vielleicht gelingen, uns und Millionen anderer Unschuldiger umzubringen, aber auch sie selbst würden daran zugrunde gehen.
Ich lebte mehr in der Gegenwart: Hunger, Müdigkeit, die Sorgen um meine Nächsten, die Erniedrigungen ... Vor allem die Erniedrigungen.
Einmal habe ich gelesen, man könne den festen Glauben eines Menschen nicht brechen. Wenn ich das jemals für wahr gehalten haben sollte - das Leben im Lager hat mich eines anderen belehrt. Man kann unmöglich gläubig sein in einer Welt, die aufgehört hat, den Menschen als Menschen zu sehen, die einem »beweist«, daß man kein Mensch mehr ist. Da beginnt man zu zweifeln, beginnt man aufzuhören, an eine Weltordnung zu glauben, in der Gott einen bestimmten Platz hat. Man beginnt zu glauben, daß Gott auf Urlaub ist. Sonst wäre dies hier doch einfach nicht möglich gewesen. Er mußte abwesend sein. Und einen Stellvertreter hat Er nicht.
Mich konnten die Worte der alten Frau nicht erschüttern. Sie hatte nur ausgesprochen, was ich längst fühlte.

Wir befanden uns schon seit acht Tagen wieder im Lager. Eines Abends waren wir vom Außenkommando bei den Ostbahnwerken zurückgeholt worden, wie es hieß, nur für einen Tag, für eine neue Registrierung. Jede solche Registrierung barg neue Gefahren, die man sich im normalen Leben nicht vorstellen kann. Je öfter man uns registrierte, desto weniger wurden wir. Registrieren hieß in der Sprache der SS nicht bloß Bestandsaufnahme machen, es bedeutete vielmehr: säubern, durchkämmen, neu einteilen, die nicht mehr unbedingt Notwendigen aussondern, abschieben - meist in den Tod. Wir mißtrauten aus bitterer und unmittelbarer Erfahrung selbst solchen Wörtern, deren eigentliche Bedeutung harmlos war, denn niemals hatte man etwas Harmloses mit uns vor. Alles klang nach Täuschung und war auch Täuschung.
Etwa zweihundert von uns waren bis vor kurzem bei den

Ostbahnwerken beschäftigt gewesen. Jeden Morgen beim Appell stellten wir uns zusammen, denn wir hofften, daß uns eines Tages wieder jemand vom Bahnschutz abholen würde. Die Arbeit bei den Ostbahnwerken war keineswegs leicht. Aber wir durften uns auf dem Werkgelände einigermaßen frei bewegen und brauchten nachts nicht ins Lager zurück. Nur das Essen kam von dort - und schmeckte dementsprechend. Doch die Bewachung bestand aus Bahnschutzpolizisten. So waren wir wenigstens nicht fortwährend den unberechenbaren Launen der SS-Wächter im Lager ausgesetzt.
Manche Meister und Vorarbeiter sorgten schon dafür, daß die Arbeit bei der Ostbahn nicht langweilig wurde. Viele von ihnen wurden von den Deutschen als zweitklassig betrachtet. Nur den Volksdeutschen ging es besser. Die Polen und Ukrainer jedoch bildeten gewissermaßen eine besondere Schicht zwischen den Deutschen, Herrenmenschen aus eigener Machtvollkommenheit, und den zu Untermenschen gestempelten Juden. Sie zitterten schon vor dem Tag, an dem es keine Juden mehr geben würde. Sie hatten Angst vor der Zeit, in der sich die eingespielte Organisation der Vernichtungsmaschinerie ihnen zuwenden würde.
Auch den Volksdeutschen war nicht immer wohl in ihrer Haut. Manche reagierten ihre Furcht dadurch ab, daß sie sich »deutscher« aufführten als so mancher Deutsche. Einige gab es aber auch, die uns Mitleid entgegenbrachten. Hin und wieder steckten sie uns verstohlen ein Stück Brot zu und sorgten dafür, daß wir bei der Arbeit nicht zu sehr geschunden wurden.
Zu denen, die unaufgefordert ihr Soll an Grausamkeit übererfüllten, gehörte ein älterer Mann namens Delosch, ein Säufer, der sich, wenn er gerade nichts zu trinken hatte, seine Zeit mit dem Verprügeln von Häftlingen vertrieb. Oft bestach ihn die Gruppe, die er beaufsichtigte, mit Geld für Schnaps. Manchmal versuchte auch einer, seine leicht zu rührende Säuferseele mit der Schilderung jüdischen Schick-

sals zu beeindrucken, was allerdings nur dann richtig gelang, wenn er genügend unter Alkohol stand. Seine Schikanen waren im Werk ebenso bekannt wie seine »Weisheiten«. Wenn jemand zu ihm sagte, er habe aus dem Ghetto die Nachricht erhalten, seine Familie sei umgebracht worden, dann pflegte Delosch zu antworten: »Zum Begräbnis des letzten Juden in Lemberg werden immer noch tausend Juden kommen.« Das hörten wir mehrere Male am Tag. Delosch war auf diese Weisheit mächtig stolz.

Und trotzdem sehnten wir uns nach dieser Außenstelle.

Als sich nach dem Befehl zum Antreten die einzelnen Gruppen formierten, hatten wir uns schon damit abgefunden, im Lager bleiben zu müssen. Das war das ärgste. Im Lager wurde ununterbrochen gebaut, man konnte zu Garten- oder Werkstättenarbeiten eingeteilt werden oder auch zum Reinigungskommando - aber jede dieser Tätigkeiten war voller Gefahren und gefährlicher noch als das »normale« Leben eines Juden damals. Im Lager gab es jeden Tag Tote, Juden wurden aufgeknüpft, von Stiefeln zertrampelt, von abgerichteten Hunden zerfleischt, geprügelt und auf jede erdenkliche Weise erniedrigt. - Nicht wenige von uns konnten das alles nicht mehr ertragen und setzten ihrem Leben freiwillig ein Ende. Verlieren konnten sie dadurch allenfalls einige Tage, Wochen oder Monate an Leben, aber sie ersparten sich unzählige Mißhandlungen und Qualen.

Im Lager zu bleiben bedeutete, daß man nicht nur von einem einzelnen SS-Mann, sondern von vielen bewacht wurde. Nicht selten vertrieben sich die Wächter die Zeit damit, daß sie von einer Arbeitsstelle zur anderen wanderten, um wahllos Häftlinge zu verprügeln oder wegen angeblicher Sabotage der Kommandantur zu melden, was unweigerlich zu strenger Bestrafung führte. Wenn ein SS-Mann behauptete, man habe nicht gearbeitet, so stimmte das - selbst wenn man vorzeigen konnte, was man geleistet hatte. Was ein SS-Mann sagte, stimmte immer.

Die Einteilung zu den Arbeitskommandos war schon fast beendet, und wir von den Ostbahnwerken standen mit hängenden Köpfen. Man brauchte uns anscheinend dort nicht mehr. Also würden wir wohl wieder im Lager bleiben müssen. Da kam plötzlich ein Rottenführer zu uns herüber und zählte etwa fünfzig Mann ab. Ich befand mich unter den Abgezählten, Arthur blieb zurück. Wir formierten uns in Dreierreihen und passierten das innere Tor. Dort gesellten sich uns sechs »Askaris« als Bewachung zu, übergelaufene oder gefangene Russen, die sich für den Dienst unter den Deutschen verpflichtet hatten. Die Bezeichnung »Askari« war während des Ersten Weltkriegs für die Negermannschaften der deutschen Schutztruppe in Deutsch-Ostafrika aufgekommen. Aus unerfindlichen Gründen nannte die SS auch die russischen Hilfskräfte so. Sie wurden von den Bewachungsmannschaften zu Hilfsdiensten in Konzentrationslagern eingesetzt und wußten nur zu gut, was die Deutschen von ihnen erwarteten. Die meisten enttäuschten diese Erwartungen auch nicht. Ihre Härte wurde nur durch ihre Bestechlichkeit gemildert. Die Lagerkapos und Vorarbeiter standen mit ihnen auf ziemlich gutem Fuß und besorgten ihnen, so oft es ging, Schnaps und Zigaretten. Dann konnte man sich auf den Außenkommandos, die unter ihrer Aufsicht standen, freier bewegen.

Hauptsächlich achteten die »Askaris« auf eines: daß gesungen wurde. Musik war überhaupt großgeschrieben im Lager. Es gab sogar eine Musikkapelle. Ihre Mitglieder - ausnahmslos Häftlinge - waren früher die besten Musiker in und um Lemberg gewesen. Der SS-Untersturmführer Richard Rokita, einst Geiger in einem schlesischen Kaffeehaus, war ganz versessen auf »seine« Kapelle. Er, der jeden Tag wahllos Häftlinge aus reiner Mordlust tötete, hatte nur einen Ehrgeiz: eine Kapelle! Er verschaffte den Musikern eine eigene Unterkunft und verhätschelte sie geradezu. Das Lager durften allerdings auch sie nicht verlassen. Abends spielten sie

Werke von Bach, Grieg oder Wagner für die SS. Eines Tages brachte Rokita einen Chansonkomponisten namens Zygmunt Schlechter mit und befahl ihm, einen »Todestango« zu komponieren. Sooft dann das Orchester diesen Tango spielte, bekam der Sadist und Unmensch Rokita feuchte Augen.

Frühmorgens, wenn die Häftlinge das Lager zur Arbeit verließen, spielten die Musiker dazu auf. Peinlichst achtete die SS darauf, daß wir schön im Takt der Musik marschierten. Erst wenn wir das Tor passiert hatten, fingen wir an zu singen.

Es gab einen bestimmten Typ von Lagerliedern. Ihre Texte waren gemischt aus Wehmut, Galgenhumor und ordinären Worten, ein buntes Durcheinander von Russisch, Polnisch und Deutsch. Besonders die ordinären Texte entsprachen der Mentalität der »Askaris«. Immer wieder verlangten sie nach dem einen oder anderen Lied. Wenn wir es dann anstimmten, legte sich ein breites Grinsen über ihr Gesicht, und ihre Züge verloren ein wenig von der Strenge, die wir an ihnen gewohnt waren.

Als wir das äußere Tor verlassen hatten, atmeten wir etwas freier. Schon, daß wir uns außerhalb des Stacheldrahts befanden, ließ uns die Luft frischer erscheinen - wir sahen die Menschen und Häuser nicht mehr nur durch die Maschen des Stacheldrahts, nicht mehr teilweise verdeckt durch die Wachtürme.

Hin und wieder blieben die Leute neugierig stehen, starrten zu uns herüber, aber manche Hand, die uns zuwinken wollte, fiel schlaff wieder herunter. Man fürchtete, daß ein SS-Mann diese Geste der Freundlichkeit sehen könnte. Das war gefährlich.

Das Treiben auf den Straßen schien vom Krieg nicht berührt. Die Front war über tausend Kilometer entfernt, und nur die wenigen Soldaten erinnerten daran, daß man nicht im Frieden lebte.

Ein »Askari« begann zu singen, und wir fielen in das Lied ein, obwohl uns nicht nach Singen zumute war. Die Frauen unter den Gaffenden am Straßenrand drehten verschämt die Köpfe weg, wenn sie die ordinären Stellen des Liedes hörten. Das belustigte natürlich die »Askaris« sehr. Einer von ihnen sonderte sich von der Kolonne ab und trottete zum Gehsteig, um ein Mädchen anzusprechen. Was er sagte, konnten wir nicht verstehen, aber wir konnten es uns vorstellen. Das junge Ding errötete und beschleunigte seine Schritte.

Unsere Blicke suchten in der Menge am Straßenrand nach Bekannten. Manche starrten aber auch nur auf den Boden vor sich, sie wollten in ihrer jetzigen Lage keine Bekannten sehen.

An den Mienen der Passanten konnte man ablesen, daß wir bereits abgeschrieben waren. Die Menschen in Lemberg hatten sich völlig an den Anblick mißhandelter Juden gewöhnt. Sie sahen uns an, wie man sonst vielleicht einer Herde Rinder zusieht, die zur Weide - oder zum Schlachthof - getrieben wird. In solchen Augenblicken überkam mich manchmal das Gefühl, die ganze Welt habe sich gegen uns verschworen und akzeptiere ohne Widerspruch, ja, sogar ohne Anteilnahme unser Schicksal.

Ich wandte meine Augen ab, ich wollte nicht mehr in die Gesichter um uns blicken, nicht mehr diesen Ausdruck heuchlerischen Mitleids sehen. Waren die Menschen denn überhaupt noch eines echten Gefühls fähig? Dachten nicht manche von ihnen: Gut, daß es die Juden noch gibt; solange die da sind, solange die Nazis sich mit ihnen beschäftigen, verschont man uns?

Ich erinnere mich an ein Erlebnis, das ich einige Tage vorher, nicht weit von hier, gehabt hatte. Als man uns ins Lager führte, ging ein Mann vorbei, den ich von früher her kannte, ein Studienkollege, jetzt polnischer Ingenieur. Vielleicht hatte er Angst, mir auffällig zuzuwinken. Er zwinkerte nur mit den Augen, aber in ihnen stand deutlich zu lesen, daß er sich wunderte, mich noch lebend zu sehen. Für ihn waren wir so gut wie tot. Jeder von uns schien seinen Totenschein mit sich herumzutragen, auf dem nur noch das Datum fehlte.

An einer Kreuzung hielt unsere Kolonne plötzlich an.
Ich versuchte, an den Köpfen der anderen vorbei die Ursache dafür zu erkennen, konnte aber nichts entdecken. Vielleicht kreuzte irgendein Fuhrwerk unseren Weg. Es war schließlich auch gleichgültig. Da bemerkte ich links neben der Straße einen Soldatenfriedhof. Und auch hier gab es einen Stacheldraht, aber er war nicht hoch. Die Drähte waren durch schütteres Gebüsch und niedrige Sträucher gezogen, aber durch die Zweige hindurch sah man deutlich die schnurgerade ausgerichteten Gräber.
Und auf jedem Grab stand aufrecht, wie ein Soldat, eine Sonnenblume.
Ich starrte gebannt hinüber. Die Blütenköpfe schienen wie Spiegel die Strahlen der Sonne einzufangen und sie in das Dunkel der Gräber hinabzuleiten. Mein Blick wanderte von der Sonnenblume zum Grab hinab. Und dann weiter ins Erdreich hinein, in die Gruft, und auf einmal sah ich vor mir keine Sonnenblume, keinen Friedhof, sondern ein Periskop. Bunte Schmetterlinge flatterten von Blume zu Blume. Brachten sie nicht Botschaften von Grab zu Grab? Flüsterten sie nicht jeder Blüte etwas zu, das diese nach unten weitergab? Ja, das taten sie sicher; so empfingen die Toten Licht und Botschaften.
Und plötzlich beneidete ich die toten Soldaten. Jeder hatte eine Sonnenblume, die ihn irgendwie noch mit der Welt verband, hatte Schmetterlinge, die sein Grab besuchten. Mich erwartete keine Sonnenblume. Ich würde in ein dürftig zugeschaufeltes Grab kommen, auf Leichen liegen, und über mir würden sich andere Leichen türmen.

Keine Sonnenblume würde jemals Licht in dieses Dunkel bringen, und Schmetterlinge würden die Stelle meiden.

Ich weiß nicht mehr, wie lange wir so standen. Einer hinter mir gab mir einen Stoß, als sich der Zug wieder in Bewegung setzte. Noch im Gehen hielt ich den Kopf zu den Sonnenblumen gewendet. Es waren Hunderte, vielleicht Tausende, nicht zu zählen, eine leuchtende Fülle.
Aber die unter ihnen Begrabenen hatten die Verbindung mit der Welt nicht verloren. Selbst im Tode waren sie uns noch überlegen ...
Ich dachte eigentlich nur selten an den Tod. Ich wußte, daß er für mich unausweichlich war, er erwartete mich, früher oder später, und allmählich hatte ich mich an seine Nähe gewöhnt. Es interessierte mich nicht einmal, in welcher Form er eintreten würde. Es gab zu viele Möglichkeiten und zu viele Gelegenheiten. Ich hoffte nur, daß es rasch gehen würde. Wie, das überließ ich dem Schicksal.
Doch der Anblick der Sonnenblumen hatte neue Gedanken in mir geweckt. Ich fühlte, daß ich mich noch einmal mit ihnen beschäftigen würde, daß sie ein Symbol waren, das etwas zu bedeuten hatte.
Wir erreichten die Janowskastraße, den Friedhof hatten wir hinter uns gelassen. Ich wandte noch einmal den Kopf und sah einen Wald von Sonnenblumen.
Noch wußten wir nicht, wohin man uns führte. Mein Nebenmann flüsterte mir zu: »Vielleicht haben sie eine neue Arbeitsstelle im Ghetto errichtet.«
Möglich war das. Man erzählte sich, daß laufend neue Dienststellen entstünden. Immer wieder nisteten sich deutsche Unternehmen in Lemberg ein. Es ging ihnen nicht so sehr darum, viel Geld zu verdienen. Wichtiger war, daß sie auf diese Weise ihre Leute behalten und vom Kriegsdienst freistellen lassen konnten. Das ging im ruhigen Lemberg, weit von der Front, verhältnismäßig leicht. Die meisten dieser Unterneh-

men brachten aus dem Reich nur das Briefpapier, einen Stempel, einige Vorarbeiter und etwas Inventar mit. Noch vor kurzem war Lemberg in der Hand der Russen gewesen, und diese hatten die meisten Bauunternehmen, von denen sich viele in jüdischem Besitz befanden, verstaatlicht. Als die Russen flüchteten, konnten sie natürlich Maschinen und Werkzeuge nicht mitnehmen. Was sie zurückließen, kam ins »Beutelager« und wurde nun an die neu etablierten deutschen Unternehmen verteilt.

Auch um Arbeiter brauchten sich die neuen Unternehmen keine Sorgen zu machen. Solange es noch Juden gab, waren sie billig, fast geschenkt, zu haben. Die Dienststelle mußte nur als kriegswichtig anerkannt sein. Daher blühten natürlich Protektion und Bestechung. Wer Beziehungen hatte, bekam die Erlaubnis, eine Zweigniederlassung im besetzten Gebiet zu errichten, erhielt Hunderte von Juden als billige Arbeitskräfte und konnte außerdem über einen umfangreichen Maschinenpark verfügen. Die aus Deutschland mitgebrachten Leute wurden nicht eingezogen und blieben vom Dienst an der Front verschont. Wohnungen im deutschen Wohnbezirk Lembergs wurden ihnen zur Verfügung gestellt; sehr schöne Wohnungen, die von vermögenden Polen und Juden verlassen worden waren, damit die Herrenrasse Platz hatte.

Für die Juden war es von Vorteil, daß sich so viele deutsche Unternehmen im Hinterland drängten. Die Arbeit in den Außenkommandos des Konzentrationslagers war nicht besonders schwer, und meistens kämpften die Dienststellenleiter sogar um »ihre Juden«, da sie ohne diese billigen Arbeitskräfte weiter nach Osten, näher zur Front, gemußt hätten.

Rings um mich hörte ich es immer wieder flüstern: »Wohin gehen wir wohl?« Gingen wir überhaupt oder trugen uns nur die Füße? Gehen heißt, mit den Füßen einen Entschluß auszuführen, den das Hirn gefaßt hat. Aber unser Hirn hatte

keinen Entschluß gefaßt. Unsere Füße führten nur aus, was der Vordermann machte, blieben stehen, wenn er stehenblieb, und bewegten sich, wenn er sich bewegte.
Bei der Grodezkastraße hielten wir abermals an. Bald mußte es sich entscheiden, wohin man uns führte. Links ging es zum Ghetto, rechts - da gab es viele Möglichkeiten.
Wir schwenkten nach rechts, in die Grodezkastraße. Wie oft war ich sie entlanggeschlendert, als Student und später als Architekt. Vorübergehend hatte ich sogar mit einem Kollegen aus Przemysl hier gewohnt.
Es war zwar noch nicht einmal acht Uhr, aber es herrschte bereits ein lebhafter Betrieb. Eine veraltete Straßenbahn klapperte in den ausgefahrenen Schienen vorüber. Man sah Bauern, die in die Stadt kamen, um Tauschgeschäfte abzuschließen, denn zum Geld hatten die Bauern damals kein richtiges Vertrauen mehr. Das war in Kriegs- und Krisenzeiten schon immer so gewesen. Unsere Kolonne machte auf die Bauern keinerlei Eindruck.
Unser Zug bewegte sich stadtauswärts. Immer mehr Passanten blieben stehen und begafften uns. Die »Askaris« hatten sich schon heiser gesungen und legten eine Pause ein. Vom Bahnhof her eilten Soldaten mit Gepäck die Grodezka entlang. SS-Männer zogen vorbei und maßen uns abschätzend. Ein Offizier der Wehrmacht blieb stehen und betrachtete uns. Um seinen Hals hing ein Fotoapparat, aber er konnte sich nicht entschließen, Aufnahmen von uns zu machen. Man merkte es daran, wie er den Apparat zögernd von der Rechten in die Linke nahm und dann doch hängen ließ. Vielleicht fürchtete er Ärger mit der SS.
Schon tauchte am Ende der Grodezkastraße die hoch aufragende Kirche aus rotem Backstein und Steinquadern auf. In welche Richtung würde der »Askari« an der Spitze unserer Kolonne einschwenken? Nach rechts, zum Bahnhof hinunter, oder nach links, in die Sapiehystraße, an deren Ende sich das berüchtigte Loncki-Gefängnis befand?

Wir schwenkten links ein.
Diesen Weg kannte ich gut. In der Sapiehystraße stand die Technische Hochschule. Jahre hindurch war ich mehrmals am Tag hier entlanggegangen, als ich mich nach meiner Rückkehr aus Prag auf das polnische Diplom vorbereitete.

Für uns jüdische Studenten war die Sapiehystraße immer eine Schicksalsstraße gewesen. Nur wenige jüdische Familien hatten hier gewohnt, und in unruhigen Zeiten wurde die Gegend von Juden gemieden. Hier lebten Polen - Berufsoffiziere, Angehörige freier Berufe, Industrielle und Beamte. Ihre Söhne nannte man die »goldene Jugend« Lembergs. Für uns jüdische Studenten war diese Jugend allerdings nicht »golden«. Aus ihren Reihen kamen die meisten Studenten der Technischen Hochschule und der Hochschule für Bodenkultur. Unter ihnen waren viele Schläger, Rabauken, Antisemiten, und oft blieben Juden, die ihnen in die Hände fielen, verwundet am Boden zurück. Sie hatten Rasierklingen an die Spitzen ihrer Stöcke montiert und droschen damit auf ihre jüdischen Kommilitonen ein. Wenn man auch nur jüdisch aussah, war es gefährlich, abends hier durchzugehen, wenn die Jugend der Nationaldemokraten oder der ONR (Radikalnationales Lager) ihre antijüdischen Parolen in die Praxis umsetzte. Nur selten ließ sich jemand von der Polizei blicken, um die Bedrohten zu schützen.
Es war unbegreiflich, daß in einer Zeit, in der Hitler schon schwerbewaffnet an Polens Westgrenze stand und offensichtlich Appetit auf polnisches Territorium hatte, diese jungen und alten polnischen »Patrioten« nur an eins dachten: an die Juden und an ihren Haß gegen sie. In Deutschland errichtete man Tag für Tag neue Fabriken, um das Rüstungspotential ins Gigantische zu treiben, man baute strategisch wichtige Straßen in Richtung Polen und zog immer mehr junge Deutsche zum Wehrdienst ein. Aber damit beschäftigte sich das polnische Parlament nicht, es hatte »wichtigere«

Aufgaben und diskutierte das Schächtverbot, um den Juden bei der Herstellung von koscherem Fleisch Schwierigkeiten zu machen.
Solchen parlamentarischen Diskussionen folgten meist Straßenschlachten, denn die jüdische Intelligenz war den Antisemiten ein Dorn im Auge.
Zwei Jahre vor Kriegsausbruch erfanden diese radikalen Elemente den »Tag ohne Juden«. Damit hofften sie, die Zahl der jüdischen Akademiker niedrig zu halten, die Studenten beim Studium zu behindern und ihnen die Examina unmöglich zu machen. An solchen »Feiertagen« lauerte vor den Toren der Hochschulen eine Meute aus den Reihen der Burschenschaften mit Spruchbändern, auf denen »Tag ohne Juden« zu lesen war. Das Datum dieses Tages legten die radikalen Studenten selbst fest. Es fiel immer mit den Prüfungstagen zusammen. Der »Tag ohne Juden« war eben ein »beweglicher Feiertag«. Da das Gelände der Technischen Hochschule exterritorial war, durfte die Polizei nur auf ausdrückliches Verlangen des Rektors hin eingreifen. Gewöhnlich war jedoch der Rektor nur ein Spielzeug in den Händen der Radikalen. Obwohl diese nur etwa zwanzig Prozent der Studenten ausmachten, herrschte hier wie fast überall eine Minderheit über die feige und träge Mehrheit. Die große Masse der Studenten dachte nicht im entferntesten daran, für die Juden oder überhaupt für Ordnung und Gerechtigkeit einzutreten. Sie wollten sich nicht exponieren, blieben passiv mit eigenen Problemen beschäftigt und standen dem Schicksal der jüdischen Studenten gleichgültig gegenüber.
Unter den Professoren bestand ungefähr dieselbe Gruppierung. Einige waren echte Antisemiten, aber auch bei den anderen konnten die jüdischen Studenten kaum einen Ersatztermin für ihre Prüfungen bekommen, wenn sie das Unglück gehabt hatten, durch Hetze und Gewalt vom festgesetzten Termin abgehalten worden zu sein. Für diejenigen Juden, die aus ärmeren Verhältnissen stammten, bedeutete der Ver-

lust eines Semesters unweigerlich das Ende ihres Studiums. Sie mußten sich deshalb auch an den antisemitischen »Festtagen« in die Hochschule wagen. Das führte dann zu grotesken Situationen. In den Nebenstraßen nahe der Hochschule warteten geduldig die Krankenwagen. Sie hatten an den Prüfungstagen Hochbetrieb. Auch die Polizei wartete dort, um zu verhindern, daß die Mißhandlungen außerhalb des Hochschulgeländes fortgesetzt wurden. Von Zeit zu Zeit wurden Schläger verhaftet und vor Gericht gestellt. Sie verließen nach einigen Wochen oder Monaten die Gefängnisse als Helden. An ihrem Rockaufschlag prangte ein Abzeichen, ein Gefängnisgitter. Sie hatten für die nationale Sache gelitten. Hochgeehrt von den anderen, genossen sie auch bei manchen Professoren Vorrechte. Sie von der Hochschule zu entfernen kam natürlich nicht in Betracht.

Solche Erinnerungen überkamen mich, als ich nun unter Bewachung der »Askaris« an den wohlvertrauten Häusern vorbeiging. Ich musterte die Passanten. Vielleicht waren ehemalige Studienkollegen darunter. Ich würde sie sofort erkennen: wenn sie jemanden sahen, den man für einen Juden halten konnte, dann trat Haß in ihr Gesicht, ihre Augen verengten sich und ihre Mundwinkel zogen sich verächtlich nach unten. Ich hatte das während meiner Studienzeit zu oft gesehen, um es jemals vergessen zu können.
Wo mochten sie jetzt nur sein, diese Superpatrioten, die immer von einem »Polen ohne Juden« geträumt hatten? Der Tag, an dem es keine Juden mehr geben würde, war nicht mehr fern, ihr Traum fast schon Wirklichkeit. Nur gab es auch kein Polen mehr.

Wir bleiben vor der Technischen Hochschule stehen. Dort ist alles so geblieben, wie es war. Das Hauptgebäude, ein neoklassizistischer Bau in Terrakotta und Gelb, steht ein wenig von der Straße abgesetzt, umgrenzt von einer niedrigen Steinmauer mit hohen Eisenstäben. Während der Prüfungszeit ging ich oft an diesem Zaun entlang und spähte durch die Stäbe hindurch nach den radikalen Studenten, die mit dicken Bambusstöcken bewaffnet auf Opfer warteten, während über dem breiten Eingangstor ein Spruchband »Tag ohne Juden« im Wind flatterte. Vom Tor bis zum Portal des Gebäudes bildeten bewaffnete Studenten Spalier und musterten jeden, der das Gebäude betreten wollte, mit prüfenden Augen.

Nun stehe ich wieder vor diesem Tor. Es gibt kein Spruchband mehr, keine Studenten, die jeden Juden Spießruten laufen lassen wollen, nur einige deutsche Wachsoldaten und über dem Eingang eine Tafel mit der Aufschrift »Reservelazarett«. Ein SS-Mann aus dem Lager spricht kurz mit einem Wachsoldaten, dann wird das Tor geöffnet. Wir gehen an den gepflegten Rasenbeeten entlang, schwenken vor dem Haupteingang links ab und werden um das Gebäude herum in den Hof geführt. Er liegt im tiefen Schatten. Sanitätswagen fahren ein und aus, zwei- oder dreimal müssen wir stehenbleiben, um einen vorbeifahren zu lassen. Dann übernimmt uns ein Sanitätsfeldwebel, um uns zur Arbeit einzuteilen.

Ich habe ein seltsames Gefühl, alles kommt mir irgendwie fremd vor, obwohl ich einige Jahre hier verbracht hatte. Ich versuche mich zu erinnern, ob ich jemals auf diesem hinteren Hof gewesen bin. Was hätte ich hier auch zu suchen gehabt? Wir waren immer froh, wenn wir unbehelligt ins Gebäude und wieder hinaus gelangten.

Große Betonbehälter stehen auf dem Hof herum. Sie sind bis zum Rand mit blutigem Verbandszeug gefüllt. Leere Schachteln, Säcke und anderes Verpackungsmaterial liegen haufenweise auf dem Boden. Eine Gruppe von uns ist bereits dabei, zwei Lastwagen mit diesem Abfall zu beladen. Die Luft ist voller Gestank, einem Gemisch aus scharfen Medikamenten, Desinfektionsmitteln und Verwesungsgeruch.

Geschäftig eilen Rot-Kreuz-Schwestern und Sanitätssoldaten hin und her. Die »Askaris« haben den schattigen, stinkenden Hof verlassen und sich ein wenig abseits auf den Rasen in die Sonne gesetzt. Sie drehen sich Zigaretten aus Zeitungspapier, das sie mit Tabak vollstopfen, wie sie es von Rußland her gewohnt sind.
Einige Leichtverwundete und Rekonvaleszenten, die sich auf Bänken sonnen, beobachten die »Askaris«. Sie merken trotz der deutschen Uniform sofort, daß es sich um Russen handelt, und fangen an zu spotten, weil sie sich Zigaretten, dick wie Balken, drehen. Wir hören, daß sie sich über uns erkundigen.
Einer steht von seiner Bank auf und kommt näher heran. Er betrachtet uns gefühllos, als wären wir Tiere im Zoo, nur, daß wir nicht in einem Käfig sitzen und er uns nicht hinter Gittern sieht. Wahrscheinlich überlegt er, wie lange wir wohl noch zu leben haben. Dann deutet er auf seinen Arm, den er in einer Schlinge trägt, und ruft: »Ihr Judenschweine, das haben mir eure Brüder angetan, diese verdammten Kommunisten. Aber ihr werdet schon noch verrecken - alle miteinander.«
Die übrigen Soldaten scheinen seine Ansicht nicht zu teilen. Man sieht es ihnen an. Sie werfen mitleidige Blicke zu uns herüber, einer schüttelt nachdenklich den Kopf. Aber keiner von ihnen wagt etwas zu sagen. Der Soldat, der auf uns zugetreten war, murmelt noch einige Flüche und setzt sich dann wieder in die Sonne.
Dieser gemeine Schuft, der unschuldige, unglückliche Menschen, die sich nicht wehren können, beschimpft, wenn der krepiert, so denke ich, dann wird auf seinem Grab eine Sonnenblume stehen, die über ihn wacht. Ich blicke ihm sinnend nach und sehe mit einem Mal nicht mehr ihn, sondern die Sonnenblume. Mein Blick stört ihn offensichtlich. Er nimmt einen Kieselstein auf und schleudert ihn in meine Richtung. Der Stein verfehlt mich, und die Sonnenblume verschwindet.

Ich fühle mich verzweifelt allein und wünsche mir, Arthur wäre meiner Gruppe zugeteilt worden.
Der Sanitäter, dem wir unterstehen, führt uns schließlich weg. Wir müssen Kartons mit Abfällen aus dem Gebäude heraustragen. Ihr Inhalt kommt wahrscheinlich aus dem Operationssaal. Der Geruch schnürt einem die Kehle zu.
Als ich etwas abseits trete, um Luft zu schnappen, bemerke ich eine kleine, rundliche Krankenschwester, die zu einem grau-blauen Kleid mit weißen Aufschlägen das charakteristische weiße Häubchen trägt. Sie blickt sich neugierig um und kommt dann direkt auf mich zu.
»Sind Sie Jude?« fragt sie mich.
Ich blicke sie verwundert an. Muß man das erst fragen, sieht man mir das nicht an, meiner Kleidung, meinem Blick? Merkt sie nicht, daß wir hier unter Bewachung arbeiten? Will sie mich verhöhnen? Oder was soll ihre Frage sonst?
»Ja.« Ich nicke.
Sie blinzelt mir zu und sagt halblaut: »Kommen Sie mit.«
Also eine mitleidige Seele, denke ich. Vielleicht will sie mir ein Stück Brot geben. Sie wagt das wahrscheinlich nicht hier vor den Augen der anderen.
Vor zwei Monaten, als ich noch bei der Ostbahn arbeitete, verlud ich einmal Druckflaschen mit Sauerstoff. Ein Soldat kletterte aus einem auf dem Nebengeleise abgestellten Waggon und kam auf mich zu. Er sagte, er beobachte uns schon einige Zeit, er sehe uns an, daß wir nicht genügend zu Essen hätten, unterernährt, wie wir seien, könnten wir diese Arbeit doch gar nicht leisten.
»Hier in meinem Tornister ist ein Stück Brot. Hol es dir.«
Ich fragte: »Warum geben Sie es mir denn nicht selbst?«
»Es ist verboten, einem Juden etwas zu geben.«
»Ich weiß«, sagte ich, »geben Sie es mir trotzdem.«
Er lächelte. »Nein, nimm es dir selbst. Dann kann ich mit gutem Gewissen beschwören, daß ich es dir nicht gegeben habe.«

Daran muß ich denken, als ich der Rot-Kreuz-Schwester in das Gebäude folge.
Die dicken Mauern sorgen für erfrischende Kühle. Die Schwester geht ziemlich schnell. Wohin führt sie mich denn? Wenn sie mich nur mitgenommen hat, um mir etwas zuzustecken, dann kann sie das doch auch hier tun, hier vor der Treppe. Weit und breit ist niemand zu sehen.
Doch die Schwester dreht sich nur einmal um, wie um festzustellen, ob ich ihr überhaupt noch folge.
Wir steigen eine Treppe hinauf. Sie kommt mir fremd vor, und ich kann mich auch nicht erinnern, jemals hier gewesen zu sein. Im nächsten Stock kommen uns Schwestern entgegen, die eine trägt einen Wäschekorb, die anderen Schachteln mit Medikamenten. Ein Arzt blickt mich scharf und prüfend an, als ob er sagen wolle: Was tut denn der hier?
Wir haben jetzt die obere Halle erreicht. Es ist noch nicht lange her, daß mir hier mein Diplom überreicht worden ist.
Die Schwester bleibt stehen und wechselt einige Worte mit einer anderen. Ich frage mich, ob ich mich nicht doch besser aus dem Staub machen sollte. Hier bin ich auf vertrautem Gelände, kenne jeden Meter, weiß, wohin die Korridore führen. Soll sie sich jemand anders suchen, was immer sie vorhat.
Aber dann vergesse ich, warum ich hier bin, vergesse das Lager und die Schwester.
Dort rechts ging man doch hinüber zu Professor Bagienski und hier links zu Professor Derdacki. Beide waren berüchtigt bei uns, sie mochten jüdische Studenten nicht. Bei Derdacki habe ich meine Diplomarbeit gemacht, einen Entwurf für eine Lungenheilstätte. Und Bagienski hat viele meiner Arbeiten korrigiert. Wenn er sich mit einem jüdischen Studenten beschäftigen mußte, dann verschlug es ihm den Atem und er stotterte noch mehr als sonst. Noch heute sehe ich seine Hand vor mir, wie sie mit einem dicken Bleistift Striche durch meine Zeichnungen zieht, eine Hand mit einem großen Siegelring.

Die Schwester wendet sich wieder um, bedeutet mir zu warten. Ich beuge mich über die Balustrade und sehe auf das geschäftige Treiben in der unteren Halle hinab. Verwundete werden auf Bahren hereingetragen. Es herrscht ein lebhaftes Kommen und Gehen, Soldaten humpeln auf Krücken vorbei. Eine Tragbahre mit einem Verwundeten wird in der Halle abgestellt. Er blickt zu mir herauf. Seine Gesichtszüge sind von den Schmerzen entstellt.
Wieder durchzuckt mich die Erinnerung an ein Stück Vergangenheit. Es war während der Studentenunruhen im Jahr 1936. Die antisemitischen Schlägerbanden hatten damals einen jüdischen Studenten über diese Balustrade hinweg in die untere Halle geworfen. Er hatte dagelegen wie jetzt dieser Soldat, vielleicht sogar an derselben Stelle.
Hinter der Tür an der Balustrade befand sich früher das Dekanat für Architektur. Dort gaben wir unsere Studienbücher zum Testat ab. Verwaltet wurde das Dekanat von einem stillen Beamten, sehr höflich, sehr korrekt. Wir wußten nicht einmal, ob er gegen oder für Juden war. Unseren Gruß beantwortete er immer mit distanzierter Höflichkeit. Man konnte den Abstand, den er zu uns hielt, fast körperlich spüren. Oder war es nur Überempfindlichkeit, die uns zwang, die Menschen in zwei Gruppen einzuteilen: in solche, die die Juden mochten, und solche, die sie nicht mochten? Die ständige Hetze gegen uns brachte solches Denken mit sich. Wir hatten fast nie Menschen kennengelernt, denen Juden einfach nur gleichgültig waren.
Die Schwester tritt wieder zu mir und reißt mich aus der Vergangenheit. In ihren Augen scheint Zufriedenheit zu liegen, sie ist wohl froh darüber, daß ich nicht davongelaufen bin.
Mit schnellen Schritten geht sie an der Balustrade entlang um die Halle herum. Vor dem Eingang zum Dekanat bleibt sie stehen.
»Warten Sie hier, ich rufe Sie gleich.«

Ich nicke und schaue die Treppe hinauf. Sanitäter tragen eine bewegungslose Gestalt auf einer Bahre herunter. Es hat hier nie einen Lift gegeben, und auch die Deutschen haben keinen eingebaut.
Nach wenigen Augenblicken kommt die Schwester wieder aus dem Dekanatszimmer heraus. Sie faßt mich am Arm und schiebt mich durch die Tür.
Meine Augen suchen den Schreibtisch, den Wandschrank, in dem unsere Dokumente verwahrt waren, den stillen und korrekten Beamten, aber nichts von diesen Zeichen der Vergangenheit ist mehr hier. Nur ein weißes Bett, daneben ein Nachtkästchen. Etwas Weißes blickt mir aus den Decken entgegen. Mein Kopf kann das alles noch nicht richtig fassen.
Die Schwester beugt sich über das Bett und flüstert. Ich höre ein etwas tieferes Flüstern, das ihr zu antworten scheint. Das Bett steht in dem Teil des Raumes, der unter der Treppe liegt. Obwohl dort, unter der abgeschrägten Zimmerdecke, Halbdunkel herrscht, erkenne ich jetzt eine weiß eingehüllte Gestalt, die regungslos auf dem Bett liegt. Ich versuche die Umrisse des Körpers unter den Bettlaken zu erkennen, suche den Kopf.
Da richtet sich die Schwester auf und sagt leise: »Bleiben Sie hier.« Dann geht sie aus dem Zimmer.
Vom Bett her höre ich eine schwache, gebrochene Stimme:
»Bitte, kommen Sie näher, ich kann nicht laut sprechen.«
Und jetzt sehe ich die Gestalt im Bett genauer. Weiße, blutleere Hände liegen auf der Decke, der Kopf ist völlig verbunden, nur der Mund, die Nase und die Ohren sind frei.
Das Gefühl der Unwirklichkeit hat mich noch immer nicht verlassen. Die Situation hat etwas Unheimliches. Diese leichenhaften Hände, die Binden, der Ort, an dem diese eigenartige Begegnung stattfindet.
Ich weiß nicht, wer dieser Verwundete ist, aber ich kann mir denken, daß es sich um einen Deutschen handelt.

Zögernd setze ich mich auf die Bettkante. Der Kranke muß das gemerkt haben, denn er sagt leise:
»Bitte, rücken Sie etwas näher, lautes Sprechen strengt mich an.«
Ich folge seiner Bitte. Seine fast blutleere Hand greift nach der meinen, und ich sehe, wie er sich im Bett ein wenig aufrichtet. Ein unheimliches Gefühl überkommt mich: Ich weiß nicht, ob dies alles hier, diese irreale Szene, Wirklichkeit oder Traum ist. Da sitze ich jetzt in der zerlumpten Kleidung eines KZ-Häftlings in einem Zimmer unseres früheren Dekanats der Lemberger Hochschule, die jetzt in ein Lazarett umgewandelt ist, in einer Krankenstube dieses Lazaretts - oder richtiger: in einem Sterbezimmer.
Meine Augen haben sich inzwischen an das Halbdunkel gewöhnt. Ich sehe, daß das Weiß der Binden von gelben Flekken durchsetzt ist. Es muß Salbe sein oder Eiter. Der umhüllte Kopf bekommt dadurch ein gespenstisches Aussehen.
Ich sitze wie gebannt auf dem Bett, ich kann meinen Blick nicht von dem Mann lösen. Die graugelben Flecken in dem Verband scheinen zu wandern und sich vor meinen Augen zu immer neuen, rätselhaften Gebilden zu formieren.
»Ich habe nicht mehr lange zu leben«, flüstert der Kranke kaum hörbar, »ich weiß, daß es zu Ende geht.«
Er stockt. Denkt er nur nach, wie er fortfahren soll, oder hat ihn, was er gesagt hat, zu sehr ergriffen? Ich betrachte ihn genauer. Er ist sehr mager, wie ausgeblutet, und unter seinem Hemd zeichnen sich deutlich die Knochen ab. Als wollten sie seine ausgetrocknete Haut durchbohren.
Seine Worte rühren mich nicht an. Die Umstände, unter denen ich zu leben gezwungen bin, haben jedes Gefühl für den Tod in mir getötet. Tod, Krankheit, Leid sind für uns Juden ständige Begleiter, sie erschüttern uns nicht mehr.

Keine zwei Wochen vor diesem Gespräch mußte ich einmal während der Arbeit bei der Ostbahn in ein Magazin gehen, in dem Zementsäcke lagerten. Ich hörte ein gequältes Stöhnen und ging ihm nach. Ein Häftling lag zwischen den Zementsäcken. Ich fragte ihn, was denn los sei, warum er so stöhne.

»Ich bin am Ende«, preßte er hervor, »ich werde sterben, kein Mensch auf der Welt kann mir noch helfen, und keiner wird meinen Tod bedauern.« Dann fügte er resigniert hinzu: »Ich bin zweiundzwanzig.«

Ich lief sofort aus dem Schuppen und suchte den Häftlingsarzt. Der zuckte die Schultern und wandte sich ab.

»Zweihundert Menschen arbeiten heute hier. Sechs von ihnen liegen im Sterben.« Er fragte nicht einmal, wo der Sterbende zu finden war.

»Du solltest dich um ihn kümmern«, hielt ich ihm vor.

»Ich kann ihm ohnehin nicht helfen.«

»Aber du kannst dich doch als Arzt hier freier bewegen, du kannst deine Abwesenheit bei den Wächtern besser verantworten als ich. So einsam und verlassen zu sterben ist doch fürchterlich. Hilf ihm wenigstens in seiner letzten Stunde.«

»Gut, gut«, sagte er. Aber ich war sicher, daß er nicht hingehen würde. Auch er hatte jedes Gefühl für das Sterben verloren.

Am Abend beim Zählappell lagen neben der ersten Reihe sechs Leichen. Sie wurden kommentarlos mitgezählt. Die Rechnung stimmte.

»Ich weiß«, sagt der Kranke, »daß in jedem Augenblick Tausende von Menschen sterben. Der Tod ist jetzt überall gegenwärtig, er ist weder selten noch außergewöhnlich. Ich habe mich damit abgefunden, daß ich bald sterben werde. Aber vorher möchte ich noch über ein Erlebnis sprechen, das mich quält. Ich kann sonst nicht ruhig sterben.«

Er atmet schwer. Ich habe das unheimliche Gefühl, daß er mich durch seinen Kopfverband hindurch anstarrt. Vielleicht sieht er durch die gelben Flecken. Sie sind zwar nicht in

Augenhöhe, aber trotzdem fühle ich mich beobachtet. Ich kann nicht hinsehen.

»Ich wußte von einer der Schwestern, daß im Hof jüdische Häftlinge arbeiten. Vorhin brachte sie mir einen Brief von meiner Mutter ... Sie las ihn mir vor ... und dann ging sie wieder. Ich liege schon seit drei Monaten hier. Da faßte ich einen Entschluß ... ich hatte lange darüber nachgedacht ...

Als die Schwester wiederkam, bat ich sie, mir zu helfen. Sie sollte doch, wenn sie irgendwie Gelegenheit dazu hätte, einen jüdischen Häftling bitten, zu mir zu kommen. Sie sollte aber aufpassen, damit es niemand merkt. Die Schwester hat keine Ahnung, warum ich sie um so etwas gebeten habe. Sie gab gar keine Antwort und ging.

Ich hatte schon die Hoffnung verloren, daß sie für mich ein solches Risiko auf sich nehmen würde. Aber als sie dann vorhin wiederkam, flüsterte sie mir zu, draußen stehe wirklich ein Jude. Sie sagte das so, als ob sie die letzte Bitte eines Sterbenden erfüllte. Sie weiß ja, wie es um mich steht. Ich liege in einem Sterbezimmer, das weiß ich. Die hoffnungslosen Fälle lassen sie gern allein sterben - vielleicht sollen die anderen nicht gestört werden.«

Wer ist dieser Mann, neben dem ich da sitze? Was hat er mir so Wichtiges zu sagen? Vielleicht ist er ein Jude, der sich als Deutscher tarnt, und jetzt möchte er vor dem Tod noch einen Juden sehen. Weil er nichts mehr zu befürchten hat. Man erzählte sich im Ghetto und später auch im Lager, daß es Juden in Deutschland gab, die »arisch« aussahen und sich mit falschen Papieren zur Wehrmacht einschlichen, ja, sogar bei der SS sollen sie untergetaucht sein. Sie wollten auf diese Weise überleben. Sollte das ein solcher Jude sein? Oder vielleicht ein Halbjude, ein Sohn aus einer Mischehe?

Als er sich ein wenig bewegt, merke ich, daß seine andere Hand auf einem Brief geruht hat, der jetzt vom Bett herabgleitet. Ich bücke mich und lege ihn wieder auf die Decke.

Ich habe seine Hand nicht berührt, und er kann meine Bewegung auch nicht gesehen haben - trotzdem reagiert er darauf.

»Danke, das ist der Brief meiner Mutter.« Leise kommen diese Worte über seine Lippen.

Ich habe wieder das Gefühl, daß er mich ansieht.

Seine Hand tastet nach dem Brief, zieht ihn näher, als wolle er durch die Berührung mit dem Papier wieder ein wenig Kraft und Mut finden.

Ich muß an meine Mutter denken. Sie wird mir nie mehr einen Brief schreiben. Vor fünf Wochen wurde sie bei einer Räumungsaktion aus dem Ghetto abgeholt. Das einzige, was wir nach all den Plünderungen noch besaßen, war eine goldene Uhr. Ich hatte sie meiner Mutter zugesteckt, damit sie sich vielleicht damit loskaufen könnte, wenn man sie abholen würde. Eine Nachbarin, die einen gültigen Ausweis hatte, erzählte mir später, was mit der Uhr geschehen war. Meine Mutter gab die Uhr dem ukrainischen Polizisten, der sie abholen sollte. Er ging daraufhin auch fort, aber schon nach wenigen Minuten war er wieder da und nahm meine Mutter mit. Im Hof wartete sie mit anderen auf die Ankunft eines Lastwagens. Mit ihm wurde sie dorthin gebracht, von wo man keine Briefe mehr schreibt . . .

Die Zeit scheint stillzustehen.

»Ich heiße Karl. Ich bin als Freiwilliger in die SS eingetreten. Natürlich - wenn Sie das Wort SS hören . . .«

Er stockt. Seine Kehle scheint trocken, und er versucht krampfhaft, einen Klumpen herunterzuschlucken. Ich glaube nicht mehr, daß er Jude oder Halbjude ist, der sich mit einem deutschen Waffenrock getarnt hat. Wie konnte ich das überhaupt denken? Aber in dieser Zeit ist so vieles möglich.

»Ich muß Ihnen etwas Schreckliches . . . etwas Unmenschliches berichten. Es ist vor einem Jahr geschehen. Ist es schon ein Jahr her?«

Die letzten Worte hat er wohl mehr zu sich selbst gesprochen.

»Ja, es ist ein Jahr her«, fährt er fort. »Ein Jahr seit dem Verbrechen, das ich ... begangen habe. Ich muß einfach mit jemand darüber reden, vielleicht hilft mir das.«
Seine Hand umklammert die meine. Seine Finger krallen sich fest, als ich bei dem Wort Verbrechen fast unbewußt meine Hand zurückziehen will. Von wo nimmt er die Kraft? Oder bin ich so schwach, daß ich die Hand nicht lösen kann?
»Ich muß Ihnen das Entsetzliche berichten - Ihnen, weil ... Sie Jude sind.«
Gibt es denn noch irgend etwas Entsetzliches, das ich nicht kenne? Alle Scheußlichkeiten und Greuel, die ein krankes Hirn erfinden kann, sind mir bekannt. Ich habe sie am eigenen Leib erfahren müssen, und ich habe sie im Lager gesehen. Die Geschichte dieses Kranken da wird kaum das überbieten können, was sich die Kameraden im Lager nachts schaudernd erzählen.
Ich bin nicht sehr gespannt auf seine Geschichte.
Hoffentlich denkt die Krankenschwester daran, einem »Askari« zu melden, wo ich bin. Vielleicht sucht man schon nach mir, glaubt, ich sei geflohen ...
Das gibt mir keine Ruhe. Ich höre vor der Tür Stimmen, aber ich erkenne die Stimme der Krankenschwester, und das beruhigt mich.
»Es hat einige Zeit gedauert, bis mir bewußt geworden ist, wieviel Schuld ich auf mich geladen habe.«
Ich starre auf seinen verbundenen Kopf. Ich weiß noch nicht, welches Verbrechen er mir gestehen will, aber ich weiß, daß nach seinem Tod eine Sonnenblume auf seinem Grab wachsen wird. Ich sehe sie ganz deutlich, wie sich bereits jetzt die Blüte dem Fenster zuwendet, dem Fenster, durch das die Sonne ihr Licht in dieses Sterbezimmer sendet.
Warum zeigt sie sich schon jetzt? Sie wird ihn bis zum Friedhof begleiten, bei seinem Grabe stehen und die Verbindung zum Leben herstellen.
Ich beneide ihn darum.

Und ich beneide ihn, weil er in seinen letzten Minuten an eine lebendige Mutter denken kann, die sich in der Heimat um ihn sorgt.

»Ich bin nicht als Mörder geboren. Ich bin zum Mörder gemacht worden ...«

Er atmet schwer.

»Ich stamme aus Stuttgart und bin jetzt einundzwanzig. Das ist zu früh zum Sterben - ich habe erst sehr wenig vom Leben gehabt ...«

Natürlich ist es zu früh, denke ich. Aber wer fragt danach? Haben die Nazis denn gefragt, ob unsere Kinder schon etwas vom Leben gehabt haben? Haben sie gefragt, ob es nicht noch zu früh für sie ist? Hat mich schon jemand gefragt oder wird mich jemand fragen?

Als hätte er meine Gedanken erraten, sagt er: »Ich weiß, was Sie jetzt denken, und ich verstehe Sie. Aber ich darf doch sagen, daß ich noch so jung bin ...

Mein Vater arbeitet als Werkmeister in einer Fabrik. Er war überzeugter Sozialdemokrat. Nach Dreiunddreißig bekam er Schwierigkeiten, aber das ging vielen so. Meine Mutter hat mich religiös erzogen, ich war sogar Ministrant und der erklärte Liebling unseres Pfarrers. Er hoffte, daß ich einmal Theologie studieren würde. Aber dann kam alles ganz anders. Ich trat in die HJ ein, und da war es mit der Kirche natürlich aus. Meine Kameraden hätten mich doch nur gehänselt. Meine Mutter war sehr traurig darüber, aber schließlich hörte sie auf, mich zu ermahnen. Ich war ja ihr einziges Kind. Mein Vater schwieg zu allem.

Er hatte Angst, ich würde in der HJ erzählen, was ich zu Hause hörte ... Unser Bannführer verlangte von uns, wir sollten unsere Sache überall vertreten ... auch zu Hause. Und wenn wir jemand schimpfen hörten, dann sollten wir es ihm melden. Es gab manche, die das taten. Ich tat es nicht. Aber meine Eltern hatten trotzdem Angst. Wenn ich in die Nähe kam, hörten sie auf zu reden. Ihr Mißtrauen kränkte

mich. Aber zum Nachdenken hatte ich damals keine Zeit. Leider.
In der HJ fand ich neue Freunde und Kameraden, mein Tag war ausgefüllt. Nach der Schule gingen die meisten unserer Klasse sofort ins HJ-Heim oder auf den Sportplatz. Mein Vater sprach nur noch selten mit mir, und wenn, dann war er sehr vorsichtig. Heute weiß ich, was ihn damals bedrückte - ich habe ihn so oft grübelnd in seinem Lehnstuhl sitzen sehen, stundenlang, ohne ein Wort zu reden ...
Als der Krieg ausbrach, meldete ich mich freiwillig. Natürlich zur SS. Ich war bei weitem nicht der einzige aus meiner Gefolgschaft, fast die Hälfte ging freiwillig in den Krieg - ohne weiter nachzudenken, wie zum Tanz oder auf einen Ausflug. Meine Mutter weinte beim Abschied. Als ich die Tür hinter mir zumachte, hörte ich meinen Vater sagen: ›Jetzt nehmen sie uns auch noch unser Kind, das kann nicht gut enden.‹
Das hat mich damals furchtbar empört, ich wäre am liebsten umgekehrt und hätte ihm gesagt, daß er unsere Zeit einfach nicht verstand. Aber ich ließ es dann, damit der Abschied nicht durch eine häßliche Szene noch schlimmer wurde.
Was Vater damals zu Mutter sagte, war so ungefähr das letzte, was ich von ihm hörte. Nur selten schrieb er in den Briefen meiner Mutter einen Gruß darunter. Meist entschuldigte Mutter ihn, er sei noch in der Fabrik und sie wolle den Brief gleich absenden. Aber ich wußte, daß das Ausreden waren.«
Er macht eine Pause und tastet nach dem Glas auf seinem Nachttisch. Obwohl er es nicht sehen kann, findet er es sofort. Er trinkt einen Schluck und stellt das Glas wieder sicher an seinen Platz, bevor ich es für ihn tun kann. Steht es wirklich so schlimm um ihn, wie er gesagt hat?
»Zuerst kamen wir in ein Schulungslager auf einem Truppenübungsplatz. Dort hörten wir mit Begeisterung die Radiomeldungen über den Polenfeldzug und verschlangen die Berichte in den Zeitungen - und fürchteten, man würde uns

gar nicht mehr brauchen. Dabei wollte ich doch unbedingt etwas erleben, etwas von der Welt sehen und dann davon erzählen können ... Mein Onkel hatte immer so spannend vom Krieg in Rußland erzählt, wie sie damals den Iwan in die Masurischen Seen getrieben hätten. So etwas wollte ich auch mitmachen ...«

Ich sitze wie auf Kohlen und versuche, meine Hand aus der seinen zu lösen. Ich möchte gehen. Doch er scheint auch mit der Hand zu mir zu sprechen. Ihr Griff verstärkt sich - bittet mich, ihn nicht zu verlassen. Vielleicht ersetzt ihm seine Hand die Augen, denn er scheint sie kaum zu vermissen. Und ich frage mich, ob seine Augen unter den Bandagen verborgen sind.

Ich schaue mich im Zimmer um. Dann wandert mein Blick zum Fenster. Man sieht einen Teil der sonnengebadeten Hoffassade, darauf die schräg verlaufende Linie des Dachschattens - eine Grenze zwischen Hell und Dunkel, scharf, ohne Übergang.

Jetzt erzählt er von seinem Einsatz im besetzten Polen, erwähnt eine Ortschaft; war es Reichshof? Ich will ihn nicht danach fragen.

Warum überhaupt diese lange Vorrede? Er soll endlich sagen, was er von mir will. Mich braucht er doch nicht zu schonen.

Seine Hand beginnt zu zittern. Das nutze ich aus und ziehe meine Hand fort. Doch er ergreift sie sofort wieder und flüstert: »Bitte.« Will er sich - oder mich? - stark machen für das, was jetzt kommt?

»Und dann - dann kam das Schreckliche ... Aber erst muß ich Ihnen noch etwas über mich erzählen.«

Er fühlt wohl meine Unruhe. Hat er gemerkt, daß ich immer wieder zur Tür blicke? Er sagt:

»Es kommt niemand herein, die Schwester hat mir versprochen, draußen aufzupassen. -

Heinz, mein Schulkamerad, mit dem ich auch in Polen zusammen war, nannte mich immer einen Träumer. Ich weiß nicht so recht warum, vielleicht weil ich immer fröhlich und zufrieden war. Immer fröhlich und zufrieden, bis dann der Tag kam, an dem es geschah ... Es ist gut, daß Heinz mich jetzt nicht hört. Meine Mutter soll nie erfahren, was ich getan habe. Sie soll das Bild von ihrem guten Jungen behalten. So hat sie mich immer genannt. Sie soll mich immer so sehen, wie sie mich sehen wollte.

Bei uns daheim, in unserer Straße, liest sie allen Nachbarn meine Briefe vor, und die ... Nachbarn sagen, ich hätte meine Verwundung im Kampf für Führer und Vaterland ... Sie kennen ja die Phrasen ...«

Seine Stimme bekommt einen bitteren Ton, als wolle er sich selbst verletzen, sich wehtun.

»In der Erinnerung meiner Mutter lebe ich noch als fröhlicher, unbeschwerter Junge. Voll von Übermut. Was haben wir für Streiche angestellt ... Während meiner Ausbildungszeit hätte ich fast einmal Bau bekommen, weil meinem Stubenältesten der Spaß zu weit ging ...«

Er spricht von seiner Jugend und von seinen Kameraden. Und ich denke zurück an die Jahre, in denen ich auch noch Streiche im Kopf haben konnte. Ich sehe meine Freunde vor mir - meine Kommilitonen in Prag. Auch wir haben Späße getrieben. Auch wir waren jung und hatten das Leben vor uns.

Aber das ist lange her und kaum noch wahr. Was hat überhaupt meine Jugend mit der seinen gemeinsam? Kommen wir nicht aus verschiedenen Welten? Wo sind die Freunde aus meiner Welt? Noch im Lager oder schon im namenlosen Massengrab? Und wo sind seine Freunde? Sie leben - oder sie haben wenigstens eine Sonnenblume auf ihrem Grab und ein Kreuz mit ihrem Namen.

Ich frage mich, warum ich als Jude mir die Beichte eines sterbenden Soldaten anhören muß. Wenn er wirklich den Glauben an das Christentum wiedergefunden haben sollte, dann hätte man doch einen Priester rufen können. Er hätte ihm vielleicht helfen können beim Sterben. Aber gibt es hier im Lazarett überhaupt Geistliche? Wahrscheinlich nicht - eher noch einen Juden.

Wem werde ich beichten können, wenn mein Ende da ist? Habe ich überhaupt etwas zu gestehen? Jedenfalls werde ich dazu nicht so viel Zeit haben wie der hier. Ich habe auch gar kein Bedürfnis nach einer Beichte. Mein Ende wird gewaltsam kommen wie schon bei so vielen vor mir. Vielleicht überraschend, vielleicht kann ich mich nicht einmal mehr auf die Kugel vorbereiten.

Er erzählt noch immer von seiner Jugend, als läse er vor. Hat er mich deshalb hierherbestellt? Er zwingt mich doch nur, an meine eigene Jugend zu denken. Ich will aber nicht mehr daran denken. Sie liegt so weit zurück, daß sie mir unwirklich vorkommt. Mir ist, als wäre ich schon immer hier im Lager gewesen, als wäre ich nur geboren worden, um von Bestien in Menschengestalt geschunden zu werden, die ihre Rassenkomplexe an mir, dem Untermenschen, abreagieren wollen. Die Erinnerung an früher macht mich nur schwach, und ich möchte doch stark bleiben. Nur wer stark ist, hat in diesen finsteren Zeiten die Chance zu überleben, das Ende derer zu erleben, die sich so unendlich über uns erhaben fühlen. Noch habe ich den Glauben nicht verloren, daß die Welt ihnen ihre Untaten heimzahlen wird - trotz ihren aufgeblasenen Siegesmeldungen, ihrem maßlosen Jubel über gewonnene Schlachten, ihrer grenzenlosen Überheblichkeit. Der Tag wird schon kommen, an dem die Nazis die Köpfe hängen lassen werden, wie jetzt die Juden.

Alles in mir sträubt sich, noch länger zuzuhören. Ich möchte weg von hier.

Der Sterbende muß es gespürt haben, denn er läßt den Brief los und faßt nach meinem Arm. Seine Bewegung ist so rührend hilflos, daß er mir auf einmal leid tut. Ich bleibe, obwohl ich fort will. Hastig spricht er weiter.

»Im letzten Frühjahr merkten wir, daß irgendwas im Busch war. Man sagte uns immer häufiger, wir sollten uns auf Großes gefaßt machen. Jeder müßte seinen Mann stehen - ›zackig‹ sein. Für Gefühlsduselei sei jetzt kein Platz mehr, der Führer brauche ganze Kerle.
Das imponierte mir damals mächtig.
Als dann der Krieg gegen Rußland anfing, hörten wir kurz vor dem Ausrücken noch übers Radio eine Ansprache von Himmler. Er sprach vom Endsieg, von der Sendung des Führers ... vom Ausräuchern der Untermenschen ... Wir bekamen Stöße von Büchern über die Juden und die Bolschewiken, wir verschlangen den ›Stürmer‹, und mancher hängte sich eine Karikatur daraus übers Bett. Aber das war nicht nach meinem Geschmack. Abends, in der Kantine, da erhitzten wir uns beim Bier an Gesprächen über die Zukunft Deutschlands. Wir waren sicher, der Krieg gegen Rußland würde wie der in Polen auch nur ein Blitzfeldzug werden, und unsere Grenzen würden weiter und weiter nach Osten rücken. Das deutsche Volk brauchte Lebensraum.«
Er hält einen Augenblick erschöpft inne.
»Wie es jetzt mit meinem Lebensraum bestellt ist, das sehen Sie ja.«
Er hat Mitleid mit sich selbst. In seinen Worten liegt Bitterkeit und Resignation.
Ich sehe durchs Fenster und bemerke, daß die Grenze zwischen Licht und Schatten jetzt über andere Fenster der inneren Fassade verläuft. Die Sonne ist höher gestiegen. Eines der Fenster öffnet sich, fängt einen Sonnenstrahl ein und reflektiert ihn, als es sich wieder schließt. Dieses Glitzern wirkt unwillkürlich wie ein Signal mit einem Spiegel auf mich.
In dieser Zeit waren wir bereit, in allem und jedem ein Symbol zu sehen. Es war eine Zeit, in der Mystik und Aberglauben blühten. Wie oft hörte ich von den Kameraden im Lager Erzählungen, die von Mystizismus durchdrungen waren.

Aber es war auch alles so irreal und unwirklich für uns, die Erde war von mystischen Gestalten bevölkert: Gott war ja auf Urlaub, und in seiner Abwesenheit hatten es eben andere übernommen, uns Zeichen und Deutungen zu geben. In normalen Zeiten hätte man jeden ausgelacht, der an übernatürliche Kräfte glaubte. Aber jetzt erwarteten wir von ihnen alles. Man verschlang jedes Wort, das ein Wahrsager oder ein Kartenleger von sich gab. Man klammerte sich an oft völlig unsinnige Deutungen, wenn sie einem nur das Gefühl gaben, man dürfe auf eine Wendung zum Besseren hoffen. Hier schaltete der ewige Optimismus des Juden jede Vernunft aus. Aber Vernunft war in dieser Zeit ja ebenfalls fehl am Platze. Gab es in dieser Welt des Nazismus irgend etwas, das vernünftig und logisch war? Man verlor sich in Phantastereien, nur um der entsetzlichen und tragischen Wirklichkeit zu entrinnen. Und da wäre Vernunft ein Hindernis gewesen. Wir flüchteten in Träume und taten alles, um aus diesen Träumen nicht zu erwachen.

Ich vergesse für einen Augenblick, wo ich mich eigentlich befinde. Und ich höre ein Summen. Eine Fliege, wahrscheinlich vom Geruch des Eiters angelockt, schwirrt um den Kopf des Sterbenden. Er kann sie nicht sehen, und er kann auch nicht sehen, wie ich sie mit einer Handbewegung verscheuche. Aber er muß es gespürt haben.

»Danke«, flüstert er. Erst da kommt mir zum Bewußtsein, daß ich, der wehrlose Untermensch, dem ebenso wehrlosen Herrenmenschen wie selbstverständlich Erleichterung verschafft habe, ohne darüber nachzudenken.

»Ende Juni faßte man uns zu einem Sturmtrupp zusammen und schaffte uns mit Lastwagen an die Front. Wir fuhren durchs Land. Riesige Weizenfelder, so weit das Auge reichte. Unser Rottenführer sagte, Hitler hätte den Beginn des Feldzugs gegen Rußland absichtlich so gewählt, damit wir noch die Ernte einbringen könnten. Das fanden wir richtig. Auf der schier endlosen Fahrt sahen wir am Straßenrand tote

Russen, ausgebrannte Panzer, stehengelassene Lastwagen, Pferdekadaver. Auch verwundete Russen lagen da, hilflos, niemand kümmerte sich um sie. Ihr Schreien und Stöhnen hat uns auf der ganzen Fahrt begleitet.
Ein Kamerad spuckte sie an, und ich stellte ihn zur Rede. Er antwortete einfach mit einer Phrase unserer Vorgesetzten: ›Kein Mitleid mit dem Iwan.‹«
Seine Worte klingen wie ein nüchterner militärischer Bericht. Er spricht, wie ein Kriegsberichterstatter schreibt. Aus seiner Stimme ist keine innere Beteiligung zu hören. Oft geraten ihm papierne Phrasen dazwischen, die aus Zeitungen stammen könnten.
»Wir kamen schließlich in ein ukrainisches Dorf. Hier hatte ich die erste Feindberührung. Wir beschossen ein verlassenes Bauernhaus, in dem sich Russen verschanzt hatten. Als wir es stürmten, fanden wir nur noch einige Verwundete, um die wir uns aber nicht kümmerten. Das heißt, ich kümmerte mich nicht um sie. Aber unser Rottenführer - der gab zwei von ihnen den Fangschuß.
Seit ich hier im Lazarett liege, kommen diese Einzelheiten immer wieder zu mir zurück, ich erlebe alles noch einmal. Nur viel genauer und deutlicher ... Jetzt habe ich ja Zeit dazu.
Die Kämpfe waren unmenschlich. Manche von uns konnten es kaum noch ertragen. Als unser Hauptsturmführer das merkte, schrie er uns an: ›Glaubt ihr, der Russe macht es mit unseren Leuten anders? Ihr braucht ja nur zu sehen, wie er seine eigenen Leute behandelt, die Gefängnisse, auf die wir stoßen, sind voll von Ermordeten, sie mähen ihre Häftlinge einfach nieder, wenn sie sie nicht mitnehmen können. Wer ausersehen ist, Geschichte zu machen, der kann sich um solche Einzelheiten nicht kümmern.‹
Eines Abends nahm mich ein Kamerad beiseite, um mit mir über sein Entsetzen zu sprechen. Aber schon nach den ersten Sätzen blieb er stecken. Er traute mir nicht.«

Wie sich die Bilder gleichen. Vor zwei Jahren war ich in Odessa. Dort hat mir einer erzählt, daß er seinem besten Freund nicht mehr getraut habe, als er sich einmal beschweren wollte. Terror trennt Freundschaften, sät Mißtrauen, hüben wie drüben.

»Wir machten weiter Geschichte. Tag für Tag hörten wir die Siegesmeldungen, und immer wieder wurde uns gesagt, bald ist der Krieg aus. Hitler sagte das und Himmler ... Für mich ist er jetzt ja auch wirklich aus ...«

Er atmet schwer. Dann schluckt er. Hinter mir höre ich ein Geräusch. Ich blicke mich um. Ich habe nicht gemerkt, daß sich die Tür geöffnet hat. Aber er hat es gehört.

»Schwester, bitte ...«

»Schon gut, ich wollte nur einmal hereinschauen.«

Sie schließt die Tür wieder.

»An einem heißen Sommertag kamen wir nach Dnjepropetrowsk. Überall standen verlassene Autos und Geschütze herum. Viele waren noch intakt. Man merkte, daß die Russen in großer Hast abgezogen waren. Häuser brannten, und die Straßen waren von eilig errichteten Barrikaden blockiert, die niemand mehr verteidigte. Unsere Pioniere räumten sie weg. Unter den Zivilisten hatte es Tote gegeben. Auf dem Gehsteig lag ausgestreckt eine Frau, und neben ihr hockten zwei weinende kleine Kinder.

Als der Rastbefehl kam, lehnten wir unsere Waffen an die Hauswände, setzten uns auf den Boden und rauchten. Auf einmal hörten wir eine Detonation. Wir blickten zum Himmel, aber es war kein Flugzeug zu sehen. Erst an den Staubwolken merkten wir, daß nicht weit von uns ein ganzer Häuserblock in die Luft geflogen war. Bald jagten Krankenwagen vorbei. Durch die Explosion hatte es viele Tote und Verwundete gegeben.

Manche Häuserblocks waren von den Russen beim Rückzug vermint worden. Sobald man sie betrat, flogen sie in die Luft. Ein Kamerad behauptete, die Russen hätten diese Taktik

von den Finnen gelernt. Ich war froh, daß wir eine Rast eingelegt hatten. Wir waren wieder einmal davongekommen.
Auf einmal hielt vor uns ein Kübelwagen. Ein Hauptsturmführer stieg aus und rief unseren Kompaniechef zu sich. Dann kamen ein paar Lastwagen, die uns in einen anderen Teil der Stadt brachten. Dort sah es genauso trostlos aus.
Auf einem großen Platz saßen wir ab und sahen uns um. Auf der anderen Seite des Platzes drängte sich eine streng bewachte Menschengruppe. Ich nahm zuerst an, es seien Zivilisten, die aus der umkämpften Stadt gebracht werden sollten. Aber dann ging es wie ein Lauffeuer durch unsere Gruppe: ›Es sind Juden.‹ - Ich hatte noch nicht viele Juden in meinem Leben gesehen. Bei uns zu Hause hatte es früher einige gegeben, aber die waren zum größten Teil ausgewandert, als Hitler die Macht übernahm. Die wenigen, die blieben, verschwanden dann später plötzlich. Man erzählte sich, sie seien in ein Ghetto gebracht worden. Dann vergaß man sie. Nur meine Mutter erwähnte einmal unseren alten Hausarzt, der auch Jude gewesen war und dem sie sehr nachtrauerte. Sie bewahrte alle seine Rezepte sorgfältig auf, denn sie vertraute ihm vollkommen. Eines Tages sagte ihr dann aber der Apotheker, sie müßte sich jetzt ihre Medikamente von einem anderen Arzt verschreiben lassen, er dürfte keine Arzneien mehr auf das Rezept eines jüdischen Arztes abgeben. Meine Mutter war darüber sehr empört. Mein Vater sah mich nur an und schwieg.
Was man so in den Zeitungen über die Juden schrieb, brauche ich Ihnen wohl nicht zu erzählen. Kaum jemand traute sich, etwas anderes über sie zu sagen, als uns die Propaganda vorsetzte. Später in Polen sah ich Juden, die ganz anders waren als die bei uns in Stuttgart.
Auf dem Truppenübungsplatz in Debica arbeiteten auch ein paar. Ihnen steckte ich öfter etwas Eßbares zu. Als mich einmal ein Rottenführer dabei erwischte, dachte ich mir etwas anderes aus: Die Juden mußten unsere Unterkünfte sauber-

machen, und da ließ ich dann einfach auf dem Tisch etwas zu essen zurück.
Sonst wußte ich über die Juden nur das, was aus dem Lautsprecher kam oder was man uns zu lesen gab.
Man sagte uns, sie wären unser aller Unglück, sie versuchten, uns zu unterdrücken, sie wären schuld an Krieg, Not, Hunger, Arbeitslosigkeit . . .«
Es war immer wieder das gleiche: Der Jude war schlecht, und wer das Schlechte im Juden nicht sah, der tanzte aus der Reihe, der fiel aus dem Rahmen und mußte gemaßregelt werden.
Die Juden waren schlecht, weil andere es so wollten, weil sonst ein wesentlicher Teil der Ideologie nicht stimmte, die auf das Bild vom »bösen und schlechten Juden« angewiesen war.
Mir fällt auf, daß der Sterbende einen warmenUnterton in der Stimme hat, wenn er über die Juden spricht. So habe ich noch nie die Stimme eines SS-Mannes gehört. Ist er anders, besser als die anderen - oder ändern sterbende SS-Männer den Klang ihrer Stimme?
»Dann kam ein Befehl. Wir gehen auf die dicht gedrängt stehenden Juden zu. Es sind hundertfünfzig oder auch zweihundert, darunter viele Kinder, die uns mit angstvollen Augen entgegenstarren. Nur wenige weinen still vor sich hin. Einige Säuglinge liegen in den Armen ihrer Mütter. Junge Männer sind kaum dabei, dafür viele Frauen und Greise.
Wie ich näherkomme, kann ich den Ausdruck in ihren Augen erkennen. Es ist Angst, unbeschreibliche Angst, sie sehen zu Tode erschrocken aus. Anscheinend wissen sie, was ihnen bevorsteht . . .
Ein Lastwagen bringt Benzinkanister heran. Einige von uns erhalten Befehl, sie abzuladen und in einen Hauseingang hineinzuschaffen. Die kräftigeren unter den Juden müssen sie in die oberen Stockwerke tragen. Sie tun es - willenlos, stumpf, wie Automaten.

Und dann fangen wir an, die Juden in das Haus hineinzutreiben. Ein Scharführer hat plötzlich eine Peitsche in der Hand. Damit hilft er nach, wenn einer der Juden nicht schnell genug ist. Es hagelt Schimpfworte und Fußtritte. Das Haus ist nicht sehr groß, es hat nur drei Stockwerke. Ich weiß nicht, wie es möglich ist, daß sie überhaupt alle reingehen, aber ein paar Minuten später steht kein einziger Jude mehr auf der Straße.«
Er schweigt, und mir klopft das Herz bis zum Hals.
Ich sehe deutlich die Szene vor mir. Sie ist mir vertraut. Auch ich hätte unter denen sein können, die man in das Haus mit den Benzinkanistern hineintrieb. Ich spüre, wie eng es dort ist, wie zusammengepreßt sie stehen, wie sie weinen und jammern. Sie ahnen, was man mit ihnen vorhat, und ich ahne es auch.
»Da hält noch einmal ein Lastwagen, vollbeladen mit weiteren Juden. Sie werden zu den anderen ins Haus getrieben. Dann wird das Haustor geschlossen. Gegenüber geht ein Maschinengewehr in Stellung.«
Ich weiß, wie es jetzt weitergeht. Schon über ein Jahr sind wir von den Deutschen besetzt. Wir haben ähnliches schon aus Bialystok, Brody, Grodek gehört. Die Methode ist immer dieselbe. Er kann sich das weitere sparen.
Ich will aufstehen. Er aber:
»Bitte, bleiben Sie. Ich muß Ihnen noch den Rest erzählen.«
Ich weiß nicht, was mich hier festhält. In seiner Stimme liegt etwas, das mich hindert, meinem Gefühl und meinem Verstand zu folgen und davonzustürmen. Vielleicht will ich es auch nur aus seinem Mund hören, mit seinen eigenen Worten, mit welcher Unmenschlichkeit die SS gegen uns vorgeht.
»Als die Meldung kommt, daß alles bereit ist, treten wir einige Schritte zurück, entsichern Handgranaten und werfen sie auf Kommando durch die leeren Fenster ins Haus. Eine Detonation folgt der anderen ... mein Gott.«

Er stockt, richtet sich ein wenig im Bett auf.
Ich spüre, wie er am ganzen Leib zittert.
»Wir hören Schreie und sehen, wie die Flammen sich von Stockwerk zu Stockwerk fressen ... Wir halten unsere Gewehre bereit, um auf die zu schießen, die versuchen sollten, dieser Hölle zu entfliehen ...
Aus dem Haus kommt schauerliches Schreien. Qualm ist überall und reizt die Lungen ...«
Seine Hand wird wieder feucht. Seine Erzählung erschüttert ihn anscheinend so sehr, daß ihm der Schweiß ausbricht. Ich merke es zuerst gar nicht, aber ich löse meine Hand aus seinem Griff. Er tastet sofort wieder nach ihr und krallt sich fest.
»Bitte, bitte«, stammelt er nur, »nicht weggehen, ich muß weitersprechen, ich habe noch etwas zu sagen.«
Wenn ich vorhin noch Zweifel gehabt habe, worüber er mir berichten wollte, so sind diese Zweifel nun vorbei. Ich bin mir überdeutlich bewußt, wie er seine Kräfte zu einer letzten Anstrengung konzentriert. Er setzt all seine Energie ein, um mir die Geschichte bis zum bitteren Ende weiterzuerzählen.
»Hinter einem Fenster im zweiten Stock sehe ich einen Mann, der ein kleines Kind auf dem Arm trägt. Seine Kleider brennen. Neben ihm steht eine Frau, sicher die Mutter des Kindes. Mit der freien Hand hält der Mann dem Kind die Augen zu - dann springt er hinunter auf die Straße. Sekunden später folgt die Mutter. Auch aus den anderen Fenstern stürzen brennende Gestalten ... Wir schießen ... o Gott!«
Der Sterbende hat die Hand vor seine verbundenen Augen gelegt, als wolle er das Bild verscheuchen.
»Ich weiß nicht, wie viele den Sprung aus dem Fenster dem Verbrennungstod vorgezogen haben. Aber diese eine Familie werde ich nie vergessen - vor allem das Kind nicht. Es hatte schwarze Haare und schwarze Augen ...«
Er schweigt erschöpft.
Das Kind mit den schwarzen Augen erinnert mich an Eli,

den Bub aus dem Lemberger Ghetto, ganze sechs Jahre alt, mit großen fragenden Augen. Augen, die nicht verstanden, warum. Augen, die anklagten.
Augen, die man nicht vergißt.

Die Kinder im Ghetto wurden schnell erwachsen, sie schienen zu ahnen, wie kurz ihr Dasein sein würde. Sie durchlebten in Tagen Monate und in Monaten Jahre. Wenn ich in ihren Händen ein Spielzeug sah, mutete mich das seltsam und fremd an, es war, als läge es in Greisenhänden.
Wann habe ich Eli zum erstenmal gesehen? Wann habe ich zum erstenmal mit ihm gesprochen? Ich weiß es nicht mehr.
Er wohnte in einem Haus nahe am Ghettotor. Manchmal wagte er sich bis ans Tor heran. Einmal hörte ich einen jüdischen Ordnungspolizisten mit ihm sprechen, daher kannte ich seinen Namen: Eli.
Nur selten konnte sich ein Kind in die Nähe des Ghettotores vorwagen. Eli wußte das. Der Instinkt ersetzte ihm den Verstand. »Eli« ist eine Koseform von Elias oder, wie ich in der Schule gelernt habe, von Eljahu - Eljahu Hanavi, dem Propheten. Der Name weckt Erinnerungen in mir an die Zeit, in der ich selbst noch Kind war.
An den Osterfeiertagen, beim Festmahl, dem Seder, stand auf dem Tisch zwischen dem anderen Geschirr ein großer verzierter Becher mit Wein, der von niemandem berührt werden durfte. Der Wein war für Eljahu Hanavi bestimmt. Bei einem bestimmten Gebet wurde eins von uns Kindern hinausgeschickt, um die Tür zu öffnen; der Prophet sollte ins Zimmer kommen und von seinem Wein trinken. Mit großen wundergläubigen Augen blickten wir Kinder zur Tür. Aber natürlich konnten wir nie jemanden sehen.
Meine Großmutter versicherte mir immer wieder, der Prophet trinke tatsächlich aus dem Becher. Wenn ich dann neugierig hineinsah und ihn noch voll fand, sagte sie:

»Er trinkt nur so viel wie eine Träne.«
Warum sagte sie das? War eine Träne alles, was wir dem Propheten Eljahu bieten konnten?
Seit unzähligen Generationen, seit dem Auszug aus Ägypten, feiern wir das Osterfest zum Gedenken an dieses historische Ereignis. Und seitdem kennen wir den Brauch mit dem Becher Wein für Eljahu Hanavi.
Uns Kindern galt er als Beschützer, und in unserer Phantasie trat er in verschiedenster Gestalt auf. Meine Großmutter erzählte, er gebe sich nur selten einem Menschen zu erkennen. Er könne in der Gestalt eines Dorfbauern erscheinen, eines Kaufmanns, eines Bettlers oder auch in der Gestalt eines Kindes. Und als Dank für den Schutz, den er uns gewähre, erhalte er zum Festmahl den schönsten Becher, gefüllt mit dem besten Wein - aber er trinke nur eine einzige Träne davon.
Der kleine Eli im Ghetto überlebte wie durch ein Wunder die zahlreichen Aktionen gegen die Kinder, die als »nicht arbeitende, nutzlose Esser« galten. Die Erwachsenen arbeiteten tagsüber außerhalb des Ghettos, und während dieser Zeit holte die SS gewöhnlich die Kinder ab. Aber irgendwie gelang es immer wieder einigen von ihnen, sich den Häschern zu entziehen.
Die Kinder lernten sich zu verstecken. Die Eltern hatten ihnen unter dem Fußboden, im Ofen oder in einem Schrank mit doppelter Wand Schlupfwinkel gebaut, und sie entwickelten mit der Zeit, klein, wie sie waren, so etwas wie einen sechsten Sinn für die Gefahr.
Aber allmählich lernte die SS, auch die raffiniertesten Verstecke ausfindig zu machen, und blieb immer öfter Sieger bei diesem Versteckspiel, das nicht einmal mehr für die jüngsten unter den Kindern ein Spiel war; sie ahnten, was ihnen bevorstand, wenn man sie fand.
Eli war eins der letzten Kinder, die ich im Ghetto sah. Jedesmal, wenn ich vom Lager ins Ghetto kam - ich hatte eine Zeitlang einen Durchlaßschein dafür -, suchte ich nach Eli.

Sah ich ihn, dann konnte ich sicher sein, daß im Augenblick keine Gefahr drohte.
Im Ghetto herrschte damals bereits Hunger, und in seinen Straßen lagen die Verhungerten herum. Sooft auch die jüdischen Polizisten Elis Eltern davor warnten, ihn in die Nähe des Tores zu lassen, er wagte sich doch immer wieder dorthin. Sogar der deutsche Schutzpolizist am Ghettotor gab ihm manchmal etwas zu essen.
Einmal kam ich wieder ins Ghetto, traf Eli aber nicht am Tor an. Ich sah ihn erst später. Er stand an einem Fenster, seine kleine Hand lag auf dem Fensterbrett und wischte von dort etwas weg. Dann führte er die Finger zum Mund. Als ich beim Näherkommen erkannte, was er da machte, stiegen mir die Tränen in die Augen: er sammelte die Brosamen auf, die irgend jemand für die Vögel gestreut hatte.
Sicher dachte er, die Vögel könnten auch außerhalb des Ghettos Nahrung finden, bei mitleidigen Menschen in der Stadt, die es aus Feigheit und Angst nicht wagen würden, einem hungrigen Kind ein Stück Brot zu geben, wenn es ein jüdisches Kind war.
Vor dem Ghettotor standen oft Frauen mit Säcken voll Brot und Mehl. Sie versuchten, mit den Ghettoinsassen Tauschgeschäfte zu machen, von ihnen Anzüge, Silberbesteck oder Teppiche einzuhandeln. Aber kaum einer der Juden besaß noch etwas, das er tauschen konnte.
Elis Eltern hatten bestimmt nichts mehr für einen Laib Brot zu bieten.
Wie viele Kinder im Ghetto aßen wohl die Brosamen der Vögel, um nicht zu verhungern? Aber wie lange kann man schon von Brosamen leben?
SS-Gruppenführer Katzmann - der berüchtigte Katzmann - wußte, daß es im Ghetto noch Kinder geben mußte, trotz der unaufhörlichen Durchsuchungen. Da entstand in seinem vertierten Gehirn ein teuflischer Plan: Ein Kindergarten! Er ließ dem Judenrat unterbreiten, es werde ein Kindergarten

errichtet, man werde Räume und eine Kindergärtnerin dafür bereitstellen. Dann seien die Kinder unter Aufsicht, solange die Erwachsenen der Arbeit nachgingen.

Als ewige und unverbesserliche Optimisten sahen die Juden darin ein Zeichen für menschlichere Behandlung. Sie erzählten sich sogar, es gebe jetzt ein Schießverbot. Irgend jemand behauptete, er habe es im amerikanischen Rundfunk gehört, Roosevelt haben den Deutschen mit Repressalien gedroht, wenn noch weitere Juden umgebracht würden. Deshalb wollten die Deutschen von nun an mehr Humanität zeigen.

Andere berichteten von einer internationalen Kommission, die das Ghetto besuchen werde. Ihr wolle man auch einen Kindergarten zeigen - als Aushängeschild für die Menschlichkeit der Deutschen den Juden gegenüber.

Kriminalrat Engels von der Gestapo, ein grauhaariger Mann, erschien mit einem Mitglied des Judenrats und überzeugte sich persönlich davon, daß der Kindergarten auch wirklich helle, freundliche Räume hatte. Er meinte, es seien ja bestimmt noch genug Kinder da, die den Kindergarten besuchen wollten, und versprach zusätzliche Lebensmittelzuteilungen. In der Tat schickte die Gestapo darauf Büchsen mit Kakao und Milch.

Die Eltern der hungernden Kinder wagten es nach und nach, die Kleinen in den Kindergarten zu bringen. Man wartete auf die angekündigte Kommission des Roten Kreuzes. Sie kam natürlich nie. Dafür kamen eines Vormittags drei Lastwagen der SS. Sie nahmen sämtliche Kinder mit.

Am Abend, als die Eltern von der Arbeit zurückkamen, spielten sich erschütternde Szenen ab.

Doch einige Wochen später sah ich Eli wieder. Sein Kinderinstinkt hatte ihn an jenem Vormittag zu Hause bleiben lassen.

Für mich ist das schwarzäugige Kind, von dem der Mann im Bett gesprochen hat, Eli. Sein Gesichtchen ist in meinem Gedächtnis unauslöschlich eingeprägt. Er war das letzte jüdische Kind, das ich gesehen habe, und für mich sehen all diese unglücklichen Kinder aus wie Eli.

Vorhin habe ich noch etwas wie Mitleid mit dem Sterbenden empfunden. Das ist jetzt vorbei. Seine Berührung verursacht mir fast körperlichen Schmerz. Ich ziehe meine Hand fort.

Doch ich denke nicht mehr daran, wegzugehen. Es muß noch etwas kommen, das spüre ich deutlich. Seine Geschichte muß noch weitergehen.

Undeutlich murmelt er etwas. Ich nehme es nicht einmal auf. Meine eigenen Gedanken tragen mich fort, obwohl ich ja eigentlich hier bin, um dem, was er mir so dringend zu sagen hat, zuzuhören. Doch mir scheint, als vergäße auch er meine Anwesenheit, so wie ich eine Zeitlang die seine vergessen hatte. Er spricht eintönig vor sich hin; Kranke, die alleine liegen, führen oft Selbstgespräche. Erzählt er von dem, was er eigentlich mir berichten wollte? Oder sind es Dinge, die er mir zwar mitteilen möchte, die er aber nicht auszusprechen wagt? Wer weiß, was er noch zu sagen hat. Keine Phantasie kann sich das ausmalen, niemand kann es voraussehen - aber eins habe ich in dieser Zeit gelernt: Es gibt nichts, das so schrecklich wäre, als daß es nicht noch übertroffen werden könnte.

»Ja, ich sehe sie deutlich vor mir ...«

Was hat er da gesagt? *Er* sieht sie? Wieso sieht *er* sie? Sein Kopf ist doch verbunden. Ich starre auf seinen Kopf, und wie durch einen Nebel vermeine ich Augen zu erkennen. Also doch?

»Ich sehe das Kind und seinen Vater und seine Mutter«, sagt er weiter.

Er stöhnt, sein Atem kommt keuchend.

»Vielleicht waren sie schon tot, als sie auf das Pflaster schlugen. Es war fürchterlich. Die Schreie vermischten sich mit den Gewehrsalven, als wollten sie sie übertönen, oder vielleicht sollten auch die Schüsse die Schreie übertönen. Es war entsetzlich, es verfolgt mich. Ich habe viel Zeit zum Nachdenken gehabt ... sehr viel Zeit, aber vielleicht doch nicht genug ...«

Höre auch ich die Schüsse? Wir sind jetzt schon so an diese Schüsse gewöhnt, daß niemand auch nur noch zusammenzuckt. Ja, ich höre sie ganz deutlich. Ständig wird im Lager geschossen, man hört das Knallen von nah und fern, und auch Schreie hört man immer wieder. Ich schließe die Augen und höre und sehe in meiner Erinnerung tausend Einzelheiten.

Das mag auch der Grund sein, daß ich während seiner Erzählung, die ja nur in knappen, oft abgehackten Worten vor sich ging, so plastisch alles vor mir sah und hörte, als wäre ich Augenzeuge gewesen. Ich sah die Unglücklichen, die in das Haus hineingetrieben wurden, ich hörte ihre Schreie, ich sah die Verzweiflung in ihren Gesichtern, ich hörte sie ihre Kinder beruhigen und trösten und sah sie dann brennend auf das Pflaster springen.

»Kurz darauf wurden wir abgelöst und zogen weiter. Unterwegs sagte man uns, die Tötung der Juden wäre eine Vergeltungsmaßnahme gewesen für die von den Russen versteckten Zeitbomben. Durch sie wären etwa dreißig Mann von uns umgekommen, also habe man dafür dreihundert Juden umgebracht. Niemand hat gefragt, was die ermordeten Juden mit den Zeitbomben der Russen zu tun gehabt hätten.

Am Abend bekamen wir Schnaps. Schnaps hilft vergessen.

Über das Radio kamen Meldungen von der Front, Zahlen über versenkte Schiffe, über Gefangene, abgeschossene Flugzeuge und über die Ausdehnung der neu eroberten Gebiete ... Es dämmerte ...«

Was meinte er damit? Den Sonnenuntergang? Was hatte die Sonne noch in einer Welt zu suchen, die sich auf dem Weg zum Untergang befand?

»Angefeuert vom Schnaps setzten wir uns zusammen und

fingen an zu singen. Auch ich sang mit. Heute frage ich mich, wie ich das fertiggebracht habe. Vielleicht wollte ich mich betäuben. Vorübergehend gelang mir das auch. Das, was passiert war, schien nicht mehr wahr. Aber in der Nacht, da kam alles zurück . . .

Der Kamerad, der neben mir schlief, war Peter und stammte auch aus Stuttgart. Er bewegte sich im Schlaf unruhig hin und her und murmelte etwas vor sich hin. Ich richtete mich auf und starrte ihn an. Aber es war zu dunkel, um sein Gesicht zu erkennen, und ich hörte nur die Worte ›nein, nein‹ und ›Ich will nicht‹. Am Morgen konnte ich dann in den Gesichtern einiger Kameraden lesen, daß sie in dieser Nacht keine Ruhe gefunden hatten. Aber niemand wollte darüber sprechen, man ging sich aus dem Wege. Auch unserem Rottenführer fiel das auf.

›Ihr mit euern Gefühlsduseleien! Mensch, so kommt man doch nicht weiter. Es ist Krieg! Man muß hart sein! Es sind doch nicht unsere Leute gewesen! Ein Jud ist kein Mensch! Der Jud ist an allem Unglück schuld! Und wenn man einen erschießt, dann ist das was ganz anderes, als wenn es einer von uns wär - egal, ob Mann, Frau oder Kind. Sie sind nicht wie wir. Sie gehören weg, einfach weg. Wir wären heute noch die Knechte von anderen, wenn wir weich gewesen wären, aber der Führer . . .!‹«

Er muß gemerkt haben, daß ich seine letzten Worte so auffassen könnte, daß er nur - trotz allem - eine Entschuldigung für sich selbst sucht. Er unterbricht sich mitten im Satz.

»Ja, sehen Sie«, beginnt er, spricht aber nicht weiter.

Was will er sagen? Vielleicht etwas, das ihn selber beruhigen soll? Etwas, was mir erklären soll, warum er mir eigentlich seine ganze Geschichte erzählt? Aber er kommt nicht darauf zurück.

»Unsere Rast dauerte nicht lange. Schon gegen Mittag zogen wir weiter, wir waren ja jetzt ein Teil der Sturmtruppe. Wir stiegen auf die Fahrzeuge und wurden in die Kampfzone transportiert. Aber auch hier war vom Feind nicht viel zu sehen. Er hatte Dörfer und auch kleinere Ortschaften geräumt und uns kampflos überlassen. Nur vereinzelt flackerten kleinere Rückzugsgefechte auf. Peter wurde verwundet, Karlheinz getötet. Dann legten wir wieder eine Rast ein und hatten Zeit, uns zu waschen oder Briefe zu schreiben. Die Gespräche kreisten um die verschiedensten Themen, aber über die Geschehnisse von Dnjepropetrowsk wurde kaum gesprochen ...

Ich ging zu Peter. Er hatte einen Bauchschuß abbekommen, war aber bei Bewußtsein. Er erkannte mich und sah mich mit flehenden Augen an. Ich setzte mich zu ihm, und er sagte mir, er werde bald abtransportiert werden. Dann sagte er: ›Die Menschen in diesem Haus da, du weißt schon ...‹ Dann verlor er das Bewußtsein. Armer Peter. Er ist mit den Gedanken an das Entsetzlichste, was er jemals erleben mußte, gestorben.«

Auf dem Korridor hallen Schritte. Ich blicke zur Tür, die jeden Augenblick geöffnet werden kann, und stehe auf. Er merkt es.

»Bitte bleiben Sie, die Schwester wacht draußen, niemand wird hereinkommen. Ich will Sie nicht mehr lange aufhalten, aber ich habe noch etwas Wichtiges zu sagen ...«

Ich setze mich widerwillig und nehme mir vor, zu verschwinden, sobald die Schwester hereinkommt.

Was kann er mir denn noch sagen? Daß er nicht der einzige ist, der Juden gemordet hat, daß er ein Mörder unter Mördern ist?

»In den folgenden Wochen rückten wir zur Krim vor. Es hieß, dort stünden uns harte Kämpfe bevor, die Russen hätten sich verschanzt, und es würde kein Spaziergang mehr sein wie bisher, sondern Nahkämpfe, Mann gegen Mann ...«

Er stockt immer häufiger. Anscheinend hat er seine Kräfte überschätzt. Sein Atem geht unregelmäßig, und seine Kehle ist trocken. Mit der Hand sucht er nach dem Wasserglas.

Ich rühre mich nicht. Es genügt, wenn er meine Anwesenheit spürt.
Er findet das Glas und trinkt gierig.
Dann seufzt er und flüstert: »Mein Gott, mein Gott.«
Er spricht von Gott. Gott ist doch abwesend - auf Urlaub, wie die Frau im Ghetto gesagt hat. Wir alle hätten Ihn gebraucht, wir alle sehnten uns danach, wieder ein Zeichen Seiner Allgegenwart zu spüren.
Für den Sterbenden hier und für seinesgleichen gibt es doch überhaupt keinen Gott. Der Führer hat Ihn doch ersetzt. Und daß ihre Scheußlichkeiten straflos bleiben, bestärkt nur ihren Glauben, Gott sei eine Erfindung, eine verhaßte jüdische Erfindung. Sie werden nicht müde, das zu »beweisen«. Und jetzt liegt der hier und fragt nach Gott?
Für uns ist Er wirklich abwesend, obwohl wir Ihn nicht verbannt, herausgefordert, verhöhnt haben. Fromme und Gottlose werden von der gleichen teuflischen Vernichtungsmaschinerie zermalmt - auch die Kinder, die doch noch gar keine Gelegenheit zu sündigen gehabt haben. Warum hat Gott sogar die Kinder verlassen? Warum hilft Er nicht dem kleinen Eli, der aus Hunger den Vögeln die Brosamen wegessen muß?
»Die Kämpfe auf der Krim dauerten wochenlang. Wir hatten schwere Verluste. Überall entstanden Soldatenfriedhöfe. Ich habe gehört, daß sie gut gepflegt werden. Auf jedem Grab sollen Blumen wachsen. Ich mag Blumen. Im Garten meines Onkels gab es viele. Ich konnte stundenlang im Gras liegen und ihre Blüten betrachten ...«
Er weiß also schon, daß er eine Sonnenblume bekommen wird, wenn er im Grab liegt. Der Mörder wird noch im Tod etwas besitzen. Und ich?
»Wir näherten uns Taganrog. Dort hatten sich die Russen festgesetzt. Wir lagen ihnen in dem hügeligen Gelände auf kaum hundert Meter gegenüber. Ihre Artillerie schoß unaufhörlich. Wir kauerten in unseren Gräben und bemühten uns,

die Angst zu vertreiben, indem wir Feldflaschen mit Schnaps rumgehen ließen. Wir warteten auf das Kommando zum Angriff. Als es endlich kam, kletterten wir aus den Gräben und stürmten los. Aber plötzlich blieb ich wie angewurzelt stehen. Etwas kam auf mich zu. Meine Hände, die das Gewehr mit dem aufgepflanzten Bajonett hielten, fingen an zu zittern.

Und da sah ich ganz deutlich die brennende Familie, den Vater mit dem Kind und dahinter die Mutter - und sie kamen mir entgegen. ›Nein, ein zweites Mal werde ich nicht auf sie schießen‹, schoß es mir durch den Kopf ... Und dann krepierte neben mir eine Granate. Ich verlor das Bewußtsein.

Als ich im Lazarett wieder aufwachte, wußte ich, daß ich blind war. Mein ganzes Gesicht ist zerfetzt, und auch mein Oberkörper hat einiges abbekommen. Ich bestehe nur noch aus Wunden. Eine Schwester hat mir erzählt, daß der Arzt ein ganzes Gefäß voll Granatsplitter aus meinem Körper herausgeholt hat. Es ist ein Wunder, daß ich überhaupt noch lebe - ich bin schon so gut wie tot ...«

Er seufzt. Seine Gedanken kreisen jetzt wieder um ihn selbst, er ist erfüllt von Selbstmitleid.

»Die Schmerzen wurden immer unerträglicher. Mein ganzer Körper ist schon von den vielen schmerzstillenden Spritzen zerstochen ... Man verlegte mich von einem Feldlazarett ins andere, aber nach Hause schafften sie mich nicht ... Das ist die Strafe für mich; ich wollte nach Hause, zu meiner Mutter. Ich weiß, was mein Vater in seiner unerbittlichen Strenge sagen würde. Aber meine Mutter - die würde das mit anderen Augen sehen.«

Ich sehe, wie er sich quält. Er gibt sich Mühe, nichts zu beschönigen. Wieder sucht er nach meiner Hand, aber die habe ich schon vor einer Weile weggezogen. Ich habe sie unter meine Beine geschoben, unerreichbar für ihn. Ich will nicht mehr von dieser Hand, die getötet hat, angerührt werden.

Er sucht Mitleid bei mir. Hat er ein Recht auf Mitleid? Verdient überhaupt jemand seinesgleichen Mitleid? Vielleicht glaubt er, Mitleid zu finden, wenn er sich selbst bemitleidet.
»Sehen Sie«, sagt er, »diese Juden waren sofort tot, sie litten nicht so schwer wie ich - aber sie waren natürlich auch nicht schuldig wie ich.«
Ich mache Anstalten, aufzustehen und ihn zu verlassen - ich, der letzte Jude in seinem Leben! Aber er hält mich fest, mit seiner weißen, blutleeren Hand. Woher nimmt sie ihre Kraft? Ohne Blut?
»Man schleppte mich von Lazarett zu Lazarett, nach Hause brachte man mich nicht. Aber das habe ich ja schon gesagt... Ich weiß, wie es mit mir steht. Seit ich hier liege, muß ich immerfort an die entsetzliche Tat in Dnjepropetrowsk denken. Wenn ich es nur schon überstanden hätte. Aber ich kann noch nicht sterben - obwohl ich es mir schon oft gewünscht habe... Manchmal habe ich gehofft, der Arzt würde mir eine erlösende Spritze geben. Ich habe ihn gebeten, mich einschlafen zu lassen. Aber er hat kein Erbarmen mit mir. Andere Sterbende hat er schon mit der Spritze von ihrem Leiden erlöst, das weiß ich. Vielleicht hat er wegen meiner Jugend Skrupel. Auf der Tafel am Fußende vom Bett steht ja auch mein Geburtsdatum, vielleicht hält ihn das zurück. So muß ich hier liegen und auf den Tod warten. Die Schmerzen quälen mich furchtbar. Aber viel schlimmer quält mich mein Gewissen. Das brennende Haus und die aus dem Fenster springende Familie lassen mir keine Ruhe.«
Er verstummt und sucht nach Worten.
Ich denke, daß jetzt das kommt, was er von mir will. Ich kann mir nicht vorstellen, daß er nur nach mir verlangt hat, um einen Zuhörer zu haben.
»Als Kind glaubte ich mit ganzer Kraft an Gott und an die Gebote der Kirche. Da war alles viel leichter für mich. Wenn ich noch so glauben könnte, wäre mir sicher das Sterben nicht so schwer.

Ich kann nicht sterben ... ohne daß ich mit mir ins reine gekommen bin. Das hier soll meine Beichte sein. Aber was ist das für eine Beichte? Ein Brief ohne Antwort ...«

Damit spielt er wohl auf mein Schweigen an. Aber was soll ich ihm denn sagen?

Hier liegt ein Mann im Sterben - ein Mörder, der keiner sein will, der von einer unbarmherzigen Ideologie zum Mörder gemacht worden ist. Er vertraut seine Untat einem Mann an, der vielleicht schon morgen durch die gleiche Untat sterben muß.

In seinen Worten liegt echte Reue, ohne daß er es unmittelbar sagt. Das ist auch gar nicht notwendig, denn die Art, in der er spricht, und die Tatsache, daß er zu *mir* spricht, beweist es.

»Glauben Sie mir, ich wäre bereit, noch länger und schlimmer zu leiden, wenn ich damit das Verbrechen in Dnjepropetrowsk ungeschehen machen könnte. Viele junge Deutsche in meinem Alter sterben täglich auf den Schlachtfeldern. Sie haben gegen einen bewaffneten Feind gekämpft und sind dabei gefallen. Aber ich ... ich liege hier mit meiner Schuld ... In den letzten Stunden meines Lebens sind Sie bei mir. Ich weiß nicht, wer Sie sind, ich weiß nur, daß Sie Jude sind. Und das genügt.«

Ich sage nichts. Auf seinem Schlachtfeld »kämpfte« er gegen wehrlose Männer, Frauen, Kinder und Greise. Ich sehe die brennenden Menschen aus den Fenstern springen, hinunter in den sicheren Tod. Auch ich hätte unter ihnen sein und dadurch vielleicht bewirken können, daß die Erinnerung an mich einen SS-Mann davon abhielt, vor einer heranfliegenden Granate in Deckung zu gehen.

Er richtet sich auf und legt die Hände aneinander, wie zum Gebet.

»Ich will in Frieden sterben, und dazu brauche ich ...«

Ich spüre, daß etwas nicht über seine Lippen will. Aber ich bin nicht dazu da, ihn zu ermutigen. Ich bleibe stumm.

»Ich weiß, was ich Ihnen erzählt habe, ist furchtbar. In den langen Nächten, in denen ich auf den Tod warten mußte, hatte ich immer wieder das Bedürfnis, mit einem Juden darüber zu sprechen ... und ihn um Vergebung zu bitten. Ich wußte nur nicht, ob es überhaupt noch Juden gibt ...
Ich weiß, was ich verlange, ist fast zu viel für Sie. Aber ohne Antwort kann ich nicht in Frieden sterben.«
Es wird still im Raum, unheimlich still.
Ich blicke durchs Fenster. Die Fassade gegenüber ist von der Sonne überflutet. Es muß schon Mittag sein, denke ich, die Sonne steht schon hoch. Nur ein kleiner dreieckiger Schatten liegt noch über dem Hof.
Welcher Kontrast zwischen dem strahlenden Sonnenschein draußen und den Schatten einer unmenschlichen Zeit in diesem Sterbezimmer.
Da liegt ein Mann im Bett und will in Frieden sterben - aber er kann es nicht, weil ihm ein entsetzliches Verbrechen keine Ruhe läßt. Und neben ihm sitzt ein Mann, der sterben muß - aber nicht sterben will, weil er das Ende solch entsetzlicher Verbrechen erleben will.
Zwei Menschen, die einander nie gekannt haben, hat das Schicksal für einige Stunden zusammengeführt. Der eine erwartet Hilfe vom anderen. Doch der ist selber hilflos und kann nichts für ihn tun.
Ich stehe auf, sehe in seine Richtung, auf seine gefalteten Hände. Dazwischen scheint eine Sonnenblume aufzublühen.
Ich habe mich entschieden. Ohne ein Wort verlasse ich das Zimmer.
Die Krankenschwester ist nicht mehr vor der Tür. Ich vergesse, wo ich bin, und gehe nicht über die Hintertreppe, über die mich die Schwester heraufgeführt hat. Wie ich es von meiner Studienzeit her gewohnt bin, gehe ich die Treppe zum Hauptausgang hinunter. Erst als mich die verwunderten Blicke der Schwestern und Ärzte treffen, weiß ich, daß ich auf dem falschen Weg bin. Aber ich kehre nicht um. Von

niemandem aufgehalten, trete ich durch das Hauptportal ins Freie und kehre zu meinen Kameraden zurück.
Die Sonne steht strahlend im Zenit.

Die Kameraden saßen auf dem Rasen und löffelten Suppe aus ihren Schüsseln. Auch ich verspürte jetzt Hunger; ich kam gerade noch zurecht, um auch noch etwas zu bekommen. Das Lazarett hatte uns eine Mahlzeit gespendet.
Meine Gedanken waren bei dem sterbenden SS-Mann. Die Begegnung mit ihm lastete schwer auf mir, seine Beichte hatte mich im Innersten aufgewühlt.
»Wo bist du so lange gewesen?« fragte einer. Ich kannte seinen Namen nicht. Er war den ganzen Weg vom Lager bis hierher neben mir gegangen.
»Ich habe schon geglaubt, du bist abgehauen. Das hätte einen schönen Empfang im Lager gegeben.«
Ich antwortete nicht.
Er fragte neugierig weiter: »Hast du was bekommen?« Und er sah in meinen leeren Brotsack hinein, den ich wie jeder Häftling umgehängt hatte.
Er warf mir einen mißtrauischen Blick zu, als wollte er sagen: Bestimmt hast du was bekommen, aber du gibst es nicht zu, damit du nicht teilen mußt.
Ich ließ ihn in seinem Glauben und sagte nichts.
»Bist du jetzt böse?« fragte er weiter.
»Nein«, sagte ich. Ich wollte nicht mit ihm reden. Nicht jetzt.
Nach einer kurzen Pause ging es dann wieder an die Arbeit. Die Behälter, die wir zu entleeren hatten, schienen zahllos. Die Lastwagen, die den Abfall abtransportierten, damit er irgendwo im Freien verbrannt werden konnte, kamen immer wieder zurück.
Wohin brachte man das alles eigentlich? Aber das war jetzt nicht mehr so wichtig. Wichtig war nur, von hier fortzukommen.

Endlich konnten wir mit der Arbeit aufhören. Wir sollten aber am nächsten Morgen wieder da sein, um noch einmal einen ganzen Tag Abfall wegzuschaffen. Mir wurde kalt, als ich das hörte.

Auf dem Weg zum Lager hatten unsere Bewacher, die »Askaris«, keine Lust zum Singen. Schweigend trotteten sie neben uns her und trieben uns nicht einmal an. Alle waren wir müde, auch ich, obwohl ich die halbe Zeit in dem Sterbezimmer verbracht hatte. Waren es wirklich mehrere Stunden gewesen? Immer wieder kehrten meine Gedanken zu der gespenstischen Begegnung zurück.

Auf den Gehsteigen, an denen wir entlangmarschierten, standen wieder Menschen und begafften uns. Ich konnte ihre Gesichter nicht unterscheiden, sie sahen alle irgendwie gleich aus - vermutlich, weil sie uns gegenüber so vollkommen gleichgültig waren.

Warum sollten sie sich auch anders verhalten? Sie hatten sich schon an unseren Anblick gewöhnt. Was bedeuteten wir schon diesen Menschen am Straßenrand? Bei manchen von ihnen meldete sich bei unserem Anblick sicher das schlechte Gewissen.

Ich schaute mir die Leute genauer an. Wir gingen nicht besonders schnell, denn ein vor uns dahinholperndes Pferdefuhrwerk zwang uns zu einem gemächlicheren Tempo.

Sicher war mancher darunter, der sich einst köstlich über den »Tag ohne Juden« an der Hochschule amüsiert hatte. Waren es eigentlich nur die Nazis, die solch entsetzliches Unglück über uns brachten? Oder waren es nicht auch all die anderen, die ruhig und ohne Protest zusahen, wie man Menschen so erniedrigte? Waren wir in ihren Augen überhaupt noch Menschen?

Vor zwei Tagen hatten Neuangekommene im Lager eine sehr traurige, aber auch sehr bezeichnende Geschichte erzählt: Man hatte drei Juden öffentlich aufgehängt. Sie baumelten noch an den Stricken, und ein besonders großer Witzbold heftete an jeden einen Zettel, auf dem »koscheres Fleisch« stand. Die Umstehenden lachten sich krank über diesen ausgezeichneten Witz. Und immer wieder kamen Neue, die stehenblieben und sich an diesem köstlichen Schauspiel vergnügten. Nur eine Frau äußerte ihren Unmut über solche Pietätlosigkeit. Sie wurde verprügelt.

Bei öffentlichen Exekutionen sorgten die Nazis immer für großes Publikum. Sie erwarteten davon eine abschreckende Wirkung und glaubten, auf diese Weise jeden Widerstand im Keim ersticken zu können. Außerdem kannten sie die judenfeindliche Einstellung breitester Bevölkerungsschichten. Für sie waren diese Hinrichtungen etwas Ähnliches wie »Brot und Spiele« im alten Rom. Es gab, wie man sich im Lager erzählte, auch nicht wenige, denen all dies gefiel. Sie konnten sich nicht genug daran tun, alle Einzelheiten dieser Grausamkeiten breit und farbenprächtig ausgeschmückt zu schildern, sie sprachen davon wie von einer Zirkusvorstellung. Vielleicht waren auch unter denen, die jetzt auf dem Gehsteig standen und uns angafften, Typen dieser Art. Denn ich hörte Lachen. Vielleicht wurden ihre Lachmuskeln von der Vorstellung gereizt, koscheres Fleisch marschieren zu sehen.

Am Ende der Grodezkastraße bogen wir nach links in die Janowskastraße ein. Wir mußten stehenbleiben, um eine Reihe überfüllter Straßenbahnen vorbeizulassen. Ganze Menschentrauben hingen an den Türen, müde, aber fröhliche Menschen, die zu ihren Familien nach Hause strebten, um am Abend beisammen zu sitzen, Karten zu spielen, über Politik zu diskutieren und Radio zu hören - vielleicht sogar verbotene ausländische Sender. Sie alle hatten eins gemeinsam: sie hatten Träume und Hoffnungen. Wir hingegen wurden am Abend zum Appell zusammengerufen, um uns den Launen des Rapportführers entsprechend gymnastischen Übungen hinzugeben. Ein oder zwei Stunden lang mußten wir etwa Kniebeugen machen - bis ihm die Lust an diesem »Spaß« verging. Oder es erwartete uns »Vitamin B«: das waren Bret-

ter, die wir stundenlang durch ein Spalier von SS-Leuten zu tragen hatten. Alle abendlichen Arbeiten nannten wir »Vitamine«. Im Unterschied zu wirklichen Vitaminen kosteten sie freilich manchen von uns das Leben.
Fehlte gar beim Appell einer, so zählte man uns erst stundenlang ab und holte dann für den Fehlenden zehn Kameraden aus den Reihen heraus, um sie aufzuhängen oder zu erschießen. Zur Abschreckung ...
Und morgen würde sich das wiederholen, und übermorgen auch, bis an unser Ende.
Morgen ... Ich mußte wieder an den sterbenden SS-Mann mit seinem verbundenen Kopf denken. Morgen oder vielleicht übermorgen würde er seine Sonnenblume haben. Auf mich wartete morgen oder übermorgen das Massengrab. Jeden Tag konnte der Befehl kommen, die Baracke, in der ich mit meinen Kameraden schlief, zu liquidieren. Oder auch sämtliche Baracken. Oder ich konnte einer von den Zehn sein, die zur abschreckenden Bestrafung ausgesucht wurden.
Im Lager ging das Gerücht um, aus der Provinz kämen neue Häftlinge. Dann war in unseren Baracken nicht mehr genug Platz. Und sollte die Lagerleitung keine neuen Unterkünfte auftreiben können, würde man eben auf andere Weise Platz schaffen. Das ging ganz einfach, man liquidiert die alten Häftlinge - barackenweise, damit die neuen Platz hatten.
Wir erlebten das alle zwei Monate. Es half der natürlichen Verminderung nach, und das Ziel, Galizien und Lemberg »judenfrei« zu machen, rückte damit immer näher.
Die schmalbrüstigen Häuser der Janowskastraße waren schmutziggrau und wiesen deutliche Spuren des Krieges auf. An den Fassaden sah man zahlreiche Einschüsse, und in vielen Fenstern befanden sich statt der Glasscheiben Pappe oder auch Holzverschalungen. Die Janowskastraße ist eine der wichtigsten Einfallstraßen nach Lemberg. Daher hatten zwischen diesen Häuserzeilen heftige Kämpfe getobt, ehe die Deutschen die Stadt besetzen konnten.

Am Ende der Häuser tauchten wieder die langen Grabreihen des Soldatenfriedhofs auf. Die Sonnenblumen sahen anders aus als am Morgen. Ihre Blüten blickten in eine andere Richtung. Die Abendsonne gab ihnen einen rötlichen Schimmer, und sie zitterten sacht im Wind. Sie schienen sich flüsternd zu unterhalten. Schauderte es sie vor den zerlumpten Menschen, die da mit müden Schritten an ihnen vorbeizogen?
Die Farben der Pflanzen - orange und gelb, gold und braun - tanzten mir vor den Augen. Sie sprossen aus einer fruchtigen braunen Erde, deutlich sah man die gefurchten Grabhügel. Dahinter die knorrigen Bäume als dunkler Hintergrund, und über allem ein tiefblauer klarer Himmel.
Als wir uns dem Lager näherten, gaben die »Askaris« das Kommando zum Singen. Sie achteten jetzt wieder darauf, daß wir im Gleichschritt und in Reih und Glied marschierten. Hier konnte vielleicht der Kommandant stehen und die heimkehrenden Häftlinge beobachten. Er legte Wert darauf, daß nur fröhliche, singende Menschen ausmarschierten und wieder zurückkamen. Die »Askaris« hatten ihm zu helfen, diesen Schein zu wahren. Wir sollten Zufriedenheit ausstrahlen, und dazu gehörte auch das Singen.
Wehe uns, wenn dieses Schauspiel nicht zur Zufriedenheit des Kommandanten ausfiel! Dann ging es uns schlecht. Und auch die »Askaris« hatten dann nichts zu lachen, denn schließlich waren sie nur Russen.
Zum Glück war der Kommandant nirgends zu sehen. Wir konnten hinter einer anderen Arbeitsgruppe unbehelligt ins Lager marschieren und uns auf dem Appellplatz aufstellen.
In einer anderen Kolonne entdeckte ich Arthur und winkte ihm verstohlen zu. Ich brannte förmlich darauf, ihm von meinem Erlebnis im Lazarett zu berichten. Auch mit Josek mußte ich darüber sprechen.
Ich war gespannt, was diese beiden so verschiedenen Menschen dazu sagen würden.
Auch über die Sonnenblumen wollte ich mit ihnen reden.

Warum waren sie noch niemandem von uns aufgefallen? Sie blühten bestimmt schon seit Wochen. Hatte sie denn niemand bemerkt? Oder bedeuteten sie nur mir etwas?
Wir hatten Glück, der Appell war ungewöhnlich schnell vorbei. Ich berührte Arthur an der Schulter. Er drehte sich um.
»Na, wie war's? Schwer gearbeitet?« Er lächelte mich freundlich an.
»Nicht so schlimm. Weißt du, wo ich war?«
»Nein. Woher sollte ich?«
»In der Technischen Hochschule.«
»So? Aber sicher in einer anderen Rolle als früher.«
»Das kann man wohl sagen.«
»Du wirkst ziemlich niedergeschlagen.« Arthur musterte mich.
Ich gab keine Antwort. Die Menge drängte zur Küche. Und bald standen auch wir in der Schlange der Häftlinge, die sich zur Essensausgabe angestellt hatten.
Josek kam mit gefüllter Schale an uns vorbei. Er nickte uns zu.
Dann bekamen auch wir unser Essen und löffelten es auf den Stufen vor der Barackentür aus. Auf dem Appellplatz standen Häftlinge in Gruppen beisammen und erzählten sich, was sie den Tag über erlebt hatten. Manchen war es vielleicht auch gelungen, während der Arbeit auf dem Außenkommando irgend etwas zu ergattern, das sie nun untereinander tauschten.
Mein Blick wanderte zum »Schlauch«, einem schmalen, umzäunten Gang, der um das innere Lager führte. Er mündete in die Sandmulden vor dem Lager, in denen gewöhnlich die Erschießungen stattfanden.
Manchmal warteten die Menschen zwei oder drei Tage lang dort im »Schlauch« auf ihre Erschießung. Die SS hatte sie entweder aus den Baracken geholt oder in der Stadt aufgegriffen, wo sie untergetaucht waren. Da man »rationell« arbeitete und möglichst mehrere miteinander erschoß, dauerte

es oft einige Tage, bis die Zahl groß genug war und sich der Weg zu den Mulden für den SS-Mann, der die Erschießung vorzunehmen hatte, auch »lohnte«.
An jenem Abend war niemand im »Schlauch« zu sehen. Arthur erklärte mir, warum.
»Heute waren es fünf. Aber sie mußten nicht lange warten. Kauzor holte sie bald ab. Einer aus unserer Baracke kannte sie und erzählte, daß man sie in einem gut getarnten Versteck in der Stadt aufgestöbert hat.«
Arthur sprach vollkommen ruhig, als berichtete er etwas völlig Selbstverständliches, Alltägliches.
»Ein Kind war auch dabei«, fuhr er nach einer Weile fort, und nun lag doch ein wenig Bewegung in seiner Stimme. »Es hatte herrliches goldblondes Haar. Es sah überhaupt nicht jüdisch aus. Seine Eltern hätten es bei einer arischen Familie unterbringen sollen, da wäre es bestimmt nicht aufgefallen.«
Ich mußte an Eli denken.
»Arthur, ich muß dir etwas erzählen. In der Hochschule, die sie jetzt als Lazarett verwenden, habe ich etwas erlebt, mit dem ich nicht fertigwerde. Du wirst mich vielleicht auslachen, wenn du es hörst. Aber ich will wissen, was du dazu sagst, ich glaube, du kannst es beurteilen.«
»Erzähle.«
»Nein, nicht jetzt. Es ist besser, wenn wir erst später darüber sprechen. Ich möchte, daß Josek dabei ist.«
War es überhaupt richtig, ihnen mein Erlebnis zu erzählen? Ich mußte an die fünf Menschen im »Schlauch« denken, die man heute wieder umgebracht hatte.
Ging mich denn dieser SS-Mann mehr an? Vielleicht war es besser, wenn ich von diesen Stunden im Sterbezimmer gar nichts erzählte und alles für mich behielt. Arthur, der Zyniker, würde doch nur sagen:
»Seht ihn euch an, er kann den sterbenden SS-Mann nicht vergessen, wo stündlich unzählige Juden gequält und getötet werden.« Und dann würde er noch etwas sagen, das mich

tief treffen würde: »Du hast dich von den Nazis infizieren lassen. Du glaubst jetzt auch schon, daß die Deutschen etwas Besseres sind als wir, und darum denkst du an diesen sterbenden SS-Mann.«

Und dann würde er mir noch vieles erzählen, mir von weiteren Verbrechen berichten, die von den Nazis an uns und an unseren Familien begangen worden sind. Arthur würde es zuwege bringen, daß ich mich schämen müßte.

Vielleicht war es doch besser, mein Erlebnis im Lazarett für mich zu behalten.

Aber von den Sonnenblumen auf dem Soldatenfriedhof mußte ich ihnen wenigstens erzählen.

Ich ging zum Appellplatz hinüber und unterhielt mich mit einigen Bekannten.

Plötzlich zischte einer:

»Sechs!«

Das war eine verabredete Warnung beim Auftauchen der SS.

Ich eilte zu Arthur zurück und setzte mich neben ihn. Zwei SS-Männer gingen auf die Baracke zu, in der die Musikkapelle untergebracht war.

»Was willst du uns denn nachher erzählen?« forschte Arthur.

»Ich habe es mir inzwischen anders überlegt, ich werde euch nichts erzählen. Ihr würdet mich wahrscheinlich doch nicht verstehen, vielleicht sogar mit mir schimpfen oder ...«

»Oder was? Sag schon«, drängte Arthur.

Ich schwieg.

»Na, wie du meinst.« Arthur stand auf. Er schien verärgert.

Zwei Stunden später erzählte ich es dann doch.

Wir saßen in unserer stickigen Baracke auf den Pritschen. Ich berichtete von unserem Marsch in die Stadt und von den Sonnenblumen.

»Hat sie denn keiner von euch gesehen?« fragte ich.

»Natürlich habe ich sie schon gesehen«, meinte Josek. »Was ist denn so Besonderes an ihnen?«

Ich wollte ihm nicht erklären, welchen tiefen Eindruck die

Sonnenblumen auf mich gemacht hatten. Ich verschwieg, daß ich die toten Deutschen um sie beneidete und daß mich ein kindisches Verlangen gepackt hatte, auch einmal eine Sonnenblume zu haben.
Arthur mischte sich ein: »Ja, das ist etwas fürs Auge. Die Deutschen sind ja große Romantiker. Aber denen, die da unter der Erde verfaulen, nützt das auch nichts mehr. Die Sonnenblumen werden wie sie verfaulen, nächstes Jahr wird man keine Spur mehr von ihnen finden, außer man pflanzt wieder neue. Aber wer kann sagen, was nächstes Jahr sein wird?«
Ich fuhr in meinem Bericht fort. Ich schilderte, wie mich die Krankenschwester geholt und in das ehemalige Dekanatszimmer gebracht hatte. Und ich erzählte von dem sterbenden SS-Mann, an dessen Bett ich stundenlang gesessen hatte, und von seiner Beichte. Das Kind, das mit seinem Vater in den Tod gesprungen war, nannte ich Eli.
»Wußte denn der Mann, wie das Kind hieß?« fragte einer.
»Natürlich nicht, ich habe es nur für mich so genannt, weil es mich an einen Jungen aus dem Lemberger Ghetto erinnert hat.«
Ich erzählte und erzählte, und als ich einmal stockte, um meine Gedanken ein wenig zu ordnen, drängten mich alle, weiter zu erzählen. Warum spotteten sie denn nicht, warum schimpften sie nicht, wie ich es erwartet hatte? Sie mußten sich doch durch meine Geschichte direkt dazu herausgefordert fühlen. Als ich zum Schluß schilderte, wie der Sterbende mich um Verzeihung für sein Verbrechen bat und ich ihn wortlos verlassen hatte, bemerkte ich an Josek ein feines Lächeln. Ich war sicher, daß es Zustimmung bedeutete, und nickte ihm zu. Als erster brach Arthur das Schweigen:
»Einer weniger!«
Diese beiden Worte drückten genau das aus, was wir alle damals empfanden. Und trotzdem - Arthurs Reaktion befriedigte mich nicht.

Einer, der sonst nur selten ein Wort verlor - Adam hieß er - meinte nachdenklich:
»Du hast also einen sterbenden Mörder gesehen. Das möchte ich zehnmal am Tag. Solche Krankenhausbesuche könnte ich gar nicht oft genug machen.«
Ich konnte seinen Zynismus durchaus verstehen. Er hatte Bauwesen studiert, sein Studium aber abbrechen müssen, als der Krieg ausbrach. Während der russischen Besetzung arbeitete er auf dem Bau. Der gesamte Besitz seiner Familie war von den Russen verstaatlicht worden. Als im Sommer 1940 die große Deportationswelle nach Sibirien begann, die alle Personen von »schlechter sozialer Herkunft«, vor allem also die Angehörigen der begüterten Klassen, erfaßte, hatte er sich mit seiner Familie wochenlang versteckt.
Bei unserer ersten Begegnung nach seiner Einlieferung ins Lager hatte er gesagt:
»Siehst du, es hat sich doch gelohnt, daß ich mich vor den Russen versteckt habe. Wenn sie mich erwischt hätten, wäre ich jetzt in Sibirien. So aber bin ich immer noch hier. Ob das allerdings ein Vorteil ist . . .«
Sonst stand er dem Geschehen um sich herum völlig teilnahmslos gegenüber. Seine Braut war im Ghetto, aber er erhielt nur spärliche Nachrichten von ihr. Sie mußte in irgendeiner Wehrmachtsdienststelle arbeiten.
Bereits in den ersten Tagen nach der deutschen Besetzung waren seine Eltern ums Leben gekommen. Er hatte sehr an ihnen gehangen. Manchmal kam er mir mit seinem weltfernen Gehabe wie ein Schlafwandler vor. Er sonderte sich immer mehr ab, und wir wußten nicht so recht, warum. Schließlich ging es uns auch nicht besser als ihm. Auch wir hatten die meisten unserer Angehörigen verloren.
Meine Erzählung hatte ihn offenbar ein wenig aus seiner Apathie aufgeschreckt.
Lange Zeit fiel kein Wort mehr.
Dann erhob sich Arthur und ging zu einer Pritsche, wo je-

mand über Meldungen aus dem Radio berichtete. Auch die anderen machten sich wieder mit sich selbst zu schaffen.
Nur Josek blieb neben mir sitzen.
»Weißt du«, begann er, »als du von deiner Begegnung mit dem SS-Mann berichtet hast, hatte ich zuerst befürchtet, du hättest ihm wirklich verziehen. Du hättest das ja doch nur im Namen von Menschen tun können, die dich gar nicht dazu ermächtigt haben. Was man dir selbst angetan hat, kannst du, wenn du willst, vergeben und vergessen. Darüber bist du nur dir selbst Rechenschaft schuldig. Aber glaub mir, es wäre eine große Sünde gewesen, fremdes Leid auf dein Gewissen zu nehmen.«
»Aber wir sind doch eine Schicksalsgemeinschaft, in der einer für den anderen einstehen muß«, warf ich ein.
»Paß auf, Freund«, fuhr Josek fort. »Es gibt im Leben eines jeden Menschen Augenblicke, die nur ganz selten wiederkehren, und du hast einen solchen heute erlebt. Glaube mir, das war ein solcher Augenblick, auch wenn wir das Ganze jetzt nicht in Ruhe beurteilen können. Das Problem ist sicher nicht einfach für dich. Man merkt dir an, daß du nicht ganz zufrieden mit dir bist. Aber ich kann dich beruhigen: ich hätte ebenso gehandelt. Nur vielleicht mit dem Unterschied, daß ich ganz bewußt und mit voller Absicht nicht verziehen hätte. Du hast es mehr unbewußt nicht getan. Und nun weißt du nicht, ob es so richtig war. Aber glaube mir: es war richtig. Nicht du hast durch ihn gelitten, und was er anderen angetan hat, das kannst nicht du ihm verzeihen.«
Joseks Gesicht verklärte sich.
»Ich glaube an Haolam Emes - an ein Leben nach dem Tod in einer anderen, besseren Welt. Dort werden wir uns alle treffen, wenn wir gestorben sind. Und was wäre, wenn du ihm verziehen hättest? Würden dann nicht die Toten von Dnjepropetrowsk zu dir kommen und dich fragen: Wer hat dir das Recht gegeben, unserem Mörder zu verzeihen?«
Ich schüttelte überlegend den Kopf. »Josek«, sagte ich, »du

machst dir die Sache etwas zu einfach; wahrscheinlich, weil du einen so starken Glauben hast. Ich könnte dir viel darauf erwidern, obwohl ich mein Verhalten gar nicht revidieren möchte - selbst wenn ich es könnte. Ich will dir nur eins sagen, und ich bin gespannt, was du dazu meinst: dieser SS-Mann zeigte tiefe, echte Reue, er versuchte nicht einmal, das, was er getan hatte, zu beschönigen. Ich sah, daß es ihn wirklich quälte -«

Josek unterbrach mich:

»Diese Qual ist nur ein kleiner Teil seiner Strafe - seiner gerechten Strafe. Es steht doch geschrieben: Du sollst nicht töten!«

»Aber«, fuhr ich fort, »er hat doch gar keine Zeit mehr, seine Verbrechen zu büßen oder gutzumachen.«

»Was meinst du mit ›gutmachen‹?«

Nun hatte er mich dort, wo er mich haben wollte: ich wußte keine Antwort mehr. Ich überging seinen Einwurf und versuchte es anders.

»Er sah mich doch als Stellvertreter, als Symbol für die anderen Juden an, mit denen er nicht mehr sprechen konnte. Und außerdem zeigte er mir seine Reue ganz aus freien Stücken. Er war nicht als Mörder geboren worden und wollte nicht als Mörder sterben. Erst die Nazis haben ihn dazu gebracht, wehrlose Menschen umzubringen.«

»Du meinst also, du hättest ihm doch vergeben müssen?«

In diesem Augenblick kam Arthur wieder zu uns herüber. Er hatte nur Joseks letzten Satz gehört und sagte mit seiner ruhigen Stimme:

»Ein Herrenmensch hat von einem Untermenschen etwas Übermenschliches verlangt. Wenn du ihm verziehen hättest, würdest du dir das bestimmt dein ganzes Leben lang nicht verzeihen.«

»Arthur«, sagte ich, »ich habe die letzte Bitte eines Sterbenden nicht erfüllt. Ich habe ihm auf seine letzte Frage keine Antwort gegeben!«

»Aber du wirst mir doch zustimmen, daß es Bitten gibt, die man nicht erfüllen kann und darf. Er hätte einen Priester seiner Kirche zu sich rufen müssen. Mit dem wäre er schnell einig geworden.« In Arthurs Worten schwang eine feine, kaum merkliche Ironie mit.

»Warum?« fragte ich. »Gibt es denn kein allgemeines Gesetz für Schuld und Sühne? Hat denn jede Religion ihre eigene Ethik, ihre eigenen Antworten?«

»Wahrscheinlich ja.«

Es gab nichts mehr zu sagen. Was es dazu in dieser Umgebung, in dieser entsetzlichen Zeit, überhaupt zu sagen gab, war ausgesprochen. Das Thema wurde nicht mehr berührt.

Um uns abzulenken, berichtete Arthur von den Neuigkeiten, die er gehört hatte. Aber ich folgte seinen Worten nur mit halber Aufmerksamkeit.

In meinen Gedanken war ich immer noch in dem Sterbezimmer.

Vielleicht hatte Arthur unrecht. Wahrscheinlich war seine Idee vom Herrenmenschen, der von einem Untermenschen etwas Übermenschliches verlangte, nichts weiter als eine Phrase, die zwar einleuchtend klang, aber keine wirkliche Antwort darstellte. Der SS-Mann war mir gegenüber ja gar nicht als überheblicher Herrenmensch aufgetreten. Es war mir wohl nicht recht gelungen, alles so darzustellen, wie ich es erlebt hatte: der todgeweihte Untermensch am Bett eines todgeweihten SS-Mannes ... Vielleicht hatte ich bei der Schilderung der Atmosphäre und der Verzweiflung über die eigene Untat, die aus seinen Worten so deutlich zu entnehmen war, versagt.

Und plötzlich befielen mich Zweifel: war das alles überhaupt wahr, war ich wirklich heute in unserem alten Dekanat gewesen?

Alles schien zweifelhaft, zweifelhaft und irreal wie unser ganzes Dasein in diesen Tagen.

Das alles konnte doch nicht Wirklichkeit sein, es waren sicher

bloß Träume, inspiriert von Hunger und Verzweiflung. Es erschien mir alles so unlogisch. Wie unser ganzes Leben.
Der Mensch im Lager wurde getrieben, und er hatte auch lernen müssen, sich willenlos treiben zu lassen. Hier in unserer Welt folgte nichts mehr den Gesetzen des normalen, vertrauten Lebens, hier besaß alles seine eigene Logik. Welche Gesetze hatten hier überhaupt noch Geltung? Nur das Gesetz des Todes blieb als verläßlicher Bezugspunkt aller Überlegungen übrig. Nur dieses Gesetz war logisch, es war sicher, und es war unwiderruflich. Alles andere verblaßte vor ihm. Und das führte zu einer allgemeinen Passivität. Wir sagten uns immer, daß sich dieses eine Gesetz unausweichlich erfüllen würde; wir sagten uns, daß wir daran nichts ändern könnten. Das wirkte lähmend auf uns, und die trostlose Apathie, in der wir uns befanden, war der deutliche Ausdruck unserer hoffnungslosen Lage.

In der Nacht sah ich Eli. Sein Gesicht erschien mir noch bleicher als sonst, und in seinen Augen lag die stumme, ewig unbeantwortete Frage: Warum? Sein Vater trug ihn mir auf den Armen entgegen. Als er näher kam, bedeckte er ihm mit der Hand die Augen.
Hinter den beiden tobte ein ungeheures Flammenmeer und trieb sie vor sich her. Ich streckte die Hand nach Eli aus, aber da war er nur noch eine blutige Masse ...
»Was schreist du? Gleich wird die Wache kommen!«
Arthur rüttelte mich an den Schultern. Der Schein der schwachen Birne hoch oben an der Decke beleuchtete sein Gesicht.
Ich war noch nicht ganz wach. Vor meinen Augen schien etwas wie ein verbundener Kopf mit grotesk geformten, gelben Flecken zu tanzen. War das auch noch Traum? Ich sah alles wie durch Milchglas.
Arthur merkte, daß ich noch halb schlief.
»Ich bringe dir ein wenig Wasser, vielleicht hast du Fieber.«
Er schüttelte mich wieder. Erst jetzt blickte ich ihn voll an.

»Arthur«, stammelte ich, »Arthur, ich will morgen nicht mehr zu diesem Aufräumkommando ins Lazarett.«
»Erstens ist es schon ›heute‹, und zweitens kannst du dich vielleicht einem anderen Kommando zuteilen lassen. Ich kann ja an deiner Stelle ins Lazarett gehen.« Arthur versuchte, mich zu beruhigen. Er sprach, als wäre ich ein Kind.
»Hast du jetzt plötzlich Angst davor, dem Tod ins Auge zu sehen, nur weil du auch einmal einen sterbenden SS-Mann erlebt hast? Wieviel Juden hast du schon verrecken sehen, ohne in der Nacht zu schreien? Der Tod ist unser ständiger Begleiter, hast du das vergessen? Er verschont auch die SS nicht.
Du warst kaum eingeschlafen, da kam die Wache und holte einen von uns ab, der ganz hinten in der Ecke gelegen hatte. Sie brachten ihn nur bis zur Barackentür. Dort brach er zusammen. Lautlos. Er war tot. Wach richtig auf und komm mit! Sieh ihn dir an, dann wirst du begreifen, daß du dir zuviel aus deinem SS-Mann machst.«
Warum betonte Arthur »aus deinem SS-Mann« so? Wollte er mich verletzen?
Er merkte, wie ich zusammenzuckte. »Feinfühligkeit ist heutzutage ein Luxus, den wir uns nicht leisten können. Weder du noch ich.«
»Arthur«, wiederholte ich, »ich will nicht mehr ins Lazarett.«
»Wenn man dich dazu einteilt, kannst du es nicht ändern. Andere würden sich darum reißen, nur um tagsüber nicht im Lager bleiben zu müssen.« Arthur schien mich nicht verstehen zu können.
»Ich habe euch noch nicht von den Menschen auf den Straßen erzählt. Ich will keinen von ihnen mehr sehen. Und sie sollen auch mich nicht mehr sehen. Ich will ihr Mitleid nicht!«
Arthur gab auf. Er drehte sich auf seiner Pritsche um und schlief ein.
Ich bemühte mich, wach zu bleiben. Ich hatte Angst, daß der

Traum sich wiederholen könnte. Aber da sah ich plötzlich die Menschen auf der Straße vor mir. Und mir kam zu Bewußtsein, daß der Bruch mit unserer Umwelt jetzt vollkommen war, nicht mehr zu beseitigen. Man mochte uns Juden nicht - und das nicht erst seit heute. Unsere Väter waren aus der Enge der Ghettos in die offene Welt gezogen. Sie hatten schwer gearbeitet und sich alle Mühe gegeben, von ihren Mitmenschen anerkannt zu werden. Aber es war ein vergebliches Unterfangen. Schlossen sich die Juden von der Umwelt ab, dann waren sie Fremdkörper. Gingen sie aus ihrer eigenen Welt heraus, um sich anzupassen, dann waren sie unerwünschte Eindringlinge, die man haßte und ablehnte. Ich hatte schon früh erfahren, daß ich als Mensch zweiter Klasse geboren worden war.

Ein kluger Mann hat einmal gesagt, die Juden seien das Salz der Erde. Die Polen aber meinten, ihr Land sei versalzen. Vielleicht waren wir deshalb besser als die Juden in anderen Ländern auf das vorbereitet, was die Nazis uns bescherten. Und vielleicht waren wir dadurch auch widerstandsfähiger geworden.

Seit unserer Geburt hatten wir mit den Polen zusammengelebt, waren mit ihnen aufgewachsen, mit ihnen zur Schule gegangen. Und doch waren wir Fremde für sie geblieben. Nur selten gab es zwischen einem Juden und einem Nicht-Juden eine Brücke zu gegenseitigem Verstehen. Daran hatte sich bis heute nichts geändert, obwohl auch die Polen jetzt geknechtet waren. Selbst im gemeinsamen Unglück existierten noch die Barrieren, die wir einfach nicht zu durchbrechen vermochten.

Ich wollte diese Menschen nicht mehr sehen und trotz allem lieber im Lager bleiben.

Am Morgen standen wir beim Appell wieder nebeneinander. Ich hoffte, daß wenigstens Arthur mitkäme, wenn ich wieder zum Lazarettkommando müßte. Dann würde ich die Schwester, wenn sie mich wieder holen sollte, bitten, Arthur an meiner Stelle mitzunehmen. Aber vielleicht würde uns auch jemand von der Ostbahn holen. Der Inspektor hatte es doch unserem »Oberjuden« versprochen.

Da kam der Lagerkommandant. Er nahm nicht immer am Appell teil, gestern war er nicht dabeigewesen. Er führte einen großen schwarzen Dobermann an der Leine. Neben ihm nahmen der Rapportführer und andere SS-Männer Aufstellung. Zuerst wurden die Lagerinsassen abgezählt. Die Rechnung stimmte zum Glück.

Dann rief der Kommandant: »Arbeitskommandos formieren! Nach der gestrigen Einteilung!«

Es entstand ein heftiges Durcheinander. Auf dem Appellplatz hatten sich die Häftlinge nicht nach Arbeitskommandos aufzustellen, sondern nach Baracken. Dem Kommandanten ging die Aufstellung in Arbeitsgruppen nicht schnell genug voran. Er fing an zu brüllen.

Der Hund an der Leine wurde unruhig und zerrte vorwärts. Wir warteten darauf, daß der Kommandant ihn loslassen würde. Aber auch dabei hatten wir diesmal Glück. Von der Kommandantur kam ein Rottenführer herüber und meldete dem Kommandanten irgend etwas. Vielleicht war er ans Telefon gerufen worden, jedenfalls marschierte er mit seinem Hund davon. Das bewahrte uns vor den sonst üblichen grausamen Szenen, nach denen immer Verwundete, manchmal sogar Tote zurückblieben.

Die Häftlingskapelle am inneren Tor spielte wieder einen flotten Marsch, als wir ausmarschierten.

SS-Leute kontrollierten aufmerksam unsere Reihen. Von Zeit zu Zeit holten sie einen heraus, weil er irgendwie aufgefallen war. Vielleicht war er nicht genau im Tritt marschiert, oder er sah noch schwächlicher aus als die anderen. Er mußte dann in den »Schlauch«.

Dieselben »Askaris« wie am Vortag begleiteten uns. Aus der Wachstube kam ein SS-Mann und setzte sich an die Spitze unseres Zuges.

Unterwegs überlegte ich, wo ich mich wohl verstecken könnte, wenn die Krankenschwester wieder nach mir suchen sollte. Aber mir fiel nichts ein.
Zu unserer Linken tauchte wieder der Friedhof mit den Sonnenblumen auf. Hier würde nun bald auch der SS-Mann aus dem Lazarett liegen. Ich versuchte mir den Platz vorzustellen, der für ihn reserviert war.
Gestern hatten meine Kameraden noch wie gebannt auf die Blumen gestarrt, heute schenkten sie ihnen kaum noch Beachtung. Nur wenige warfen einen kurzen Blick hinüber. Aber ich ging Reihe um Reihe mit den Augen ab, und beinahe wäre ich dabei über die Füße meines Vordermanns gestolpert.
In der Grodezkastraße spielten unbeschwert Kinder. Sie brauchten sich nicht zu verstecken, wenn irgendwo eine Uniform auftauchte. Wußten sie wohl, wie glücklich sie waren?
Mein Nebenmann machte mich auf einen Passanten aufmerksam.
»Siehst du den da mit dem Tirolerhut? Ja, den mit der Feder!«
»Sicher ein Deutscher«, sagte ich.
»Gewissermaßen. Jetzt ist er Volksdeutscher, aber noch vor drei Jahren war er fanatischer Pole. Ich kenne ihn gut, ich habe in seiner Nähe gewohnt. Als die jüdischen Geschäfte geplündert wurden, war er dabei, und als man auf den Universitäten die Juden verprügelte, war er ebenfalls dabei. Sicher hat er sich auch gemeldet, als die Russen Funktionäre suchten. Er ist der Typ, der immer auf der Seite des Stärkeren steht. Zur Zeit ist er eben Volksdeutscher. Vermutlich hat er irgendeinen deutschen Vorfahren ausgegraben. Aber ich wette, daß er noch bis vor kurzem keine zehn Worte deutsch konnte. Die Nazis brauchen solche Typen. Allein würden sie es wohl kaum schaffen.«
Man hörte in der Tat immer wieder von Volksdeutschen, die sich bemühten, hundertfünfzigprozentige Deutsche zu wer-

den. Bei den Außenkommandos mußte man sich vor ihnen hüten. Sie wollten ja beweisen, daß sie ihre Sonder-Lebensmittelkarten für Volksdeutsche nicht zu Unrecht bezogen. Ihre oft mehr als mangelhaften deutschen Sprachkenntnisse suchten manche von ihnen durch Rohheiten gegenüber Polen und Juden wettzumachen. Sie mußten sich ihre bevorzugte Stellung erst noch verdienen, und da war es ihnen nur allzu willkommen, daß es Polen und Juden gab.

Als wir im Hof der Technischen Hochschule ankamen, legten sich die »Askaris« sofort auf den Rasen und drehten ihre dicken Zigaretten. Auf uns Häftlinge warteten bereits zwei Lastwagen. Die Abfallbehälter waren wieder bis oben hin gefüllt. Schaufeln standen an die Wand gelehnt, und jeder von uns nahm sich eine.

Ich versuchte, auf einen der Lastwagen zu kommen. Vielleicht fand mich dort die Krankenschwester nicht. Aber ein Sanitätssoldat hatte schon vier andere dafür eingeteilt.

Und da sah ich die Krankenschwester wieder, wie sie suchend von einem zum anderen ging.

Sollte sich denn alles noch einmal wiederholen? Hatte er etwas vergessen zu sagen? Sie könnte doch behaupten, sie hätte mich nicht gefunden ... Aber da stand sie schon neben mir.

»Bitte«, sagte sie, »kommen Sie mit.«

»Ich muß hier weiterarbeiten«, versuchte ich ihr klarzumachen.

Sie ging wortlos zu dem Sanitätssoldaten, der uns beaufsichtigte und sprach kurz mit ihm. Dabei zeigte sie auf mich und kam dann zurück.

»Stellen Sie die Schaufel weg«, sagte sie, »und kommen Sie mit.«

Ich folgte ihr mit Angst im Herzen. Ein zweites Geständnis konnte ich mir nicht mehr anhören. Das würde einfach über meine Kräfte gehen. Vor allem aber fürchtete ich, der Sterbende könnte seine Bitte um Vergebung wiederholen. Viel-

leicht würde ich diesmal schwach werden, nur um die qualvolle Angelegenheit hinter mich zu bringen.
Aber zu meiner Überraschung schlug die Schwester einen anderen Weg ein als gestern. Ich hatte keine Ahnung, wohin sie mich führen wollte. Vielleicht gar in die Totenkammer?
Sie fingerte an einem Schlüsselbund herum und öffnete eine Tür. Dahinter lag ein Raum, der einem Magazin ähnlich sah. Auf hölzernen Stellagen, die fast bis zur Decke reichten, waren Bündel und Schachteln aufgetürmt.
»Warten Sie hier«, befahl die Schwester, »ich komme gleich wieder.«
Die Zeit schien nicht vergehen zu wollen. Was sollte ich denn hier?
Nach einigen Minuten kam sie zurück. In der Hand trug sie ein Bündel, das in einer grünen Zeltplane zusammengeschnürt war. Auf einem aufgenähten Stück Leinwand stand eine Adresse.
Über den Korridor kam jemand auf uns zu. Sie blickte sich erschreckt um und zog mich in den Abstellraum hinein. Dann sah sie mich prüfend an und sagte:
»Der Mann, bei dem sie gestern waren, ist heute nacht gestorben. Ich mußte ihm versprechen, Ihnen alles, was er besaß, zu übergeben. Nur seine Firmungsuhr sollte ich an seine Mutter schicken. Ich habe es ihm versprochen, und hier sind die Sachen.«
»Ich will nichts davon, Schwester, schicken Sie doch alles an seine Mutter.«
Sie streckte mir wortlos das Bündel entgegen, aber ich hütete mich, es zu berühren.
»Bitte, schicken Sie alles an seine Mutter, die Adresse steht ja drauf.«
Unsicher sah mich die Schwester an. Ich wandte mich um und ließ sie einfach stehen. Sie versuchte nicht, mich zurückzuhalten. Offenbar wußte sie nicht, worüber der SS-Mann gestern mit mir gesprochen hatte.

Im Hof machte ich mich wieder an meine Arbeit. Ein Leichenwagen fuhr an uns vorbei. Wurde der SS-Mann schon abgeholt?
»Mensch, du schläfst ja!« fuhr mich der Sanitäter an.
Ein »Askari« hörte es und kam mit erhobener Peitsche herbei. In seinen Augen leuchtete es sadistisch. Aber der Sanitäter schickte ihn weg.
Unser Mittagessen erhielten wir diesmal nicht vom Lazarett. Ein Wagen brachte uns die übliche Häftlingsnahrung aus dem Lager, eine übelriechende graue Brühe, die hochtrabend Suppe genannt wurde. Wir schlangen sie trotzdem heißhungrig herunter. Um uns herum standen Soldaten und betrachteten uns, als wären sie Zeugen einer Raubtierfütterung im Tiergarten.
Den Rest des Tages verbrachte ich wie in Trance. Als ich abends wieder auf dem Appellplatz stand, konnte ich mich kaum erinnern, wie ich ins Lager zurückgekommen war. Sogar die Sonnenblumen hatte ich nicht mehr gesehen.
Später berichtete ich meinen Freunden vom Tod des SS-Mannes, aber das machte keinen Eindruck auf sie. Die ganze Angelegenheit war für sie schon längst erledigt. Alle fanden, daß ich gut daran getan hatte, nichts von den Habseligkeiten des Toten anzunehmen. Josek meinte:
»In deiner Geschichte von gestern gibt es ein paar Dinge, über die man noch gründlicher nachdenken müßte. Ich hätte gerne mit Reb Schlomo darüber gesprochen, aber der lebt ja leider nicht mehr. Er hätte dir ganz leicht beweisen können, daß du dich vollkommen richtig verhalten hast, so aber fürchte ich, daß du dich immer weiter mit dieser Geschichte beschäftigen wirst. Dabei glaube ich wirklich, du solltest dir dein Hirn nicht noch mehr zermartern. Du hast ihm nicht verzeihen dürfen, du hast ihm nicht verzeihen können, und du hast auch seine Sachen nicht annehmen sollen, das war alles ganz richtig.«
Nach einer Weile sagte er weiter: »Der Talmud erzählt -«

Arthur fuhr Josek an - seine sonst kaum zu erschütternde Selbstbeherrschung schien ihn im Stich zu lassen:
»Mach ihn doch nicht noch mehr verrückt, du siehst doch, er träumt schon davon und schreit im Schlaf. Wer weiß, vielleicht geschieht das nächste Mal ein Unglück. Es braucht nur eine der Wachen das Geschrei zu hören. Dann knallt sie ihn einfach über den Haufen. Sowas soll schließlich schon vorgekommen sein.«
»Und du«, wandte sich Arthur an mich, »hör endlich damit auf. Diese ganze Grübelei führt doch zu nichts. Wenn wir das hier überleben sollten - was ich nicht glaube -, und wenn es wieder einmal eine vernünftige Welt geben wird mit Menschen, die sich gegenseitig achten, dann ist Zeit genug, um über Verzeihung zu diskutieren. Dann werden sich Stimmen dafür und dagegen finden, und es wird Leute geben, die dir nie verzeihen werden, daß du ihm nicht verziehen hast. Aber wer das hier nicht am eigenen Leib erfahren hat, wird es sowieso nie voll begreifen können. Heute schon darüber nachzugrübeln und zu diskutieren ist ein Luxus, den wir uns in unserer Lage einfach nicht leisten können.«
Arthur hatte recht, das sah ich ein. In der Nacht schlief ich tief, ohne von Eli zu träumen.
Beim Morgenappell wartete ein Inspektor der Ostbahn auf uns. Wir durften an unseren alten Arbeitsplatz zurück.

Mehr als zwei Jahre vergingen. Es waren Jahre, ausgefüllt mit Leiden und stetem Warten auf den Tod. Einmal stand ich selber schon bereit zur Erschießung und wurde wie durch ein Wunder gerettet. Deshalb weiß ich, welche Gedanken man Sekunden vor dem Tod hat.
Arthur lebt nicht mehr. Er starb in meinen Armen während einer Typhusepidemie. Ich hielt ihn fest, als er im Todeskampf lag, und wischte ihm mit einem Tuch den Schaum von den Lippen. In seinen letzten Stunden nahm ihm das Fieber das Bewußtsein. Es war eine Gnade für ihn.

Adam verstauchte sich bei der Arbeit den Fuß. Am nächsten Tag, als er wieder zu seinem Außenkommando marschieren wollte, fiel der Wache sein Hinken auf. Er kam in den »Schlauch«. Dort wartete er zwei Tage, bis man ihn mit andern erschoß.

Auch Josek ist nicht mehr am Leben, aber das erfuhr ich erst viel später. Als unsere Gruppe zur Ostbahn abgezogen wurde und man uns dort kasernierte, kamen eines Tages zusätzliche Arbeitskräfte vom Lager herüber, unter ihnen Josek. Ich konnte mich ein wenig um ihn kümmern, denn bei der Ostbahn ging es uns verhältnismäßig gut. Wir hatten Kontakt mit der Außenwelt und erhielten auch mehr Lebensmittel. Ich verhandelte mit unserem »Oberjuden«, um durchzusetzen, daß Josek dableiben durfte. Aber so leicht war das nicht, für einen einzelnen konnten wir es kaum erreichen. Darum versuchten wir einen der Meister zu überreden, noch mehr ständige Arbeitskräfte für das Werk anzufordern. Auch das war vergeblich.

Und eines Tages kam dann die Hilfsgruppe ohne Josek aus dem Lager. Er war krank, und man hatte ihn einem Arbeitskommando im Lager zugeteilt. Da er unter ziemlich hohem Fieber litt, setzte er sich ab und zu nieder, wenn ihn die Kräfte verließen. Seine Kameraden warnten ihn mehrmals, als ein SS-Mann näherkam. Aber Josek war viel zu schwach, um aufzustehen. Da streckte ihn eine Kugel nieder. Als Quittung für seine »Arbeitsscheu«.

Von all den Menschen, die ich vor Jahren gut gekannt hatte, lebte kaum noch jemand. Die Reihe mußte bald auch an mich kommen.

Doch meine Zeit war anscheinend noch nicht abgelaufen. Der Tod wollte mich nicht.

Als sich die Deutschen vor der anstürmenden Roten Armee zurückzogen, wurde das Lager geräumt, und ein langer Zug von Häftlingen und SS-Wächtern bewegte sich gen Westen in andere Lager. Ich erlebte die Schreckensstätte von Plaszow,

ich lernte Groß-Rosen kennen und Buchenwald, bis ich schließlich nach zahllosen Umwegen über Nebenlager und Außenstellen in Mauthausen landete.
Dort kam ich sofort in Block sechs, in den Todesblock. Im Zeichen des unmittelbar bevorstehenden totalen Zusammenbruchs war natürlich eine Kugel zu schade für uns. Auch die Gaskammer konnte, obwohl sie schon mit Hochdruck arbeitete, die riesige Zahl der Todeskandidaten nicht mehr bewältigen. Über den Krematorien stand Tag und Nacht eine himmelhohe Rauchwolke als Mahnmal des Wahnsinns.
Aber die Leichenkammern waren trotzdem stets voll. Es erübrigte sich völlig, den »natürlichen« Prozeß des Todes zu beschleunigen. Wozu denn so viele auf einmal liefern? Unterernährung, Erschöpfung und Krankheiten, die zwar oft harmlos waren, aber die geschwächten Häftlinge trotzdem dahinrafften, sicherten dem Tod eine langsamere, aber ebenso sichere Zufuhr.
Wir Häftlinge auf Block sechs brauchten nicht mehr zu arbeiten. SS-Leute sahen wir kaum noch. Wir sahen nur die Toten, die in regelmäßigen Abständen von ihren noch etwas kräftigeren Kameraden weggeschafft wurden. Und wir sahen die Neuangekommenen, die ihren Platz einnahmen.
Der Hunger war groß, denn die Insassen des Todesblocks bekamen fast nichts zu essen. Jeden Tag wurde uns einmal für kurze Zeit erlaubt, die Baracken zu verlassen. Dann warfen wir uns auf den Boden und rissen das spärliche Gras aus, um damit notdürftig unseren Hunger zu besänftigen. Nach solchen »Ausflügen« hatten die Leichenträger stets alle Hände voll zu tun. Viele von uns vertrugen diese »Nahrung« nicht mehr. Die Leichen türmten sich auf den Handwagen, die ununterbrochen im Einsatz waren.
Hier hatte ich viel Zeit zum Nachdenken. Es war mir klar, daß die Deutschen ihrem Ende zutrieben. Aber auch uns stand es bevor. Die gutgeölte Mordmaschinerie lief wie von selbst weiter, um auch die letzten Zeugen der unge-

heuerlichen Verbrechen noch zu beseitigen. Ich ahnte schon damals, was heute verbürgt ist: fertige Pläne, nach denen man uns alle umbringen würde, sobald sich die Amerikaner dem Lager näherten, existierten.

»Noch eine halbe Stunde bis zur Freiheit, aber nur fünf Minuten bis zum Tod«, sagte damals einer.

Ich lag zum Skelett abgemagert auf der Pritsche. Meine Umgebung schien hinter Nebelschleiern zu verdämmern, meine Augen sahen alles nur noch wie durch einen feinen Vorhang. Das bewirkte wohl der Hunger. Oft verfiel ich in einen unruhigen Halbschlaf.

Und eines Nachts, als ich weder wachte noch schlief, sah ich den SS-Mann aus dem Lemberger Lazarett wieder vor mir.

Ich hatte seither nicht mehr an ihn gedacht. Es gab Wichtigeres, und außerdem störte der Hunger das Denken. Aber nun, da alles, was ich denken konnte, zu Ende gedacht war und ich fühlte, daß ich nur noch Tage, höchstens Wochen zu leben hatte, nun dachte ich auf einmal wieder an den SS-Mann und an seine Beichte.

Seine Augen waren nicht mehr zugebunden. Sie blickten mich durch kleine Ausschnitte im Verband an. Ein zorniger Ausdruck lag in ihnen.

Er trug etwas vor sich her - es war das Bündel, das ich damals der Krankenschwester nicht hatte abnehmen wollen. Ich schrie auf.

In unserem Block gab es sogar einen Arzt, einen jungen Juden aus Krakau, mit dem ich manchmal Gespräche führte. In dieser Nacht hatte er Wache.

Bis heute weiß ich nicht, warum es auf Block sechs einen Arzt gab. Er konnte keinem Menschen wirklich helfen, denn seine ganze Apotheke bestand aus undefinierbaren roten Pastillen und ein wenig Papierwatte. Aber man konnte immerhin sagen, ein Häftlingsarzt betreue die fünfzehnhundert Todgeweihten auf Block sechs.

»Was ist denn mit dir los?« Der Arzt stand neben meiner

Pritsche. Wir mußten zu viert darauf schlafen, und natürlich waren die drei anderen aufgewacht.
»Was ist mit dir los?« wiederholte er. »Soll ich dir Wasser bringen?«
»Nein, ich habe nur geträumt.«
»Geträumt? Oh, das habe ich schon lange nicht mehr getan. Ich möchte auch mal wieder träumen. Ich schlafe ein und wünsche mir einen Traum, der mich von hier hinausträgt in eine bessere Welt. Aber mein Wunsch erfüllt sich nie. Ich schlafe immer, ohne zu träumen. - War es ein schöner Traum?«
»Ich habe von einem toten SS-Mann geträumt«, sagte ich.
»Du bist wohl übergeschnappt. Ich würde auch gern von toten SS-Männern träumen. Aber die leben ja leider alle noch.«
Ich wußte, daß er mich nach dem wenigen, das ich gesagt hatte, nicht verstehen konnte. Aber ich war viel zu schwach, um ihm alles zu erklären. Und außerdem: was hätte das hier im Todesblock, den doch keiner von uns lebend verlassen würde, noch für einen Sinn gehabt?
Ich schwieg deshalb.

In derselben Nacht starb einer von denen, die mit mir die Pritsche teilten; er war früher einmal Richter in Budapest gewesen. Sein Tod bedeutete mehr Platz, und wir anderen überlegten, ob wir den »Abgang« überhaupt melden sollten; es war fast unerträglich, zu viert auf einer zwei Meter langen und einen Meter breiten Pritsche zu liegen. Aber auf die Dauer hätte sich der freigewordene Platz doch nicht verheimlichen lassen.
Als zwei Tage später ein neuer Transport eintraf, wurde uns ein junger Pole zugewiesen. Er hieß Bolek und kam aus Auschwitz, das vor den heranrückenden Russen geräumt worden war.
Bolek hatte eine durch nichts zu erschütternde, robuste Na-

tur. Er ließ sich nie aus der Fassung bringen und schien über jeder Situation zu stehen. Irgendwie erinnerte er mich an Josek, obwohl er äußerlich keinerlei Ähnlichkeit mit ihm hatte. Ich hielt ihn zuerst für einen intelligenten Bauernjungen.

In Mauthausen fragte keiner den anderen nach Herkunft und Beruf; man begnügte sich mit dem, was jeder von sich aus erzählte. Die Vergangenheit zählte nicht mehr, es gab keine Standesunterschiede, alle waren gleich - bis auf das eine: vielleicht starb der eine früher als der andere.

Bolek erzählte uns von den Menschen, die auf dem Transport von Auschwitz nach Mauthausen ums Leben gekommen waren. Sie waren während der endlosen Bahnreise verhungert oder vor Erschöpfung bei den tagelangen Fußmärschen tot zusammengebrochen oder erschossen worden, weil sie nicht mehr gehen konnten.

Eines Morgens hörte ich, wie Bolek auf Polnisch ein Gebet vor sich hinmurmelte. Das war etwas Ungewöhnliches. Im Konzentrationslager beteten nur noch wenige. Wer fortwährend unschuldig gequält wird, verliert leicht seinen Glauben ...

Nach und nach erfuhr ich, daß Bolek, bis er eines Tages vor dem Priesterseminar in Warschau verhaftet worden war, Theologie studiert hatte. In Auschwitz mußte er Unmenschliches durchmachen. Die SS wußte, daß er angehender Priester war, und wurde nicht müde, sich immer neue Erniedrigungen für ihn auszudenken. Sein Glaube blieb jedoch ungebrochen.

Als er einmal nachts wach neben mir auf der Pritsche lag, erzählte ich ihm von meinem Erlebnis im Lemberger Lazarett.

»Es sind eben doch nicht alle gleich«, sagte er, als ich geendet hatte. Dann setzte er sich auf und sah schweigend vor sich hin.

»Bolek«, drängte ich, »du wärst doch jetzt Priester, wenn die Nazis Polen nicht überfallen hätten. Wie denkst du über die

Sache? Hätte ich verzeihen sollen? Hätte ich überhaupt das Recht gehabt, zu verzeihen? Was sagt deine Religion dazu? Wie hättest du dich an meiner Stelle verhalten?«

»Halt! Warte ein wenig. Du überschüttest mich ja mit Fragen. Nur langsam. Ich kann durchaus verstehen, daß du diese Sache die ganze Zeit im Gedächtnis behalten hast, obwohl du inzwischen soviel mitgemacht hast. Offenbar ist dein Unterbewußtsein mit deiner damaligen Haltung absolut nicht zufrieden. Das glaube ich jedenfalls, wenn ich mich nicht sehr täusche, aus deinen Worten heraushören zu können. Oder?«

Stimmte das, was Bolek sagte, kam meine Unruhe aus meinem Unterbewußtsein? Was bewegte mich immer und immer wieder, an die Begegnung im Lazarett zu denken? Warum hatte ich es noch immer nicht hinter mich gebracht? Warum war diese Begegnung für mich nicht abgeschlossen? Die letzte Frage schien mir die wichtigste zu sein.

Er schwieg einige Minuten, aber seine Augen ließen mich keinen Moment los. Auch er schien Zeit und Ort zu vergessen.

»Ich glaube nicht, daß die Einstellung der großen Religionen zur Verzeihung wesentlich verschieden ist. Wenn es einen Unterschied gibt, dann wohl mehr in der Praxis als im Prinzip. Sicher: verzeihen kannst du eigentlich nur, was man dir selber angetan hat. Aber andererseits: an wen hätte sich der SS-Mann denn wenden sollen? Alle, die durch ihn gelitten hatten, waren doch tot.«

»Du bist also nicht der Meinung, daß er von mir etwas verlangt hat, das ich ihm gar nicht gewähren konnte?«

»Siehst du - er hat sich doch wohl deshalb an dich gewandt, weil er Juden als Angehörige einer Schicksalsgemeinschaft betrachtete. Du warst für ihn einer aus dieser Gemeinschaft, seine letzte Chance gewissermaßen.«

Was Bolek sagte, erinnerte mich an die Vorstellung, die ich selbst während der Beichte des Sterbenden gehabt hatte: Ich

war damals tatsächlich die letzte Chance für ihn, sein Gewissen zu erleichtern.
Hatte ich nicht versucht, ähnliche Einwendungen im Gespräch mit Josek vorzubringen? Josek hatte mich damals überzeugt. Ich hatte mich zufrieden gegeben. Oder war das eine Täuschung gewesen?
Aber Bolek fuhr fort:
»Ich glaube nicht, daß er dich belogen hat. Auge in Auge mit dem Tod lügt man nicht mehr. Er hat anscheinend auf dem Sterbebett wieder zu dem Glauben seiner Kindheit zurückgefunden und ist in Frieden gestorben, weil du seiner Beichte zugehört hast. Für ihn war es eine richtige Beichte - auch ohne Priester.
Durch die Beichte - auch wenn es gar keine richtige, echte Beichte war - hat er sich befreit, und er ist erleichtert gestorben, weil du ihm zugehört hast. Sein Glaube ist zu ihm zurückgekehrt. Er ist wieder jener Junge geworden, der, wie du sagtest, eine innere Beziehung zur Kirche hatte -«
»Hör auf«, unterbrach ich Bolek. »Du bist ja ganz für ihn eingenommen. Ich weiß so gut wie du, daß die wenigsten SS-Männer als Atheisten erzogen worden sind. Aber bei keinem ist etwas von den Lehren seiner Kirche haften geblieben.«
»Darum geht es jetzt nicht. Auch ich habe in Auschwitz viel über dieses Problem nachgedacht. Ich habe dort mit den Juden gemeinsam gelitten. Und sollte ich das hier überleben und doch noch einmal die Priesterweihe empfangen, dann werde ich mir genau überlegen müssen, was ich über die Juden sage. Du weißt ja, daß gerade in Polen die Kirche immer stark antisemitisch eingestellt war. - Aber bleiben wir bei deinem Problem. Dieser Mann in Lemberg hat also Reue gezeigt, echte, aufrichtige Reue über seine Untaten - jedenfalls hast du es mir so geschildert.«
»Ja«, gab ich zurück, »ich bin auch heute noch davon überzeugt.«

»Dann«, meinte Bolek ernst, »dann hat er auch die Gnade der Vergebung verdient.«
»Aber wer hätte ihm dann vergeben sollen? Ich? Mich hat niemand dazu ermächtigt.«
»Du vergißt dabei eins: dieser Mann hatte nicht mehr lange genug zu leben, um sein Verbrechen zu sühnen, er hatte keine Gelegenheit mehr, an den Lebenden gutzumachen, was er an den Toten gesündigt hatte.«
»Das mag sein. Aber war er bei mir denn an der richtigen Adresse? Ich hatte doch einfach nicht die Macht, ihm im Namen anderer zu verzeihen. Was erhoffte er also von mir?«
»Siehst du«, antwortete Bolek ohne zu zögern, »in unserer Religion ist Reue das Wichtigste für die Vergebung... Und bereut hat er doch! Außerdem hättest du noch an etwas anderes denken sollen: Vor dir lag ein Mensch im Sterben, und du hast ihm seine letzte Bitte nicht erfüllt!«
»Das ist es ja gerade, was mich bedrückt. Aber es gibt eben Bitten, die man einfach nicht erfüllen kann. Ich muß zugeben, daß ich Mitleid mit dem Mann hatte. Doch die Gewißheit, nicht die richtige Instanz für die Erfüllung seiner Bitte zu sein, war stärker als jedes Mitleid.«
Wir sprachen noch lange miteinander, aber zu einer Lösung kamen wir nicht. Im Gegenteil: Bolek wurde sich seiner anfänglichen Meinung, ich hätte dem Sterbenden verzeihen sollen, immer weniger sicher, und ich wußte weniger denn je, ob ich richtig gehandelt hatte.
Dennoch war das Gespräch für uns beide fruchtbar. Er, der angehende katholische Priester, und ich, der Jude, hatten unsere Argumente voreinander dargelegt, und jeder verstand nun besser den Standpunkt des anderen.

Als dann endlich die Stunde der Befreiung schlug, war es für viele von uns schon zu spät.
Die meisten Überlebenden machten sich in Gruppen auf den

Weg nach Hause. Auch Bolek kehrte in seine Heimat zurück. Zwei Jahre später hörte ich, er sei krank geworden. Über sein weiteres Schicksal konnte ich nichts mehr erfahren.

Für mich gab es keine Heimkehr. Polen war für mich zu einem Friedhof geworden. Wenn ich mir ein neues Leben aufbauen wollte, dann konnte ich damit nicht auf einem Friedhof beginnen, nicht dort, wo jeder Baum, jeder Stein mich an die Tragödie erinnerte, die ich mit knapper Not überlebt hatte. Auch wollte ich keinem von denen mehr begegnen, die mitschuldig geworden waren an unserem Leid.

Bald nach der Befreiung schloß ich mich einer Kommission zur Erfassung nazistischer Verbrechen an. Die Leidensjahre hatten meinen Glauben an eine gerechte Welt tief erschüttert. Es war mir unmöglich, mein Leben einfach dort fortzusetzen, wo es gewaltsam unterbrochen worden war. Die Arbeit bei der Kommission sollte mir helfen, den Glauben an Gerechtigkeit, an Menschlichkeit und an all das wiederzufinden, was der Mensch über Essen und Wohnen hinaus zum Leben braucht.

Im Sommer 1946 unternahm ich mit meiner Frau und ein paar Freunden einen Ausflug in die Umgebung von Linz. Auf einem Hügel breiteten wir eine Decke aus und sahen hinaus in die sonnenüberflutete Landschaft. Da mich lange Spaziergänge noch zu sehr anstrengten, lieh ich mir ein Fernglas und bewunderte damit die Natur. Auf diese Weise gelangte ich wenigstens mit den Augen dorthin, wohin die Füße mich nicht tragen wollten.

Beim Umherschauen entdeckte ich hinter einem Gebüsch eine Sonnenblume. Ich stand auf und ging langsam darauf zu. Erst beim Näherkommen merkte ich, daß noch andere dort wuchsen; sie waren nur nicht so hoch wie die eine, die ich zuerst gesehen hatte. Versunken stand ich da und dachte an den Soldatenfriedhof in Lemberg, an das Lazarett und an den toten SS-Mann, dem sie sicher auch eine Sonnenblume aufs Grab gepflanzt hatten ...

Als ich zu meinen Freunden zurückkam, sahen sie mich besorgt an:
»Du bist so blaß«, sagten sie.
Ich wollte nicht mit ihnen über die Begegnung im Lazarett sprechen. Seit langem hatte ich nicht mehr daran gedacht. Doch nun auf einmal stand die Sonnenblume wie eine Mahnung vor mir. Warum wie eine Mahnung? Hatte ich mir etwas vorzuwerfen?
Ich erinnerte mich, wie liebevoll er von seiner Mutter gesprochen hatte. Deutlich sah ich ihren Namen und ihre Adresse wieder auf dem Bündel mit seinen Habseligkeiten vor mir.
Zwei Wochen später führte mich eine Reise nach München. Ich benutzte sie dazu, nach Stuttgart zu fahren. Ich wollte seine Mutter sehen, mit ihr sprechen. Vielleicht konnte ich mir dann ein deutlicheres Bild von seiner Persönlichkeit machen. Neugier war es bestimmt nicht, die mich trieb, eher ein unbestimmtes Gefühl, von Pflicht ... und die Hoffnung, ein beunruhigendes Erlebnis endlich wirklich zu bewältigen.
Mit jedem Tag bekam damals die Welt genauere Kenntnis von den ungeheuerlichen Ausmaßen der Nazi-Verbrechen. Was zuerst niemand glauben wollte, einfach weil es zu ungeheuerlich war, um geglaubt zu werden, wurde durch immer neue Beweise belegt. Das war ja gerade die Stärke der Nazis gewesen, daß sie Verbrechen begingen, die sich bis dahin niemand vorstellen konnte.
Nach dem Krieg meldeten sich denn auch sofort Priester, Philanthropen und Philosophen zu Wort und riefen die Welt auf, den Nazis zu verzeihen. Die meisten von ihnen waren Schöngeister, die eine selbst empfangene Ohrfeige niemals verziehen hätten, denen es aber gleichwohl nicht schwerfiel, im Namen von Millionen unschuldig Ermordeter zu vergeben. Die Priester sprachen davon, daß die Verbrecher ja einmal vor ihren göttlichen Richter treten müßten und daß

man sie deshalb mit irdischer Gerechtigkeit in Ruhe lassen sollte. Das kam natürlich den Nazi-Verbrechern gelegen. Sie glaubten nicht an Gott und akzeptierten bereitwillig einen göttlichen Richter. Nur die irdische Gerechtigkeit fürchteten sie.

Damals war eine Reise von München nach Stuttgart noch ziemlich beschwerlich. Die Züge waren hoffnungslos überfüllt, und um einen Platz zu erwischen, mußte man sich stundenlang anstellen. Ich schaffte es trotzdem.

Stuttgart war ein einziges Ruinenfeld. Trümmer überall. Die Menschen hausten in den Kellern ihrer zerstörten Häuser, um wenigstens ein Dach über dem Kopf zu haben. Ich erinnerte mich an die Kristallnacht. Als damals die Synagogen brannten, sagte jemand: Heute brennen sie die Synagogen nieder, aber eines Tages werden auch ihre Häuser in Schutt und Asche sinken.

An Säulen und Hauswänden waren Zettel befestigt, mit deren Hilfe auseinandergerissene Familien versuchten, sich wiederzufinden. Eltern suchten ihre Kinder, Kinder ihre Eltern.

Ich erkundigte mich nach der Straße, in der die Mutter des SS-Mannes leben sollte. Man sagte mir, dieser Stadtteil sei von den Bomben schwer verwüstet worden, man habe die Bewohner wegen der Einsturzgefahr evakuieren müssen.

Aber ich war mit dem festen Entschluß nach Stuttgart gekommen, die Einzelheiten eines Bildes zu ordnen und zu vervollständigen. Also machte ich mich, da es keine Verkehrsmittel dahin gab, zu Fuß auf den Weg.

Endlich stand ich vor einem fast zerstörten Haus, in dem nur die unteren Wohnungen noch halbwegs brauchbar waren.

Ich stieg die halbverfallene staubige Treppe hinauf und klopfte an eine rissige Holztür. Schon glaubte ich, unverrichteter Dinge wieder weggehen zu müssen, weil sich in der Wohnung nichts rührte. Da öffnete sich knarrend die Tür, und eine kleine, zierliche Frau hieß mich eintreten.

»Sind Sie Frau Maria S...?« fragte ich.
»Ja«, antwortete sie.
»Kann ich auch Ihren Mann sprechen?«
»Ich bin Witwe.«
Ich sah mich im Zimmer um. Die Wände waren von feinen Rissen durchzogen, und von der Decke blätterte der Verputz. Über einer Kommode hing ein wenig schief die Fotografie eines hübschen Jungen mit hellen, klaren Augen. Um die eine Ecke des Bildes war ein schwarzes Band geschlungen. Es war kaum ein Zweifel möglich, um wen es sich handelte, er war ja der einzige Sohn gewesen. Ich trat näher heran und blickte in die Augen, die ich nie gesehen hatte.
»Das ist mein Sohn Karl«, sagte sie mit brüchiger, trauriger Stimme. »Er ist gefallen.«
»Ich weiß.«
Ich hatte ihr noch nicht gesagt, weswegen ich hier war, ja, ich wußte noch nicht einmal, was ich überhaupt sagen sollte. Auf dem Weg nach Stuttgart waren mir viele Gedanken durch den Kopf gegangen. Ich hatte ursprünglich nur das Verlangen gehabt, die Mutter zu sprechen. Aber wollte ich dabei wirklich das bestätigt finden, was er mir erzählt hatte? Oder hoffte ich insgeheim, etwas zu hören, das seinem Bericht widersprach? Das würde doch die Dinge für mich vereinfachen. Das Gefühl der Sympathie, das ich nicht loswerden konnte, würde dann vielleicht verschwinden.
Ich machte mir Vorwürfe, daß ich mir für dieses Gespräch keinen Plan zurechtgelegt hatte. Und nun stand ich vor ihr und wußte nicht, wie ich das Gespräch beginnen sollte.
Stumm stand ich vor Karls Bild und konnte meinen Blick nicht von ihm abwenden. Seine Mutter bemerkte es.
»Er war mein einziger Sohn, ein lieber, guter Junge. So viele Menschen in seinem Alter sind tot; was soll man tun, es gibt heute so unendlich viel Leid und Elend. Und ich bin ganz allein zurückgeblieben.«
So viele Mütter sind allein geblieben, dachte ich. Sie forderte

mich auf, Platz zu nehmen. Ich blickte in ihr verhärmtes Gesicht, und dann sagte ich:

»Ich bringe Ihnen Grüße von Ihrem Sohn.«

»Ja, wirklich? Haben Sie mit ihm gesprochen? Haben Sie ihn gekannt? Es ist ja schon fast vier Jahre her, daß er gestorben ist. Ich habe vom Lazarett die Todesnachricht bekommen. Seine Sachen haben sie mir hergeschickt.«

Sie stand auf und öffnete einen alten Schrank. Dann legte sie dasselbe Bündel vor mich auf den Tisch, das die Krankenschwester mir damals hatte geben wollen.

»Hier hebe ich seine Sachen auf, seine Uhr, sein Notizbuch und noch ein paar andere Kleinigkeiten ... Sagen Sie, wann haben Sie ihn denn gesehen?«

Ich zögerte mit der Antwort. Ich konnte doch dieser Frau nicht die Erinnerung an ihren »guten« Jungen zerstören.

»Ich war vor vier Jahren bei der Ostbahn in Lemberg tätig«, begann ich. »Eines Tages hielt dort, wo wir arbeiteten, ein Lazarettzug mit Verwundeten aus dem Osten. Mit einigen von ihnen konnten wir uns durchs Fenster unterhalten. Einer reichte mir einen Zettel mit Ihrer Adresse heraus und bat mich, Ihnen Grüße von einem seiner Kameraden zu überbringen, wenn ich einmal Gelegenheit dazu hätte.«

Ich war erleichtert, daß mir diese Notlüge so schnell eingefallen war.

»Sie haben ihn also gar nicht gesehen?« fragte sie.

»Nein«, gab ich zur Antwort. »Er war wahrscheinlich zu schwer verwundet, um ans Fenster zu kommen.«

»Wie konnte er denn dann den Zettel schreiben?« fragte sie weiter. »Er hatte doch eine Augenverletzung. Und all die Briefe, die er an mich schrieb, mußte er einer Krankenschwester diktieren.«

»Vielleicht hat er einen Kameraden darum gebeten«, sagte ich zögernd.

»Ja«, überlegte sie, »so wird es gewesen sein. Mein Sohn hing sehr an mir. Er benutzte jede Gelegenheit, um mir zu schreiben. Mit seinem Vater verstand er sich nicht so gut, obwohl der ihn ebenso liebte wie ich.«

Sie unterbrach sich einen Augenblick und sah sich suchend um.

»Verzeihen Sie bitte, wenn ich Ihnen nichts anbieten kann«, sagte sie dann, »ich würde es sehr gerne tun, aber Sie wissen ja, wie das heutzutage ist. Ich habe nichts im Haus, es ist ja auch kaum etwas zu bekommen.«

Ich stand auf und ging wieder zu dem Bild hinüber. Ich wußte nicht, wie ich sie dazu bringen konnte, mir ein wenig von ihrem Sohn zu erzählen.

»Nehmen Sie die Fotografie ruhig herunter«, forderte sie mich freundlich auf.

Ich nahm das Bild vorsichtig von der Wand und stellte es auf den Tisch.

»Ist das eine Uniform, was er da anhat?« fragte ich.

»Ja, er war damals sechzehn und bei der HJ«, antwortete sie. »Meinem Mann war das gar nicht recht. Wissen Sie, er war überzeugter Sozialdemokrat und hatte viele Schwierigkeiten nach Dreiunddreißig, weil er nicht in die Partei eintreten wollte. Heute bin ich froh darüber. Er ist allerdings deswegen in all den Jahren nicht recht vorwärtsgekommen, man überging ihn immer bei Beförderungen. Erst während des Krieges wurde er endlich Werkmeister, weil die jüngeren Leute eingezogen waren. Aber schon wenige Wochen später, fast genau ein Jahr nachdem wir die Nachricht vom Tode unseres Sohnes erhalten hatten, wurde die Fabrik bombardiert. Dabei kamen viele um - darunter auch mein Mann.«

In einer hilflosen, rührenden Gebärde legte sie die Hände übereinander.

»So bin ich eben allein geblieben. Ich lebe nur noch in der Erinnerung an meinen Mann und an meinen Sohn. Ich könnte zu meiner Schwester ziehen, aber ich will dieses Haus nicht verlassen. Hier haben schon meine Eltern gelebt,

und hier ist mein Sohn geboren worden. Alles erinnert mich an glückliche Zeiten, und wenn ich fortginge, dann käme ich mir vor, als würde ich die Vergangenheit verleugnen.«
Mein Blick blieb an einem Kruzifix an der Wand hängen. Die Frau folgte meinem Blick.
»Dieses Kreuz habe ich in den Trümmern eines Hauses gefunden. Es war fast ganz unter dem Schutt begraben, nur ein Arm des Gekreuzigten zeigte klagend zum Himmel hinauf. Da sich niemand darum kümmerte, nahm ich es mit. Seitdem komme ich mir ein bißchen weniger verlassen vor.«
Hat diese Frau vielleicht auch gedacht, daß Gott auf Urlaub gewesen und erst angesichts der Trümmer wieder auf die Welt zurückgekehrt sei? Noch ehe ich den Gedanken weiterspinnen konnte, sprach sie weiter.
»Was mit uns geschehen ist, ist eine Strafe Gottes. Mein Mann hat gleich nach der Machtübernahme gesagt, das wird nicht gut enden, und das waren prophetische Worte. Immer wieder muß ich an sie denken.
Eines Tages überraschte uns unser Junge mit der Erklärung, er sei in die HJ eingetreten. Dabei habe ich ihn doch sehr religiös erzogen. Sie sehen ja die vielen Heiligenbilder hier im Zimmer. Die meisten mußte ich freilich nach Dreiunddreißig herunternehmen - mein Junge bat mich darum. Seine Kameraden machten sich lustig über ihn, sagten, er hätte einen Kirchenfimmel. Das erzählte er mir so vorwurfsvoll, als sei ich schuld daran. Sie wissen ja selbst, wie man damals unsere Kinder gegen Gott und ihre Eltern aufgehetzt hat. Mein Mann war nicht sehr gläubig. Er ging selten in die Kirche, weil er die Geistlichen nicht mochte. Nur auf unsern Pfarrer ließ er nichts kommen. Karl war dessen erklärter Liebling. Es machte mich immer glücklich, wenn er ihn lobte.«
Die Augen der Frau füllten sich mit Tränen. Sie nahm das Bild in die Hand und betrachtete es. Ihre Tränen fielen auf das Glas.

Ich habe einmal in einem Museum ein altes Bild gesehen, eine Mutter, die das Bild ihres verschollenen Sohnes in der Hand hält. Hier war es lebendig geworden.

»Ach«, seufzte sie, »wenn Sie wüßten, was für ein braver Junge unser Karl war. Immer wollte er helfen. Unaufgefordert schleppte er Kohlen aus dem Keller, kaufte ein - er war richtig stolz, wenn er mir im Haushalt helfen konnte. Und in der Schule erst, da war er ein richtiger Musterschüler - bis er in die HJ kam, das veränderte ihn ganz. Von da an ging er auch nicht mehr in die Kirche.«

Sie schwieg eine Weile, putzte sich die Nase und fuhr dann fort:

»Es war, als ob irgend etwas in unserer Familie kaputtging. Mein Mann sprach nie sehr viel, aber ich spürte, wie sehr er darunter litt. Wenn er mir zum Beispiel von jemandem erzählen wollte, den die Gestapo verhaftet hatte, dann sah er sich erst um, um sicherzugehen, daß ihn sein eigener Sohn nicht hörte... Ich stand hilflos zwischen meinem Mann und meinem Kind.«

Wieder versank sie in Gedanken.

»Dann begann der Krieg, und unser Junge kam mit der Nachricht nach Hause, daß er sich freiwillig gemeldet hatte. Zur SS natürlich. Mein Mann war entsetzt. Er machte Karl keinen Vorwurf, er sprach überhaupt nicht mehr mit ihm - nicht mal am Tag des Abschieds. Karl mußte ohne ein Wort seines Vaters in den Krieg ziehen.

Während seiner Ausbildung schickte er uns Fotografien und begeisterte Briefe. Aber mein Mann schob die Fotografien immer beiseite. Er mochte die SS-Uniform nicht. ›Schau‹, sagte ich einmal zu ihm, ›wir müssen doch mit Hitler leben, so wie Millionen andere. Du weißt doch, wie uns die Nachbarn ansehen. Sicher bekommst du noch Schwierigkeiten in der Fabrik!‹

Aber er antwortete nur: ›Ich kann einfach keine Komödie spielen. Sogar unseren Sohn haben sie uns genommen.‹ Dasselbe hatte er gesagt, als Karl sich verabschiedete. Es war, als hätte er Karl schon als seinen Sohn abgeschrieben.«

Gespannt hörte ich der Frau zu. Ich unterbrach sie nicht und nickte nur manchmal mit dem Kopf, um sie zum Weitersprechen zu ermuntern; sie konnte mir gar nicht genug erzählen.

Ich hatte schon mit vielen Deutschen und Österreichern gesprochen und von ihnen gehört, wie der Nationalsozialismus über sie gekommen war. Die meisten sagten, sie seien dagegen gewesen, hätten aber Angst vor ihren Nachbarn gehabt. Und ihre Nachbarn hatten sicher Angst vor ihnen gehabt. Wenn man alle diese Ängste summierte, ergab sich eine fürchterliche Zusammenballung von Angst.

Doch das war nur die eine Seite. Gewiß gab es noch mehr Leute wie Karls Eltern. Aber wie unendlich groß war die Zahl der anderen, die sich nicht zu ducken brauchten, weil sie mitten drin steckten? Weil der Nationalsozialismus für sie die Erfüllung ihrer Sehnsüchte bedeutete, weil er ihnen einfach entsprach? Weil sie sich durch ihn emporgehoben fühlten aus ihrer Bedeutungslosigkeit? Daß das auf Kosten anderer ging, störte sie nicht. Sie standen im Lager des Siegers und hatten zum Besiegten keinerlei Beziehung mehr - außer der Verachtung des Stärkeren gegenüber dem Schwächeren, des Herrenmenschen gegenüber dem Untermenschen.

Feigheit hatte dazu geführt, daß Söhne zu Mördern wurden, obwohl die Eltern das gewiß nicht gewollt hatten. Aber der Nationalsozialismus war nicht über Nacht zum organisierten Verbrechen geworden. Er hatte seine Verbrechensmaschinerie stufenweise aufgebaut. Und zu den Mitschuldigen gehörten auch die, die schon zur ersten Stufe »Ja« gesagt hatten.

Ich blickte die Frau vor mir an; sie war bestimmt gutherzig, eine gute Mutter und Ehefrau. Sicher hatte sie oft Mitleid mit den Unterdrückten gehabt. Aber die Sorge um ihr eige-

nes kleines Glück war ihr wichtiger gewesen. Und es hatte vermutlich Millionen solcher Familien gegeben, die nur Ruhe in ihrem eigenen Nest haben wollten. Sie hatten den Verbrechern als Steigbügel gedient, hatten ihnen zur Macht verholfen und ihnen später ermöglicht, diese auch zu behalten.
Sollte ich dieser Frau reinen Wein einschenken? Sollte ich ihr erzählen, was ihr »guter Junge« getan hatte?
Welche Brücke führte von mir, der ich unter den Opfern ihres Sohnes hätte sein können, zu ihr, dieser Frau, die einsam zwischen den Ruinen ihres Lebens und ihres Landes zurückgeblieben war?
Ich sah ihr Leid, und ich kannte mein eigenes Leid. War das die Brücke? Kann Leid überhaupt Brücke sein?
Ich hatte keine Antwort.
»Eines Tages holten sie dann die Juden ab. Auch unser Hausarzt war dabei. Die Propaganda sagte, die Juden würden umgesiedelt. Hitler schenke ihnen eine ganze Provinz, in der sie ungestört unter ihresgleichen leben könnten. Aber dann hörte ich, mit welcher Brutalität die SS dabei vorgegangen war. Mein Sohn war damals in Polen, und die Leute erzählten sich schlimme Dinge von dort. Eines Tages sagte mein Mann: ›Karl ist ja auch bei der SS. Vielleicht behandelt er jetzt unseren Arzt. Früher hat der Arzt ihn behandelt - jetzt ist es umgekehrt.‹
Mein Mann wollte nicht sagen, was er damit meinte. Aber ich merkte genau, wie er sich quälte; und auch mir war ganz elend zumute.«
Plötzlich sah mich die Frau aufmerksam an.
»Sie sind kein Deutscher?« fragte sie zögernd.
»Nein«, gab ich zurück, »ich bin Jude.«
Und da wurde sie ein wenig verlegen. Damals waren alle Deutschen Juden gegenüber verlegen.
»Hier in unserer Gegend haben wir mit den Juden immer sehr friedlich und harmonisch zusammengelebt. Wir sind bestimmt nicht schuld an ihrem Schicksal.«

»Ja«, sagte ich, »das behaupten heute alle. Ihnen glaube ich es sogar. Aber es gibt viele andere, denen ich es nicht abnehme. Es wird einen langen Streit darüber geben, wer am Schicksal der Juden schuld ist. Eins ist aber jetzt schon sicher: Kein Deutscher kann sich um die Verantwortung drücken. Selbst wenn er persönlich keine Schuld auf sich geladen hat, trägt er noch schwer genug an der Scham. Als Angehöriger seines Volkes kann er nicht einfach wie der Passagier einer Straßenbahn auf einer beliebigen Station aussteigen. Es wird Sache aller Deutschen sein, zu klären, wer schuldig ist. Und es sollte den Nichtschuldigen zum Bedürfnis werden, sich von den Schuldigen loszusagen.«

Ich hatte mich wund geredet. Die einsame Frau sah mich traurig an. Um Klage über die Haltung der Deutschen zu führen, war sie wohl nicht das richtige Gegenüber.

War denn diese gebrochene und in ihrem Schmerz tief versunkene Frau überhaupt noch aufnahmefähig? Sie tat mir eigentlich außerordentlich leid. Vielleicht hätte ich ihr das alles nicht sagen sollen.

»Ich kann gar nicht recht glauben, was man erzählt. Ich kann einfach nicht glauben, daß es wahr ist, was da mit den Juden geschehen sein soll. Während des Krieges ist viel gemunkelt worden, die wildesten Gerüchte gingen um. Nur mein Mann scheint schon damals alles gewußt zu haben. Ein paar von seinen Arbeitskameraden waren im Osten auf Montage gewesen, und nach ihrer Rückkehr erzählten sie Dinge, die sogar mein Mann nicht glauben wollte, obwohl er der Partei eigentlich alles zutraute. Er erzählte mir auch nicht viel, zumindest keine Einzelheiten. Wahrscheinlich hatte er Angst, ich könnte es unbedacht weitererzählen und wir würden dann Ärger mit der Gestapo bekommen. Diese Leute waren ohnehin nicht gut auf uns zu sprechen und hatten immer ein wachsames Auge auf meinen Mann. Aber da unser Karl bei der SS war, machten sie uns keinerlei Schwierigkeiten mehr. Einige Bekannte von uns hatten ja auch genug Ärger - manch-

mal wurden sie sogar von ihren besten Freunden denunziert.
Einmal erzählte mir mein Mann, daß ein Gestapobeamter bei ihm im Werk gewesen war, weil da auch Ausländer arbeiteten. Er untersuchte einen Sabotagefall und unterhielt sich auch länger mit meinem Mann, aber dann sagte er: ›Na, Sie sind ja sowieso außer Verdacht, Ihr Sohn ist ja bei der SS.‹
Als Vater dann nach Hause kam und mir von der Sache erzählte, meinte er bitter: ›Sie haben die Welt einfach auf den Kopf gestellt. Das, was mich in meinem Leben am meisten kränkt, ist jetzt mein Schutz.‹ Er konnte es einfach nicht verstehen.«
Ich sah mir die Frau an, die so ergeben in ihrem Zimmer voller Erinnerungen saß. Ich konnte mir genau vorstellen, wie sie hier lebte und wie sie von Zeit zu Zeit das Bündel ihres Sohnes, seinen letzten Gruß, in die Hände nahm, als gehörte es noch immer ihrem Sohn.
»Ich glaube ja«, sagte sie, »daß viel Schlimmes passiert ist. Aber Karl hat bestimmt nichts Unrechtes getan. Er war immer so anständig. Wie gut könnte ich ihn jetzt brauchen, wo mein Mann tot ist.«
Ich dachte an die vielen Mütter, die jetzt wie sie allein waren.
Ihr Sohn hatte mich also nicht belogen, sein Elternhaus war genauso, wie er es mir dargestellt hatte. War ich zufrieden? Man sollte ja eigentlich schon zufrieden sein, wenn man nicht angelogen wird. Nur - der Lösung meines Problems war ich um keinen Schritt näher gekommen.
Ich verabschiedete mich, ohne der armen Frau das letzte zu nehmen, das ihr noch geblieben war: den Glauben, einen guten Sohn gehabt zu haben.
Vielleicht war es ein Fehler, ihr nicht die Wahrheit gesagt zu haben. Vielleicht sollte man zu allen Müttern gehen und ihnen die Wahrheit sagen. Vielleicht würde ihr Aufschrei

verhindern, daß Mütter künftig Kinder großziehen, die dem Verbrechen keinen Widerstand leisten und das Gebot »Du sollst nicht töten« vergessen.

Aber das war ein Gedanke, der mich nur flüchtig streifte. Ich wußte, ich konnte das hier - und dieser Mutter - nicht sagen. Selbst wenn ich es gekonnt hätte - sie hätte es nicht geglaubt, es paßte nicht in ihr Bild von ihrem Kind.
Sie hätte mich eher als Verleumder gesehen, als das Verbrechen Karls zur Kenntnis genommen.
Sie hatte die Worte: »Er war so ein guter Junge«, so oft wiederholt, als ob sie von mir eine Bestätigung erwartet hätte.
Das aber war mir nicht möglich gewesen. Würde sie heute noch so von ihm denken, wenn sie alles wüßte? Sie würde die Tatsachen nicht glauben und empört jeden Gedanken an diese Ungeheuerlichkeit von sich weisen.
In seiner frühen Jugend war Karl sicher ein »guter Junge« gewesen. Aber eine Zeit ohne Gnade hat ihn zum Mörder gemacht.

Mein Bild von Karl rundete sich. Es war fast vollständig, soweit es das überhaupt unter diesen Umständen sein konnte. Auch sein physisches Bild war nun vorhanden, denn bei seiner Mutter hatte ich ja sein Gesicht kennengelernt.
Ich kannte seine Kindheit, und ich kannte das Verbrechen, das er begangen hatte. Ich war mit mir zufrieden, daß ich seine Mutter über dieses Verbrechen nicht aufgeklärt hatte. Ich sagte mir, daß es richtig gewesen war, so zu handeln. Ihr unter den Umständen, unter denen sie lebte, das letzte, das sie noch besaß, zu nehmen, wäre wahrscheinlich auch ein Verbrechen gewesen.
Ich denke oft an den jungen SS-Mann. Er kehrt zu mir zurück, wenn ich ein Spital betrete, wenn ich eine Krankenschwester sehe, wenn ich einem Mann mit Kopfverband begegne.

Oder wenn ich eine Sonnenblume sehe ...
Und ich denke daran, daß Tag für Tag Menschen wie er geboren werden, die sich vielleicht schon morgen wieder zu Verbrechen mißbrauchen lassen. Die Menschheit bemüht sich unablässig, Katastrophen zu verhüten. Die Fortschritte der Medizin lassen uns hoffen, daß einmal alle Krankheiten gebannt werden.
Wird man auch verhüten können, daß Menschen wie er zu Mördern werden?

Meine Arbeit führt mich mit vielen Mördern zusammen. Ich forsche sie aus, ich höre Zeugen, ich nehme an Prozessen teil - und ich sehe, wie sich Mörder vor Gericht benehmen.
Beim Lemberg-Prozeß in Stuttgart zeigte nur einer der Männer auf der Anklagebank Reue. Er gestand sogar Taten, für die es keine Zeugen gab. Fast alle kämpften verbissen gegen die Beweise der Wahrheit. Manche »bereuten« nur eins: daß noch Zeugen am Leben waren, die von ihren Untaten berichten konnten.
Oft habe ich mir vorzustellen versucht, wie sich wohl jener junge SS-Mann ein Vierteljahrhundert danach als Angeklagter verhalten hätte. Würde er heute dasselbe sagen wie am Tag vor seinem Tod in unserem alten Dekanat? Würde er vor Gericht zugeben, was er mir im Angesicht des Todes gebeichtet hat? Die Frage läßt sich auch umkehren: hätten die Männer, die heute auf der Anklagebank sitzen, gebeichtet, wenn sie wie er tödlich verwundet worden wären?
Vielleicht ist das Bild, das ich mir von ihm gemacht habe, besser als die Wirklichkeit. Ich habe ihn ja nicht im Lager mit der Peitsche in der Hand kennengelernt, sondern auf dem Sterbebett, als einen, der Anspruch darauf hat, eine Ausnahme zu sein.
War er wirklich eine Ausnahme?
Darauf kann ich keine Antwort finden. Denn ich muß bedenken, daß er Gelegenheit zu weiteren Verbrechen gehabt

hätte, wenn er nicht durch die Granate vor Taganrog tödlich verwundet worden wäre. Das erste Verbrechen, der erste Mord, fällt einem wohl immer schwerer als alle späteren. Wäre er durch die Erschütterung, die sein erstes Verbrechen in ihm ausgelöst hatte, von einem zweiten, einem dritten Verbrechen abgehalten worden?

Ich kenne ziemlich genau die Lebensgeschichte vieler Nazi-Mörder - keiner von ihnen ist als Mörder geboren worden. Sie alle waren vorher Bauern, Handwerker, Angestellte oder Beamte gewesen, wie sie einem tagtäglich auf der Straße begegnen. In ihrer Jugend hatten sie den Religionsunterricht besucht, keiner entstammt einem Verbrecher-Milieu. Und doch sind sie Mörder geworden, Mörder aus Überzeugung. Sie hatten, als sie sich aus der Kleiderkammer ihre SS-Uniform holten, dort zusammen mit ihren Zivilkleidern auch ihr Gewissen deponiert.

Ich weiß nicht, wie sie auf ihr erstes Verbrechen reagiert haben, aber ich weiß, daß keiner von ihnen »nur« einen Mord auf dem Gewissen hat.

Wenn ich die aufsässigen Antworten und das höhnische Grinsen vieler Angeklagter sehe, dann kann ich mir nur schwer vorstellen, daß auch jener junge SS-Mann so reagiert hätte ...

Das alles sind Überlegungen, die für ihn sprechen. Und dennoch - hätte ich, hätte überhaupt jemand, ihm verzeihen sollen, verzeihen dürfen?

Aber die Welt von heute verlangt von uns, daß wir auch denjenigen verzeihen, die uns durch ihre Haltung immer wieder provozieren. Sie verlangt von uns, daß wir einen Schlußstrich ziehen, als sei nichts Wesentliches geschehen.

Und viele von uns, die in jener grauenvollen Zeit gelitten haben und die sich manchmal noch in ihren Gedanken jener Hölle verhaftet fühlen, sind vor diesem Verlangen nach Verzeihen verstummt.

Diese Frage wird alle Prozesse überleben und auch dann

noch aktuell sein, wenn die Verbrechen der Nazis längst einer fernen Vergangenheit angehören.
Deshalb richte ich sie an Menschen, von denen ich glaube, daß sie etwas zu sagen haben. Sie soll als Aufruf dienen. Denn das Geschehen, das sie hervorgebracht hat, kann sich wiederholen. Ich weiß, daß viele mich verstehen und meine Haltung gegenüber dem sterbenden SS-Mann billigen werden. Ich weiß aber auch, daß ebenso viele mich verurteilen werden, weil ich einem reuigen Mörder das Sterben nicht erleichtert habe.

Von Schuld und Vergebung

Es gibt keine Antwort auf diese Frage

Saul Friedländer

Die Lektüre Ihrer autobiographischen Erzählung *Die Sonnenblume* hat mich tief bewegt, und ich habe lange über die von Ihnen gestellte Frage nachgedacht: »Waren Sie verpflichtet, diesem jungen SS-Mann zu vergeben oder nicht?« Ehrlich gesagt, finde ich zu keiner Antwort, und dies, wie mir scheint, aus dem einfachen Grunde, *daß es keine Antwort auf diese Frage gibt.* Die beiden möglichen Verhaltensweisen sind auf abstrakter Ebene eine wie die andere gerechtfertigt oder auch nicht: was Ihre konkrete Reaktion angeht, so ist sie verständlich und unter den gegebenen Verhältnissen gänzlich berechtigt. Abstrakt gesehen, haben Sie es offenbar mit einem Dilemma zu tun gehabt, das man anschließend sein ganzes Leben lang mit sich herumträgt, was in der Natur dieser Art Dilemma begründet ist, ohne es jemals lösen zu können.

Wenn Sie gestatten, gehe ich noch etwas weiter. Meiner Ansicht nach wäre der Versuch, auf Ihre Frage zu antworten, indem man die eine oder die andere Verhaltensweise theoretisch rechtfertigt, gleichbedeutend damit, daß man das Problem vertuscht und einem grundsätzlichen Irrtum verfällt. Das wäre, würde ich sagen, nichts anderes als der Weg der Bequemlichkeit.

Ich hoffe, lieber Herr Wiesenthal, daß Sie mir meine Offenheit nicht übelnehmen. Bei so ernsten Problemen, wie dem von Ihnen aufgeworfenen, scheint mir Offenheit unerläßlich.

Albrecht Goes

»Ich achte so gerne.« Das ist ein Wort von Hofmannsthal, es fiel mir immer von neuem ein beim Lesen dieser Erzählung. Es ist ein bescheidenes Wort, das Wort »achten«; »rühmen, bewundern«, sind anspruchsvollere Worte, aber zuweilen ist das behutsame Wort das größere Wort. Wiesenthal hat zu der Aufgabe, das Gedächtnis an die furchtbaren Ereignisse, die wir kennen und für die es keinen Namen gibt, der dahinfließenden Zeit durch die Harpune des Wortes zu entreißen, einen wichtigen Beitrag geleistet als ein Augen- und Ohrenzeuge besonderer Art.
Wenn diese Aufgabe geleistet werden soll, wer hat das Wort, das hier im Ernst »erreicht«?
Der Reporter ist durch sein Jägeramt geübt darin, *das* Wort zu finden, das den Geschehnissen so nahe kommt wie nur irgend möglich. Aber sein Wort ist das Wort der Minute. Die Ereignisse aber sind nicht ein »Ding aus gestern und heut«. Auch hält sein Wort nur eben fest, was sich zeigt. Aber jedes Geschehnis ist, dem Eisberg gleich, nur zu seinem kleinsten Teil an der Oberfläche sichtbar.
Der Historiker geht um mit dem ruhigen, Zusammenhänge suchenden Wort; aber ist es denn wirklich der getroffene Mensch, der einzelne, der sichtbar wird, wenn wir in seinen Untersuchungen von Völkern, Kabinetten und Machtzentralen lesen? Gerade der ungeduldige, der ungenügsame Forscher, der vieles erfährt, weiß, daß hier alles »viel« immer noch »viel zu wenig« heißt.
Der Prophet freilich - er *hat* das in Wahrheit zur Erde niederfahrende Wort; er vermag dem Geschehnis in Vollmacht zu begegnen, er kennt das Rätsel und die Deutung. Aber um der Begegnung mit der Vergangenheit zu genügen, dürfte man nicht »Jesaja sagen«, man müßte Jesaja sein.
Ein viertes bleibt übrig - und das wird hier geleistet. Nicht das rasche, nicht das reiche und nicht das heilige Wort wird

hier aufgeboten, sondern das unscheinbar-spröde, das alltägliche Wort - aber gerade dieses, das ein Kleines - eine Sonnenblume etwa - für ein Großes setzt, für die Lebensregung des sterblichen Menschen, für seine Erwartung, seine Liebe, seine Trauer, wird das Wort sein, das schwer wiegt, das unangreifbare Wort. Wiesenthal erwartet keine Zeugnisnote; höchstens ein einfaches: Ja. Danke, daß Sie bewahrt haben. Danke, daß Sie *so* bewahrt haben. »Ich achte so gerne.« Hier achte ich.

Aber etwas anderes will Wiesenthal, und dieses andere darf und muß er wollen. Er will, daß wir, seine Leser, uns die Frage stellen: was ist es mit der *Vergebung*?

Ich schlug, um zunächst noch von den eigenen Erwägungen Abstand zu gewinnen, die berühmteste literarische Dokumentation zum Gegenstand auf, Dostojewskis *Brüder Karamasow*, wo im vierten Kapitel des fünften Buchs Iwan seinem Bruder Aljoscha das »Bekenntnis« ablegt, seine Betrachtungen über die »Leiden der Kinder«. Ich kann den grandiosen Monolog nicht, wie ich müßte, hier vollständig zitieren, nur aus den Schlußsätzen dies: »Ich will es nicht, daß die Mutter den Peiniger umarme, der ihren Sohn von Hunden zu Tode hetzen ließ. Sie darf es nicht wagen, ihm zu verzeihen. Will sie das, so mag sie ihm für sich verzeihen, mag sie dem Peiniger die maßlosen Schmerzen einer Mutter verzeihen; aber die Leiden ihres zu Tode gehetzten Kindleins zu verzeihen, dazu hat sie kein Recht, sie, als Mutter, darf dem Peiniger nicht verzeihen, auch wenn das Kindlein selbst ihm seine Leiden vergäbe. Wenn sich das aber so verhält, daß sie ihm nicht vergeben darf, wo bleibt dann die Harmonie? Gibt es in der ganzen Welt ein Wesen, das vergeben könnte und dürfte?«

Hier holt Iwan gleichsam einen Augenblick Atem, dann kommt die Stelle: »Nicht, daß ich Gott nicht gelten lasse, Aljoscha, aber ehrerbietigst gebe ich ihm die Eintrittskarte zurück.« »Das ist Empörung«, sagt Aljoscha leise, die Augen niederschlagend. Und dann folgt, wieder aus Iwans Mund, die »Legende vom Großinquisitor«.

Danach las ich die Sätze aus Bubers Paulskirchenrede von 1953; nicht nur den: »Mein der Schwäche des Menschen kundiges Herz weigert sich, meinen Nächsten zu verdammen, weil er es nicht über sich vermocht hatte, Märtyrer zu werden«, sondern auch die schweren, vorausgehenden Sätze, in denen er von denen spricht, die an der Handlung »organisierter Grausamkeit« teilgenommen haben. »Ich habe mit ihnen die Dimension des menschlichen Daseins nur zum Schein gemein; sie haben sich dem menschlichen Bereich so dimensional entrückt, so in eine meinem Vorstellungsvermögen unzugängliche Sphäre der monströsen Unmenschlichkeit versetzt, daß nicht einmal ein Haß, geschweige denn eine Haß-Überwindung in mir hat aufkommen können. Und was bin ich, daß ich mich vermessen könnte, hier zu ›vergeben‹?«

Und schließlich gedachte ich der grundgütigen Margarete Susmann und ihres Abschiedsworts an den Menschen aus dem Volk, dessen Sprache sie sprach: »Er war unser Nachbar; wir haben mit ihm gelebt und ihn geliebt; wie sollen wir zu dieser entsetzlichen Verwandlung uns stellen? Die Vergebung ist dessen, dessen das Gericht ist; unser ist nur die grenzenlose, unauslöschliche Trauer.«

Das sind drei Zeugnisse von Gewicht. Aber sie nehmen uns unsere Antwort nicht ab. Ich sehe den Erzähler am Bett des Sterbenden; er hört die letzte Beichte des Mörders. Er wehrt die Fliegen ab; er achtet die Gefahr nicht, die sein langes Ausbleiben auf dem Arbeitsplatz der Häftlinge für ihn mit sich bringen könnte. Ist er, was das eigene Leben angeht, schon jenseits der Grenze, in der es einer der Erhaltung wert erachtet? Oder ist der Lebenswille nicht doch eine ungeheure Wirklichkeit? Wie immer - er wagt es, zur Stelle zu sein. Er geht, Jahre danach, zur Mutter, sieht das Bild des Sterbenden von jener Mittagsstunde in Lemberg, und läßt ihr zum Bild auch die Legende vom »guten Sohn«.

In der Sache, um die es ging, stand er - wir denken an Iwans Wort - nicht für sich allein; als die Person, die an dieses Sterbebett gerufen wurde, stand er allein. Hier hatte er sich dem »Anspruch der sterblichen Stunde« zu stellen, und ihm stellte er sich. Die Sache war eine, die über ihn, über alle Mithäftlinge hinausging. Sie gehört zu Israels heiliger Sorge, zur »zedaka«, zur Gerechtigkeit, und sie ist in jenem »adonai zidkenu«, »der Herr unsre Gerechtigkeit« - unsrer Zuständigkeit, unsrer Verantwortung entzogen. Das ist Israels ehrerbietiger Verzicht; er bewirkt, daß all unsrer Justiz nicht mehr verbleibt als eine Art Not- und Hilfsdienst, ein fragmentarisches »quantum satis«.

Aber ist das eine Antwort? Nein. Es ist nicht mehr als die Bezeugung jenes »Patt«, von dem in der Geschichte gesprochen wird. Josek, der an Haolam Emes glaubt, an das »Leben nach dem Tod«, will gerade unter diesem Aspekt Simon rechtfertigen und sein Schweigen gutheißen: »Wer hat dir das Recht gegeben, unsrem Mörder zu verzeihen?« Aber wer löst den Erzähler hier in dieser Zeit von seiner Warum-Frage: warum war es mir nicht zugeteilt, das absolvo te? Es geht ja keiner seinen Schritt des Gewissens in dieser Welt, den nicht in irgendeiner Gestalt das Wort findet »nicht siebenmal, sondern siebenzigmalsiebenmal« sollst du vergeben - jenes Wort, das der Rabbi aus Nazareth gesprochen hat und - ihm verwandt - der und jener von Israels Lehrern, die sich an das Äußerste wagten.

Ich habe keine Antwort. Das ist alles. Aber ich denke, es werde ein Augenblick kommen, in dem die »Patt«-Stellung aufgehoben wird.

Einmal, als der Erzähler schon am Grabenrand stand, nackt, bereit, nun in der nächsten Viertelstunde erschossen zu werden, da kam eine Stimme übers Feld: »Wie-sen-thal!« Ob es eine Stunde gibt, in der eine andere Stimme, die Stimme des ewigen Boten, ruft - einen, der nun nicht mehr für die anderen einzustehen hat, einen vielmehr, der in dieser Stunde dann nur für sich allein steht: Wiesenthal? Einmal hat Sie eine Stimme gerettet - für dieses Leben. Wenn dann die andere Stimme Sie erreicht, dann, dann werden *Sie* das Wort wissen, das *ich* jetzt - nicht weiß.

Roger Ikor

Um es gleich vorauszuschicken: Auf die furchtbare Frage, die Simon Wiesenthal stellt, ist keine Antwort möglich, ja, nicht einmal gestattet. Dies allein auf Grund der Tatsache, daß Gerechtigkeit für die Gesamtheit gilt; alles, was ihr nicht zugehört, muß der Beurteilung des Betroffenen überlassen bleiben. Angenommen, ich bin Opfer eines leichtsinnigen Sonntagsfahrers geworden. Die Gemeinschaft wird das in materieller Beziehung regeln, diesen oder jenen Schadenersatz bezahlen, diese oder jene Strafe verfügen. Meine persönlichen Gefühle gegenüber dem Schuldigen indessen bleiben gerade dadurch meine eigene Angelegenheit, und ich allein bin der Richter. Keiner hätte das Recht, von mir zu verlangen, daß ich verzeihe; keiner hätte das Recht, mir den geringsten Vorwurf zu machen, wenn ich mich weigerte, zu verzeihen; und, falls ich mich zu einer Rache entschlösse, würde diese die Gesellschaft nur in dem Maße interessieren, in dem meine Handlung ihre Gesetze verletzte, jedoch nicht als Resultat einer bestimmten Einstellung. All dies, das für gewöhnliche Vergehen gilt, gilt erst recht für Verbrechen und in erhöhtem Maße für jenes größte aller Verbrechen, für Massenmord oder systematisches Quälen von Unschuldigen.
Da also niemand das Recht hat, Simon Wiesenthal zu sagen, er habe unrecht gehabt, seinem SS-Mann die Verzeihung zu verweigern, hat auch niemand das Recht, ihm zu sagen, er habe recht gehabt. Das steht außer Zweifel. Und wenn Simon Wiesenthal selbst die Ansicht seiner Freunde einholt, so än-

dert das nichts am Prinzip des Problems: derjenige, der ihm recht gäbe, würde sich damit das Recht anmaßen, ihm unrecht zu geben, und dieses Recht hat er nicht, und auch Wiesenthal kann es ihm nicht verleihen, denn das hieße, dem einen Menschen ein unannehmbares Recht des Urteils über das Gewissen eines anderen zuzugestehen.

Da an das Problem in der Form, in der es gestellt ist, nicht heranzukommen ist, habe ich es von einem anderen Winkel aus versucht. Ich habe mich nicht gefragt, ob ich Wiesenthals Handlung billige oder nicht, sondern, was ich an seiner Stelle getan hätte. Voraussetzung dieser neuen Fragestellung war, daß ich mich wirklich an seine Stelle versetzen könnte, mit anderen Worten, in die Haut eines Verschleppten.

Aber ich bin nicht verschleppt worden. Ich war als Kriegsgefangener fünf Jahre in einem Offizierslager eingesperrt. Darf ich da verallgemeinern? Unsere Situation ähnelte insofern derjenigen der Verschleppten, als wir wie sie von der Welt abgeschnitten waren und vielleicht von den gleichen Nahrungsrationen lebten. Im Unterschied zu ihnen hatten wir jedoch das Recht auf vier Briefe oder Karten und zwei Lebensmittelpakete von fünf Kilo im Monat. Als mit Beginn der Landung der Alliierten Post und Pakete aufhörten, erlebten wir den gleichen Hunger und die gleiche moralische Isolierung wie sie. Auf dieser Ebene könnte ich also ohne allzuviel Mühe die Gefühle eines Verschleppten nachempfinden.

Das wesentliche habe ich aber ausgelassen. Ich bin niemals während dieser fünf Jahre geschlagen worden. Wenn ein deutscher Offizier (und es handelte sich um die Wehrmacht, nicht um die SS) mit mir sprach, redete er mich mit »Monsieur« an. Als ich wegen einer Geschichte, bei der es um falsche Papiere und Fluchtversuch ging, von der »Abwehr« vorgeladen wurde, hat man mich nicht an einen Fleischerhaken gehängt. Kurz, ich bin nicht als Untermensch behandelt worden, und selbst der Tod, so sehr er während dieser fünf Jahre gedroht haben mag, war in keiner Weise vergleichbar mit dem Tod, der blind unter den Verschleppten wütete. Ich weiß mithin gerade genug, um mir ganz kategorisch zu sagen, daß *ich nicht das Recht habe,* mich in die Lage eines Verschleppten zu versetzen: *die Phantasie hat ihre Grenzen.* Nur ein Verschleppter selbst kann als Verschleppter sprechen.

Nach diesen Einschränkungen kann ich mich nun etwas weiter vorwagen, denn ich möchte mich der gestellten Frage auf keinen Fall entziehen. Ganz im Gegenteil, ich möchte sie nach bestem Gewissen offen beantworten. Jedoch werde ich mehrfach mit *wenn*s arbeiten müssen.

Bis zu meiner Befreiung im April 1945 wußte ich nichts von dem Grauen der Konzentrationslager; ich hatte lediglich die Ahnung, daß es dort nicht gerade schön sein konnte. Wenn ich damals Wiesenthals SS-Mann begegnet wäre, hätte ich ihm zweifellos vergeben: aus Unwissenheit. Ich bin in der Lüneburger Heide befreit worden; wir sind dann von den Engländern in Bergen untergebracht worden und haben erfahren, was sich ganz in der Nähe im Lager Belsen zugetragen hatte. Wenn ich den SS-Mann in diesem Augenblick erlebt hätte, hätte ich wahrscheinlich gehandelt wie Wiesenthal. Aber ich hätte es wahrscheinlich hinterher bedauert. Vielleicht aber hätte ich im Gegenteil und trotz allem dem Mitleid nachgegeben; das aber hätte ich ganz sicher nachträglich bedauert ...

Denn schließlich ist Mitleid als solches ohne moralischen Wert. Häufiger als Brüderlichkeit ist es lediglich Zeichen von Schwäche, wenn nicht von Gefühlsduselei. Ein von Mitleid erfüllter Chirurg würde es nie wagen, eine Wunde anzurühren ... Ich will damit sagen, es ist durchaus möglich, daß ich feige dem Mitleid stattgegeben hätte, obwohl ich nach der Episode Bergen-Belsen wußte, was ich wußte, und daher für die entsetzliche Qual dieses jungen Todgeweihten empfänglicher gewesen wäre als für das mir trotz allem sehr ferne

Bewußtsein der Schrecken der Verschleppung. Diese Feigheit hätte ich dann mitgeschleppt wie ein schlechtes Gewissen. Und heute? Wenn ich heute dem sterbenden SS-Mann begegnete? Heute, da die Toten von damals kalt sind? Würde ich dann kühl das Für und Wider abwägen, würde ich mich kühl fragen, welches Gewicht die Reue und die Ängste des SS-Mannes auf der einen Waagschale hätten, während auf der anderen Waagschale ...? Nein, das ist nicht möglich. Auch von dieser Seite her kann ich vernünftigerweise Simon Wiesenthal nicht antworten. Was ich an seiner Stelle getan hätte? Ich schließe die Augen, ohne weiter nachzudenken, ich antworte, ohne zu überlegen, aus meinem Innern: vor zwanzig Jahren hätte ich wie er gehandelt aus berechtigter Rache; heute würde ich es wie er bedauern. Und das ergibt keinen Sinn.

So habe ich, ratlos vor mir selbst, wie Wiesenthal, die Leute um mich herum gefragt. Und auch dies hat mich über die Müßigkeit jeglicher Antwort aufgeklärt. Die Jungen? Keine Verzeihung. Die ganz Alten? Die Verzeihung. Die Zwischengeneration? Genau das, was ich selbst sagte: im Augenblick vergibt man nicht, hinterher glaubt man, man hätte es tun sollen. Eine Ausnahme gab es jedoch in der letztgenannten Gruppe, einen Mann, der wirklich gefoltert worden ist, wobei sich der SS-Mann zwischen zwei Sitzungen mit ihm über Literatur unterhalten hatte. Dieser Mann sagte mir im wesentlichen dies: »Um zu vergeben, müßten die Millionen unschuldig Gefolterter und Ermordeter auferstehen.« Wie sollte man ihm unrecht geben? Für schöne Seelen ist es leicht zu sagen: »Ich, ich verzeihe und habe die edle Rolle.« Das aber hieße, die Toten ein zweites Mal zu verurteilen.

Die Jungen, die Alten, diejenigen, die an Leib und Seele gelitten haben, und diejenigen, die nicht gelitten haben: die Menschheit gruppiert sich also nach primären Ausgangsstellungen. Wie wäre demnach eine Diskussion überhaupt möglich? Jede Diskussion wird zur Kleinkrämerei. Zum

Beispiel: In welchem Maße war der junge SS-Mann aufrichtig? In welchem Umfang hätte das, was nur ein erstes Verbrechen unter mildernden Umständen war, sein späteres Leben bestimmt, entweder zu Verhärtung oder, im Gegenteil, zu Bewußtwerdung geführt? In welchem Grad hat die Angst vor der Strafe Gottes eine Rolle bei seiner Reue gespielt? Wenn er ungläubig geblieben wäre, hätte seine Reue die Chance gehabt, reiner zu sein - aber in welchem Maße? Und so weiter ...

Bleibt ein letztes und für mich das wichtigste. Als Eichmann vor Gericht kam, schlug ich vor, daß man ihm ebenso viele Prozesse machte, wie es Morde gegeben hatte. Einen Prozeß pro Mord, also an die sechs Millionen Prozesse ... Zucken Sie nicht die Achseln; das wirkliche Verbrechen unserer Zeit liegt dort, ganz genau dort. An sich hat jedes der sechs Millionen Opfer ein Recht auf seinen eigenen Prozeß, weil jedes Opfer ein einzelner Mensch war, also einzeln ermordet wurde. Einen kollektiven Prozeß zu akzeptieren heißt in gewissem Sinne das Spiel der Mörder mitzuspielen, das darin bestand, die Individuen hinter jener Gesamtheit einer Zahl ohne Gesicht zu vertuschen - hinter der Menschenmillion, wie Jules Romains sagen würde.

Das ist das Problem, das sich hinter dem Bericht von Simon Wiesenthal und seinem reuigen SS-Mann abzeichnet. Wenn Wiesenthal nicht als einzelner diesem einzelnen vergeben konnte, so deshalb, weil ihre Beziehungen nicht auf individueller Ebene blieben, nicht bleiben konnten. Der SS-Mann, das war die ganze SS, das ganze Nazi-System, das ganze Deutschland und über Deutschland hinaus die bösen Mächte des Menschen. Wiesenthal seinerseits war nicht nur Wiesenthal, sondern die Gesamtheit der Verschleppten, die Gesamtheit der Opfer des Systems. Von Mensch zu Mensch hätte Wiesenthal, glaube ich, angesichts einer derart offensichtlich aufrichtigen Reue verziehen, und er wäre dazu im übrigen auch beinahe befugt gewesen durch die Leiden des Verbrechers. Er konnte es nicht tun auf Grund dessen, was er verkörperte und was sein Gegenüber verkörperte. Was diesen betraf, so konnte er sich trotz seiner verzweifelten Bemühungen, ein Einzelmensch zu bleiben, nicht der Kollektivität der SS entziehen, die er verkörperte; er konnte es um so weniger, als er selbst sich nicht an den Einzelmenschen wendete, den er vor sich hatte, sondern an die Kollektivität der Opfer, die für ihn jener Unbekannte symbolisierte. Keiner dieser beiden Menschen war also frei, er selbst zu sein und dem anderen gegenüber für die eigenen Handlungen und für nichts als diese einzustehen; sie waren ganz einfach, der eine wie der andere, der eine dem anderen gegenüber, Symbole für die wahnwitzige Vernichtung des Individuums durch die Gesellschaft auf einer Ebene, auf der schon das Wort Verzeihung jegliche Bedeutung verliert.

Die größte Tragik dieses Dramas besteht darin, daß man, wenn man nicht verzeiht, der eigenen Unmenschlichkeit den Weg freigibt. Simon Wiesenthal konnte ohne Zweifel nicht anders handeln, als er es tat; indem er aber so handelte, verweigerte er seinem Gesprächspartner die individuelle Existenz. Er beging demnach, moralisch gesehen, das Verbrechen, das dem Nazismus oder überhaupt jedem Rassismus eigen ist. Seine einzige wirkliche Rechtfertigung ist schließlich doch die Rache.

Ich gehöre zu denen, die meinen, daß Gerechtigkeit jenseits eines bestimmten Punktes des Entsetzens gegenstandslos und daher ungerecht wird. In diesem Punkt könnte Rache - *Rache* im Rohzustand, ohne anderen Gesichtspunkt - sehr wohl *eine moralische* Notwendigkeit darstellen. Ich habe gut reden, wenn ich im Prinzip die Todesstrafe verurteile, wenn ich mir sogar im klaren darüber bin, daß Sadisten nur Kranke sind - in dem Augenblick, da irgendein Kranker dieser Art, sagen wir, meinen kleinen Sohn vergewaltigte, würde ich ihn mit Freuden umbringen, und das, ohne mir über die Absurdität meiner Handlung Illusionen zu machen. Die höchste

Gerechtigkeit ist, wie ich sehr wohl weiß, diejenige, die den Schuldigen wieder aufrichtet, anstatt ihn zu strafen.
Muß man jedoch nicht auch an das Opfer denken? Selbst wenn es durch die Rache nicht wieder zum Leben erweckt wird und die Rache nur den anderen Verbrechen ein weiteres hinzufügt?

Joseph Kessel

Zunächst den Ausdruck meiner Bewunderung dafür, daß Sie sich in der Hölle, in der Sie sich befanden, für die Fragen und Skrupel, die Ihnen keine Ruhe ließen, die notwendige physische Kraft zu bewahren wußten. Ebenso und aus den gleichen Gründen bewundere ich Ihre Leidensgenossen.
Was nun eine persönliche Ansicht meinerseits zu dem Gewissenskonflikt betrifft, so fühle ich mich dazu weder berechtigt noch in der Lage. Wie könnte ich zwischen den von Ihnen so klar dargelegten Argumenten, die Ihre Weigerung einmal billigen und ein anderes Mal verurteilen, eine Wahl treffen?
Ich habe niemals in Verhältnissen gelebt, die auch nur von Ferne mit denen zu vergleichen wären, die Sie erdulden mußten. Und das wäre der einzige Berührungspunkt, der ein Urteil gestatten würde.
Aber das wissen Sie besser als ich. Und da Ihnen trotzdem daran liegt, meine Einstellung zu erfahren - hier ist sie: Mir scheint, ich hätte dem Hilferuf des jungen Sterbenden nicht widerstehen können.
Aber, ich möchte es wiederholen, es ist der unbeschädigte Mensch, der das sagt, dem das Grauen und die moralischen Wunden sowie all die Verantwortung erspart wurden, die der Status eines noch Lebenden unter Toten zwangsläufig mit sich bringt.

Gabriel Marcel

Ich habe die bewegende Erzählung, in der Sie Ihr furchtbares und denkwürdiges Erlebnis aufgezeichnet haben, natürlich mit großem Interesse gelesen, wie Sie sich vorstellen können.

Ich habe selbstverständlich über die von Ihnen gestellte Frage intensiv nachgedacht und bin zu keiner voll befriedigenden Antwort gekommen.

Einerseits bin ich fast sicher, daß ich, wäre ich an Ihrer Stelle um diesen Sterbenden gewesen, die verzeihenden Worte gesprochen hätte, die allein ihm eine letzte Beruhigung vermitteln konnten.

Andererseits jedoch sehe ich mich bei näherer Überlegung zu der Frage veranlaßt, ob denn derartige Worte einen Wert gehabt hätten oder überhaupt haben könnten. Damit sie ihn in dieser Situation gehabt hätten, hätte ich mir das Recht zuerkennen müssen, im Namen unzähliger Opfer zu sprechen. Dieses Recht hätte ich entschieden nicht gehabt und wäre daher in keiner Weise mit der Berufung ausgestattet gewesen, die allein meinen Worten echtes Gewicht verleihen konnte. So wäre also diese scheinbare Verzeihung, die ich dem SS-Mann gewährt hätte, sozusagen eine Lüge gewesen. Sie hätte lediglich eine Regung von Mitleid ausgedrückt, in tieferem Sinne könnte man sogar sagen, daß sie durch die im Grunde recht egoistische Sorge motiviert gewesen wäre, mir später keine Vorwürfe machen zu müssen im Gedanken an die Bitte, der ich dieser Hypothese zufolge nicht entsprochen hätte.

Im ganzen genommen denke ich also, daß man Ihnen Ihr Schweigen in keiner Weise zur Last legen kann. Vielleicht war das Ihre Pflicht und im vorliegenden Fall - das möchte ich hinzufügen - eine sehr grausame Pflicht, da Sie der Versuchung widerstehen mußten, dem Sterbenden die Linderung zu geben, nach der er sich sehnte.

Aber, wie ich zu Beginn feststellte, diese Lösung befriedigt mich nicht, da die Erkenntnis, daß Reue hier keine Vergebung erhalten hat, trotz allem furchtbar ist.
Es handelt sich, so würde ich abschließend sagen, um einen der ungezählten Fälle, bei denen wir es hinnehmen müssen, daß eine endgültige Antwort über unser Vermögen geht und nur im Jenseits gegeben werden kann.

Friedrich Torberg

Ich habe das Manuskript Ihres neuen Buchs gelesen, mit großer Anteilnahme, mit großer Erschütterung und - da Ihr Wunsch mir ja schon im voraus bekannt war - mit großem Bangen, ob ich zu diesem Buch etwas halbwegs Zulängliches würde sagen können, ja ob man überhaupt etwas dazu sagen *soll*. Ich glaube nicht. Ich glaube, daß ein solches Buch für sich selbst sprechen muß - und glaube, daß *Die Sonnenblume* das im höchsten Grade tut. Sie braucht weder »Empfehlung« noch »Stellungnahme«. Mich hemmt eine nahezu unüberwindliche Scheu, über Bücher dieser Art - zumal wenn sie (wie das Ihre) auf wirklich Erlebtem beruhen - ein »Urteil« abzugeben und Ihnen nun etwa zu bescheinigen, daß ich Ihr Buch auch in literarischer Hinsicht für geglückt halte, daß es gerade in seiner Nüchternheit doppelt eindringlich wirkt, daß die Charaktere ebenso glaubhaft und lebendig dargestellt sind wie die Vorgänge, und dergleichen Fachliches mehr. Natürlich sage ich das alles lieber, als ich das Gegenteil sagen würde, aber ich sage es noch immer ungern genug.
Vielleicht wissen Sie, daß meine Novelle *Mein ist die Rache* sich mit einem ähnlich unlösbaren Problem auseinandersetzt. Die Frage nach dem Recht auf Vergeltung, die ich dort stelle, läßt sich so wenig beantworten wie die von Ihnen gestellte Frage nach dem Recht auf Verzeihung. Aus einer Bedrängnis,

die der Ihren sehr nahe verwandt ist, glaube ich mich zu der Meinung berechtigt, daß es nicht darauf ankommt, solche Fragen zu beantworten, sondern sie zu stellen. Wenn Sie heute, nach allem, was Sie erlebt haben, noch immer von der Frage belastet sind, ob Sie jenem Nazi-Mörder hätten verzeihen sollen, so ist das ein weit gültigeres Zeugnis einer intakten Moral, als wenn Sie ihm verziehen hätten. Um diese intakte Moral - das möchte ich hoffen und das möchte ich Ihrem Buch mitgeben - sind wir den anderen voraus, allen, den Mördern und denen, die zu den Morden geschwiegen haben und heute noch schweigen.

Vercors

Wenn dieser Bericht die Frage offenläßt, so deshalb, weil keine Antwort möglich ist.
Die Ungeheuerlichkeit des Verbrechens hat jegliches Kriterium für ein Urteil zunichte gemacht - auch wenn es um die Reue geht. Seit 1944 haben sich die Schriftsteller des französischen Widerstandes ohne jedes Ergebnis über das Problem der Notwendigkeit oder Unmöglichkeit des Verzeihens den Kopf zerbrochen und waren zwischen dem Für und Wider hin- und hergerissen. Mit welchem Recht kann man ein Unrecht verzeihen, das man selbst nicht erfahren hat, mit welchem Recht darf man es im Namen der Opfer tun, mit welchem Recht die Aufrichtigkeit der Reue, zumal die des Besiegten beurteilen, mit welchem Recht den einen und nicht den anderen vergeben, mit welchem Recht es dem Verbrechen durch Verzeihung ermöglichen, eines Tages von neuem zu erstehen, oder durch Nichtverzeihen dem Haß, sich zu verhärten und auszubreiten. Und dann sind Zeit und Vergessen, die beiden großen Plagen, gekommen und haben im öffentlichen Bewußtsein den gordischen Knoten zerschnitten.

Aber es hat den Anschein, als könne sich das jüdische Gewissen, sobald es um Gerechtigkeit geht, nicht mit einem unlösbaren Problem abfinden. Es ist eindrucksvoll, nach zwanzig Jahren das gleiche Problem - ›kann man reuigen SS-Angehörigen vergeben?‹ - fast gleichzeitig bei zwei jüdischen Schriftstellern wieder aufleben zu sehen: bei dem Autor des vorliegenden Werkes und bei P. Silvan-Coronel mit der *Geburt von Ludwig Kleinst*. Weder dem einen noch dem anderen gelingt eine Schlußfolgerung. Aus dem gleichen Grunde: weil es unmöglich ist.
Bleibt der mögliche Kampf gegen das Vergessen. Hitler ist überall Sieger geblieben, die ganze Welt ist angesteckt. Aber sie weiß es nicht, denn wer stellt heute noch die Verbindung zwischen Ursache und Wirkung her. Die wertvollsten Bestrebungen nehmen Zuflucht zu Lügen und Verbrechen, zu Aggression und zu jenen Mitteln, die die Moral mißbilligt. Die Quellen dieser Verderbnis ohne Unterlaß in Erinnerung zu rufen heißt dem Glück der Erde den nützlichsten Dienst zu erweisen, den es gibt. Das ist das Verdienst dieses Buches. Es ist zu begrüßen.

Herman Wouk

Ihr Buch *Die Sonnenblume* wirft eins der zentralen Probleme des zwanzigsten Jahrhunderts auf und vielleicht der menschlichen Erfahrung überhaupt. Um die Antwort - mit der ich gefühlsmäßig übereinstimme - zu analysieren, die Sie in Ihrer Geschichte gegeben haben, und um die Alternativen auszuloten, wäre eine Erörterung von fünf oder sechs Seiten kaum ausreichend. Ich müßte Ihre Zwangslage in meiner eigenen Vorstellungskraft neuschaffen und vielleicht eine andere Geschichte oder ein anderes Buch schreiben.
Ich hoffe, Ihre ungewöhnliche und aufwühlende Geschichte

wird viel gelesen werden; nicht Ihrer bewundernswerten Erfolge wegen, Nazis der Gerechtigkeit zuzuführen, sondern wegen des inneren Wahrheitsgehalts Ihrer Erzählung und im Interesse der Auseinandersetzung mit dem wichtigen moralischen Problem, zu der sie den Leser zwingt.

Niemand kann vergeben, was andere erlitten

Herbert Gold

Ich habe *Die Sonnenblume* mit jener Erschütterung gelesen, welche die Erinnerung an diese Geschehnisse unfehlbar in mir hervorruft.

Ich meine, der SS-Mann hatte kein Recht dazu, um Ihre Verzeihung zu bitten. Mit Ihnen als einem Symbol für alle Juden zu sprechen, war Teil seines Krebsschadens. Sie haben, glaube ich, in Ihrer Reaktion auf seine Beichte einen angemessenen und menschlichen Weg gefunden. Niemand hat ein Recht, Sie zu verurteilen, weil Sie sich weigerten, diesen besonderen sterbenden Mann zu trösten, der Sie dazu auserwählte, ihm den Dienst zu erweisen, sein Gemüt zu beruhigen. Daß Sie schwiegen und sich zurückzogen, scheint absolut richtig. Das ist nicht grausam, es sei denn, es sei grausam, einem Menschen die Prüfung des eigenen Herzens selbst zu überlassen.

Hätte Sie Ihr Herz zu einer anderen Antwort getrieben, einer für ihn großmütigen - oder später zu einer härteren seiner Mutter gegenüber, indem Sie ihr die Wahrheit erzählt hätten -, so glaube ich, daß auch das gerechtfertigt gewesen wäre. Die Schuld an diesem Entsetzlichen lastet so schwer auf den Deutschen jener Zeit, daß es keine persönliche Reaktion gibt, die nicht zu rechtfertigen wäre. Ich spreche selbstverständlich nicht von geplanten Racheakten, noch von einer Schuld, die andere als jene betrifft, die diese Verbrechen billigten. Aber die menschliche Einstellung denen gegenüber, die unmittelbar darunter litten, kann, wenn sie es überhaupt sein muß, nur im individuellen Fall beurteilt werden. Niemand hat das Recht, Vergebung für diese Verbrechen zu fordern, wahrscheinlich aber hat auch niemand - unerforschlich, wie das Schicksal der Menschen nun einmal ist - das Recht, sie zu verwehren. Ich für meine Person befürchte stets, daß in jeglicher allgemeinen Entscheidung über einen Frevel, der Millionen individueller Erfahrungen und Morde umfaßt, etwas Abstraktes und Gefühlloses liegt.

Abraham J. Heschel

Vor 60 Jahren bestieg der Rabbi von Brisk - ein Lehrer von außergewöhnlicher Berühmtheit, der auch für sein gütiges Herz bekannt war - einen Zug in Warschau, um in seine Heimatstadt zurückzukehren. Der Rabbi, ein Mann von zarter Statur und unauffälligem Aussehen, fand Platz in einem Abteil. Dort war er von reisenden Kaufleuten umgeben, die, als der Zug sich in Bewegung setzte, alsbald Karten zu spielen begannen. Je weiter das Spiel fortschritt, desto erregter wurden sie. Der Rabbi kümmerte sich nicht darum und gab sich seinen Gedanken hin. Solche Gleichgültigkeit störte die anderen, und einer forderte den Rabbi auf, mitzuspielen. Der Rabbi antwortete, er spiele niemals Karten. Die Zeit verging, und die Gleichgültigkeit des Rabbi störte die anderen immer mehr. Einer der Spieler sagte zu ihm: »Entweder Sie spielen mit, oder Sie verlassen das Abteil.« Darauf nahm er den Rabbi beim Kragen und stieß ihn aus dem Abteil. Der Rabbi mußte mehrere Stunden lang stehen, bis er sein Ziel, die Stadt Brisk, erreichte.
Brisk war auch das Ziel der Kaufleute. Der Rabbi verließ den Zug, und sofort war er umringt von Bewunderern, die ihn willkommen hießen und seine Hände schüttelten. »Wer

ist dieser Mann?« fragte der Kaufmann. »Sie kennen ihn nicht? Es ist der berühmte Rabbi von Brisk!« Dem Kaufmann sank der Mut. Er hatte nicht bemerkt, wen er beleidigt hatte. Schnell ging er zum Rabbi und bat ihn um Verzeihung. Der Rabbi weigerte sich, ihm zu verzeihen. In seinem Hotelzimmer konnte der Kaufmann keine Ruhe finden. Er ging zu des Rabbis Haus und wurde in sein Arbeitszimmer geführt. »Rabbi«, sagte er, »ich bin kein reicher Mann. Aber ich habe 300 Rubel erspart. Ich will sie Ihnen für Wohltätigkeitszwecke geben, wenn Sie mir verzeihen.« Die Antwort des Rabbi war kurz: »Nein.«

Des Kaufmanns Unruhe wurde unerträglich. Er ging zur Synagoge, um Trost zu finden. Als er seine Unruhe den anderen in der Synagoge erklärte, waren sie sehr überrascht. Wie konnte ihr Rabbi, ein so gütiger Mann, so unversöhnlich sein? Sie gaben ihm den Rat, mit des Rabbis ältestem Sohn zu sprechen und ihm von dem seltsamen Betragen seines Vaters zu berichten. Als der Sohn die Geschichte hörte, konnte er die Hartnäckigkeit seines Vaters nicht verstehen. Und beeindruckt von der Unruhe des Mannes, versprach er, die Sache mit seinem Vater zu besprechen.

Es ist nicht richtig nach jüdischem Gesetz, daß ein Sohn seinen Vater geradeheraus kritisiert. Also betrat der Sohn das Arbeitszimmer seines Vaters und begann eine allgemeine Diskussion über das jüdische Gesetz; dann lenkte er auf die Gesetze des Verzeihens über. Als man dabei auf das Prinzip zu sprechen kam, daß einer Person, die dreimal um Verzeihung gebeten hat, Verzeihung zu gewähren sei, nannte der Sohn den Namen des Mannes, der in so großer Unruhe war. Darauf antwortete der Rabbi von Brisk:

»Ich kann ihm nicht verzeihen. Er wußte nicht, wer ich war. Er hat einen gewöhnlichen Menschen beleidigt. Soll der Kaufmann doch zu ihm gehen und ihn um Verzeihung bitten.«

Niemand kann Verbrechen verzeihen, die an anderen Men-

schen begangen worden sind. Daher ist es absurd anzunehmen, daß irgendein Lebender Verzeihung für das Leiden von sechs Millionen Menschen gewähren kann.
Nach jüdischer Tradition kann sogar Gott selbst nur die gegen Ihn begangenen Sünden vergeben, nicht aber die gegen Menschen begangenen.

Jacob Kaplan

Als erstes möchte ich Ihnen sagen, daß ich das Manuskript Ihres demnächst erscheinenden Werkes *Die Sonnenblume* mit großem Interesse gelesen habe.
Man kann die Lektüre nicht beginnen, ohne damit zu einem Ende kommen zu wollen, und dies sowohl der literarischen Qualität der Erzählung wie auch des ernsten Gewissensproblems wegen, das sie enthält.
Ich werde nicht auf Ihre persönlichen Erinnerungen eingehen, in denen Sie in so bewegender Weise Ihr Leben als »Konzentrationshäftling« beschwören, um sofort auf das Thema zu kommen, zu dem Sie meine Ansicht wissen möchten.
Es scheint unmöglich, die verschiedenen Stadien Ihrer Gemütsverfassung beim Anhören der furchtbaren Beichte des todkranken SS-Mannes nicht nachzuempfinden.
In dem Maße, wie diese ihren Fortgang nimmt, schwindet das Mitleid, das man mit ihm haben könnte. Es macht Abscheu Platz, als er seine tatsächliche Teilnahme an einem Massenmord an Juden gesteht.
Wie konnte einem sein moralisches und physisches Leiden auch zu Herzen gehen in einer Zeit, in der weiterhin Zehntausende von Juden täglich von anderen SS-Leuten, so wie von ihm selbst, umgebracht oder systematisch in den Todeslagern ermordet wurden?

Und wie könnte man seiner Bitte um Vergebung stattgeben, während der gewaltige Ruf der unschuldigen Opfer nach göttlicher Gerechtigkeit überall und ohne Unterlaß den Schrei Hiobs wiederholte: »Ach, Erde verdecke mein Blut nicht! Und mein Geschrei finde keine Ruhestätte.«

Und trotzdem bleibt bei uns wie bei Ihnen ein Unbehagen zurück. Dieser SS-Mann gehörte nicht zu denen, die am Quälen von Juden sadistisches Vergnügen hatten. Er hegte ihnen gegenüber keinen Haß. Er empfand sogar Mitgefühl für das, was sie erlitten, und er zeigte es ihnen auf seine Weise, wenn es ihm möglich war, indem er ihnen etwas Nahrung zukommen ließ. Er gehörte ebensowenig zu jenen nach dem Krieg so zahlreichen Nazis, welche die Schamlosigkeit besaßen, sich als nichtschuldig zu erklären und sich mit dem Vorwand des Handelns auf höheren Befehl zu dekken suchten. Sich selbst gegenüber versucht er nicht im geringsten seine Verantwortung abzuschwächen. Er erkennt sie voll an. Seine Reue läßt ihm keine Ruhe. Und es ist das Gefühl seiner Schuld, das in sein Bewußtsein eindringt, als er aus dem Graben herausspringt und sich in den Angriff stürzt, um den Tod herauszufordern. Wie in einer Halluzination sieht er, bevor er tödlich getroffen wird, als letzte Vision die jüdische Familie auf sich zulaufen, auf die er am Tage des Massenmordes geschossen hatte.

Wir haben also einen SS-Mann vor uns, der sich von anderen unterscheidet, der bitter sein Verbrechen bereut, der die grausamen Leiden seiner Verwundungen als gerechte Sühne annimmt. Er hätte sich an einen Pfarrer seiner Religion wenden können, der ihm sehr wahrscheinlich die Absolution erteilt hätte, aber die Verzeihung eines Juden hat für ihn mehr Wert als die Absolution eines Priesters. Von einem Juden erwartet er das Wort, das ihn in Frieden sterben lassen würde.

Was also hätte man tun sollen? Ich meine, nur diejenigen sind zu einem Urteil berufen, die selbst verschleppt wurden, die selbst an Leib und Seele die Schändlichkeiten erfahren haben, die von der nazistischen Barbarei erdacht wurden. Dies ist auch die Ansicht eines Ihrer Leidensgefährten von damals: »Wer das hier nicht am eigenen Leib erfahren hat, wird es sowieso nie voll begreifen können.«

Trotzdem jedoch erwarten Sie eine Antwort von mir, Sie möchten wissen, ob Sie recht oder unrecht hatten, die letzte Bitte des sterbenden SS-Mannes nicht zu erfüllen.

Ich meinerseits erforsche mein Gewissen und frage mich, auf welcher moralischen Grundlage Sie ihm Vergebung hätten gewähren können.

Es gibt zweifellos das Gebot der Bibel: »Wenn deinen Feind hungert, gib ihm zu essen; wenn ihn dürstet, gib ihm zu trinken.«

Vielleicht war die an Sie gerichtete Bitte nicht ohne Bezug zu diesem religiösen Gebot. Auch sie betraf einen Hunger und einen Durst, doch waren sie geistiger Art. Und wenn es für Sie darum gegangen wäre, selbst eine an Ihnen begangene kriminelle Tat zu vergeben, hätten Sie in echt jüdischer Überlieferung gehandelt, wenn Sie sich nicht geweigert hätten. Da dieses Verzeihen dann einzig allein Ihre Sache gewesen wäre, hätten Sie frei darüber entscheiden können. Das aber war nicht der Fall bei dem SS-Soldaten. Sein Verbrechen hatte er an anderen verübt. Für das Gewähren von Vergebung waren nicht Sie zuständig. Es waren die Opfer. Die Tatsache, daß sich diese nicht mehr in dieser Welt befanden, änderte nichts daran. Es steht uns nicht zu, mit dem Leiden anderer großzügig umzugehen. Sie wissen - das brauche ich Ihnen nicht in Erinnerung zu rufen -, daß das Gesetz der Juden lehrt, Sünden gegenüber Gott können bei aufrichtiger Reue vergeben werden, für Verfehlungen Menschen gegenüber müssen wir jedoch zuerst die Verzeihung derjenigen erhalten, an denen wir Unrecht begangen haben, um das Erbarmen Gottes anrufen zu dürfen.

Ich glaube daher, daß Sie gut daran getan hätten, ihm gegen-

über anzudeuten, daß es nicht in Ihrer Macht stand, seiner Bitte zu willfahren, daß aber die Aufrichtigkeit seiner Reue und seine Hinnahme des Todes als gerechte Buße für sein Vergehen gewiß im Urteil Gottes berücksichtigt würden.
Diese Worte hätten in Ermangelung des echten Verzeihens doch zum Teil dem entsprochen, was er von Ihnen erwartete, und sie hätten der jüdischen Überlieferung entsprochen. Wenn in Zeiten des Talmud zum Tode verurteilte Verbrecher vor der Hinrichtung standen, drängte man sie zu bereuen, legte man ihnen ans Herz, die göttliche Barmherzigkeit anzurufen und zu sagen: »Möge mein Tod meine Buße sein.«
Ich habe das Gefühl, daß es Sie nicht so sehr beunruhigt, dem SS-Mann die verzeihenden Worte, die Sie ihm gar nicht gewähren konnten, nicht gewährt zu haben, als vielmehr, daß Sie ihm gegenüber nicht das ganze mögliche Maß an Mitleid bezeugt haben. Sie haben dieses Mitleid natürlich mehrere Male gespürt. Ist das Mitleid nicht ein charakteristischer Zug der jüdischen Seele, der so weit ging, daß die Nachfahren des Patriarchen Abraham »Barmherzige, Söhne der Barmherzigen« genannt werden? Aber Ihr Mitleid haben Sie nicht in Worten ausgedrückt, und daher ist es unbefriedigt geblieben.
Einen Vorwurf jedoch brauchen Sie sich deswegen nicht zu machen. Das Problem, vor das Sie gestellt waren, war besonders schwer zu lösen, zumal Sie sich auf der Stelle entscheiden mußten, und zwar unter unvermuteten und ungewöhnlichen Umständen. Welche Haltung hätten wohl diejenigen vor fünfundzwanzig Jahren eingenommen, die heute nach reiflicher Überlegung Sie ihre Meinung wissen lassen? Sie können es nicht wissen. Seien wir also demütig in unserem Urteil, versagen wir uns zu urteilen, erinnern wir uns an das Wort von Hillel: »Urteile über deinen Nächsten nicht, bis du in seine Lage gekommen bist.«

Robert M. W. Kempner

»... und so bitte ich die Hinterbliebenen durch Sie um Verzeihung!«

Während der letzten Jahre habe ich in drei großen Prozessen, in denen ich hinterbliebene Angehörige der Opfer als Nebenkläger vertrat, in deutschen Schwurgerichtssälen den Satz gehört: »Ich möchte Sie bitten, den Hinterbliebenen mein tiefstes Bedauern auszusprechen und durch Sie um Verzeihung zu bitten.«

So geschah es im Münchner Prozeß gegen den SS-Gruppenführer Wilhelm Harster und den SS-Sturmbannführer Wilhelm Zöpf, beide wegen Beihilfe des Mordes an Zehntausenden von Juden in Holland angeklagt. Unter ihren Opfern waren das Mädchen Anne Frank mit Schwester Margot und der Mutter, sowie die Karmelitin und Philosophin Edith Stein und viele »nichtarische« Mönche und Nonnen. Harster fügte noch die Worte hinzu: Er möchte auch die Angehörigen derer um Verzeihung bitten, die nicht im Gerichtssaal vertreten seien. Er bitte, diese Verzeihung nicht abzulehnen. Zöpf, Eichmanns Judenreferent in Holland, schloß sich diesen Worten an. Beide wurden zu langjährigen Zuchthausstrafen (15 bzw. 9 Jahren) verurteilt.

Wenige Monate später ein ähnliches Bild in Bamberg: Der Judenreferent Franz Rademacher aus Ribbentrops Auswärtigem Amt war gleichfalls wegen Beihilfe an der »Endlösung« angeklagt. Es ging um die Vernichtung von Tausenden. Auch er sprach mit um Verzeihung bittenden Worten vor dem Bamberger Schwurgericht sein Bedauern über das aus, was damals passiert war. Er erhielt fünf Jahre Zuchthaus.

Ein dritter Fall ereignete sich vor dem Schwurgericht in Paderborn im Februar 1969. Der SA-Standartenführer Friedrich Grüttemeyer war wegen Mordes an dem sozialdemokratischen jüdischen Chefredakteur Felix Fechenbach als Mittäter angeklagt. Die Tat war am 7. August 1933 im Wald von Paderborn viele Jahre vor Beginn der »Endlösung« begangen worden. Bald nach Beginn der Verhandlung fragte ich den Angeklagten, ob er irgendwelche Erklärungen gegenüber der Witwe Fechenbach abzugeben habe. Er bat mich, ihr sein tiefes Bedauern mit der aufrichtigen Bitte um Verzeihung zu überbringen. Am Schluß der Verhandlung wiederholten er und sein Verteidiger die gleiche Bitte. Der Angeklagte wurde wegen Mordbeihilfe zu vier Jahren Zuchthaus verurteilt.

Hätten diese vier Angeklagten im Falle eines Hitler-Sieges sich für ihre Taten durch Orden und Beförderungen auszeichnen lassen? Jetzt standen sie jedenfalls - 1967, 1968 und 1969 - während ihrer Mordprozesse zwar nicht vor dem Tor des Todes, sondern vor den Toren des Zuchthauses. Ihre seelische Bedrückung war gewiß nicht so schwer wie die des SS-Mannes, der vor Simon Wiesenthal auf dem Sterbebett lag. Aber es gibt doch Parallelen zwischen diesen Situationen.

Wie verhielten sich die Richter? - Sie erwähnten in ihren Urteilsbegründungen bei der Zumessung der Strafe die Bitten um Verzeihung. Der Vorsitzende erklärte, das Gericht halte die Bitten für aufrichtig. Daher bewiesen sie, daß die Angeklagten nicht mehr hartnäckige Nazi-Sünder seien, sondern sich von ihrer damaligen Einstellung distanziert hätten. Deshalb könnten und müßten die Erklärungen der Angeklagten bei der Gewährung mildernder Umstände berücksichtigt werden. In keinem Falle wurden die bürgerlichen Ehrenrechte aberkannt. Die Richter haben dadurch innerhalb ihrer gesetzlichen Sphäre eine Teilverzeihung ausgesprochen. Das war ihr Recht, obwohl eine solche Bitte um Verzeihung nicht ausdrücklich als mildernder Umstand im Strafgesetzbuch vermerkt ist. Dort finden sich nur besondere Bestimmungen in Fällen von tätiger Reue bei Hochverrat und Brandstiftung, solange noch eine Verhinderung der Folgen der Tat möglich ist.

Wie sollte ich mich aber selbst zu der Bitte um Verzeihung stellen? Da ich sie für aufrichtig hielt, sah ich keinen Anlaß, diese Bitte etwa zurückzuweisen. Zu ihrer Entgegennahme war ich als Vertreter der Angehörigen der Opfer auch passiv legitimiert. Aber ich sah mich nicht imstande und auch nicht berechtigt, auf die Bitten eine positive Antwort zu geben. Für das Aussprechen einer Verzeihung erachtete ich mich nicht als kompetent.
Das Recht, eine Verzeihung für Tausende von Mordverbrechen auszusprechen, steht nur dem Herrn über Leben und Tod zu. Deshalb erklärte ich in meinen drei Plädoyers, in München, Bamberg und Paderborn, vor dem Gericht und den vielen Zuhörern, darunter zahlreichen Schulklassen, auf die im Saal aufgestellten Kreuze deutend: »Wie auch immer die irdische Strafe ausfallen mag - für ihre Taten werden sich die Angeklagten noch vor dem Herrn dort oben verantworten müssen!«
Von der ungeheuren Schuld können wir Menschen auf dieser Erde die Täter nicht durch »Verzeihung« befreien. Wir können nur beten, daß der Herr ihrer Seele gnädig sein möge. Mehr steht nicht in unserer Macht. Simon Wiesenthal tat recht, wenn er sich nicht die Macht eines Höheren anmaßte.

Hermann Kesten

Es ist ein Jammer, wieviel man vergißt, wie schnell, wie leicht! Das Gedächtnis ist das Fundament aller Zivilisation. Ohne Gedächtnis wären wir fühllose Idioten. Wer immer uns nach diesem Zweiten Weltkrieg aufgefordert hat, »alles zu vergeben und zu vergessen«, mutete uns zu, wir sollten solche Barbaren werden, wie es jene Mörder sind, die sich selber alles vergeben und alle ihre unmenschlichen Untaten vergessen haben. Man soll vielleicht verwinden, aber nichts vergessen, nicht die angeborene Vergeßlichkeit noch freiwillig befördern.

Soll man vergeben? Wir lehren unsere Kinder, daß sie meist gegen ihre Einsicht und ihre Triebe uns um Verzeihung bitten, und wir verzeihen ihnen. Häufig verzeihen die Kinder den Erwachsenen nicht, daß sie ihnen diesen Prozeß der Selbstdemütigung, des Eingeständnisses einer Schuld zumuten.

Wir bitten Gott um die Verzeihung unserer Sünden. Gewisse Vorstellungen von Juden und Christen, ihre Götter betreffend, erschienen mir schon früh barbarisch. Wie könnte ich einen Gott um Verzeihung bitten, der meine Sünden bis ins dritte oder vierte Geschlecht zu ahnden verkündet, oder gar einen Gott, der uns den Himmel zeigt und die Hölle und das Fegefeuer erfunden hat, eine sadistische Maschinerie des Verzeihens, die bis zum Jüngsten Tag funktioniert, wann Gott noch immer gewissen Schuldigen nicht vergibt.

Die Juden haben einen Versöhnungstag, den *Jom Kippur*, wo sie ihren Gott um Verzeihung all ihrer Sünden im vergangenen Jahr bitten, und ebenso alle ihre Bekannten, Verwandten, Freunde und Feinde um Vergebung dafür bitten, was sie ihnen aus Haß oder Liebe oder Neid oder Eifersucht oder hundert andern Mißgefühlen angetan haben.

Um Verzeihung bitten ist eine sehr humane Handlung; ein Gewissen haben und Gewissensbisse fühlen ist ein Beweis dafür, daß man nicht fühllos, nicht unmenschlich, nicht, wie wir zu Unrecht sagen, »viehisch« ist.

Verzeihen ist geradezu ein Akt der Wollust. Wer verzeiht, ist von einer wunderbaren Rührung über sich selbst erfüllt, wie über jenen, dem er verzeiht. Welch ein reizendes Bild, das Kind im Schoß der Mutter, die ihm vergeben hat, oder das Kind, das der Mutter ihre Sünden vergeben hat, oder ein Liebespaar, das einander alles Mögliche vergibt und darauf sinnenlustig zusammen ins Bett geht.

Aber freilich, alles und immer verzeihen heißt ohne Unterscheidung, ohne wahres Gefühl, ohne Vernunft sein, ohne Gedächtnis.

Tout comprendre c'est tout pardonner heißt ein falsches Wort, das vielmehr heißen sollte, *tout comprendre c'est tout confondre*, alles verstehen heißt nicht alles verzeihen, sondern alles verwirren, alles durcheinanderbringen.

Es muß für alles eine Grenze geben, auch für das Verzeihen. Ich bin ein entschiedener Gegner der Todesstrafe. Ich hätte weder einen Hitler noch einen Eichmann hingerichtet, weil ich jeden Mord, jede Tötung für unverzeihlich, für unmenschlich halte, und insbesondere jene Morde der Hinrichtung im Namen des Gesetzes, im Namen des Volkes.

Übrigens, wer soll wem vergeben? Ich vergebe keinem Mörder und keinem Henker und keinem Richter oder Geschworenen, welche die Todesstrafe verhängen. Zum Glück bin ich kein Richter. Für die Schuldigen gibt es die Gesetze und das ordentliche Gerichtsverfahren, das den Unschuldigen schützen und den Schuldigen unter Berücksichtigung aller Umstände keineswegs bestrafen, sondern davor bewahren soll, seine Verstöße gegen andere Menschen oder die Gesellschaft oder das Sittengesetz zu wiederholen. Ich halte im Prinzip nichts von Strafen.

Freilich soll man die Mörder nicht belohnen, nicht, wie es geschehen ist, sie zu Ministern oder Richtern oder angesehenen Mitgliedern der Gesellschaft machen.

Hat denn irgendein Individuum das Recht, einem Massenmörder zu vergeben? Wer darf im Namen der Opfer sprechen? Handelt eine Mutter richtig, die zusieht, wie ein Mörder vor ihren Augen ihre sieben Kinder zynisch schlachtet, und ihm dann vergibt, etwa weil er bereut, nachdem der Arzt ihm gesagt hat, er habe sich bei seinen Schlächtereien in den Finger geschnitten und müsse gleich an Blutvergiftung sterben?

Hat irgendein Jude oder Christ oder Mohammedaner oder Atheist das Recht, die Abschlachtung von einer Million jüdischer Kinder zu vergeben? Ich vergebe einen Diebstahl. Ich vergebe einen Verrat, einen Ehebruch, wenn ich finde, der Ehebruch sei nur ein Vorurteil, ich vergebe tausend Dinge mir und andern, aber kann ich vergeben, was einen Menschen zum vorzeitigen Tod verurteilt?

In der Tat hätte unter Umständen auch ich zum Mörder werden können. Vielleicht hätte ich mir sogar Gründe erfunden, mir zu vergeben. Aber ich hätte unrecht gehabt.

Wenn ein Staat vergibt, eine Amnestie erläßt, so sind es meist nicht Erwägungen der Gerechtigkeit, die dazu führten, sondern Gründe der Zweckmäßigkeit. Ein Staat, der Massenmördern vergibt, ist reif zum Untergang.

Ein einzelner, ein Privatmann darf natürlich vergeben, was er kann und will. Er muß es mit seinem eigenen Gewissen abmachen. Ein Mensch reißt dem andern ein Auge aus, ohne jeden Anlaß, nur zum Spaß. Das Opfer vergibt es. Der andere schneidet ihm die Zunge aus, das Glied ab und zerschlägt ihm jeden einzelnen Knochen und fragt sein Opfer, ob er ihm vergebe, auch nachdem er ihm den Kopf abgeschnitten habe, denn der Schlächter fühle, er werde danach es bereuen, und das Opfer nickt mit dem Kopf Vergebung, kurz bevor es den Kopf verliert.

Es ist durchaus aufschlußreich, was Menschen einander vergeben.

Ein Butterbrot können Sie von mir nicht haben, aber mein Leben, bitte sehr. Es gibt patriotische Mütter, die ihrem Vaterland den Heldentod ihres einzigen Sohnes vergeben. Viele Menschen vergeben nicht, wenn man ihnen ihre Taschenuhr stiehlt, aber dafür vergeben sie ganze Weltkriege im Handumdrehen, dem Stalin Millionen Tote, dem Johnson den Krieg in Vietnam, den Mördern anderer ihre Morde, insbesondere solange sie selber nicht die Opfer zu werden Gefahr laufen, schließlich vergibt jeder jedem allzuviel oder allzuwenig.

Wir leben alle im Widerspruch mit uns selbst, im Widerspruch mit andern, im Widerspruch mit den Gesetzen und den Geboten der Humanität. »Selig sind die Sanftmütigen; denn sie werden das Erdreich besitzen. Selig sind die Barmherzigen, denn sie werden Barmherzigkeit erlangen. Liebet eure Feinde; segnet, die euch fluchen; tut wohl denen, die euch hassen; bittet für die, so euch beleidigen und verfolgen. Denn so ihr liebet, die euch lieben, was werdet ihr für Lohn haben? Tun nicht dasselbe auch die Zöllner? Darum sollt ihr vollkommen sein.«

Soweit geht die Bergpredigt. Sogar Christus sagt nirgends, daß man Massenmördern vergebe. Er sagt freilich: »Und vergib uns unsere Schuld, wie wir vergeben unsern Schuldigern.« Und: »Wo ihr aber den Menschen ihre Fehler nicht vergebet, so wird euch euer Vater eure Fehler auch nicht vergeben.«

In derselben Bergpredigt sagt Christus: »Es werden nicht alle, die zu mir sagen: Herr, Herr! in das Himmelreich kommen, sondern die den Willen tun meines Vaters im Himmel.« Und: »Ein jeglicher Baum, der nicht gute Früchte bringt, wird abgehauen und ins Feuer geworfen.«

Hiob sagt: »Hab ich mich gefreut, wenn's meinem Feinde übel ging, und habe mich überhoben, darum, daß ihn Unglück betreten hatte?« Jesus sagt: »Liebet eure Feinde!« Predigt er aber, daß man den Mördern seiner Kinder vergeben solle? Und hätte er es gepredigt, so wäre ich nicht seiner Meinung.

Das Problem des »Verzeihens« ist ein »unendliches«, mit Bezug auf alle sozialen Verhältnisse und auf die Beziehung eines Menschen zu sich selber und zu allen andern Menschen. Man mag generelle Regeln finden und individuelle Lösungen, von Fall zu Fall.

Es ist insbesondere auch ein politisches Problem, und nicht nur ein religiöses, soziales, psychologisches und intellektuelles.

Mir schien zum Beispiel gegenüber dem Dritten Reich der

Deutschen, daß die »Schreibtischmörder« viel gefährlicher und abscheulicher als die Folterer und tätlichen Mörder seien, und noch gefährlicher und abscheulicher die Politiker wie Hitler, Goebbels, Goering und ihre Helfershelfer wie Globke und Kiesinger oder jene Schriftsteller, welche die Unmenschlichkeit proklamierten oder propagierten, wie in Deutschland Ernst Jünger und Gottfried Benn, wie Martin Heidegger, Carl Schmitt und Oswald Spengler, Hans Carossa und Hjalmar Schacht und Alfred Rosenberg.

Den intellektuellen Verrätern an der Menschheit zu vergeben sollte man schwieriger finden als etwa einem einundzwanzigjährigen SS-Kindermörder.

Im Alltag gibt es wohl nur wenige Menschen, die gegenüber diesem Problem des Verzeihens stets konsequent und logisch, stets nach ihren Überzeugungen handeln.

Wie wir als Individuen in einem steten moralischen Prozeß, in einem steten sittlichen Gerichtsverfahren stehen, so halten wir stets ein solch privates und oft unbewußtes oder uneingestandenes Gericht gegen alle Menschen, die privat oder öffentlich uns begegnen.

Die Welt und die Weltgeschichte sind voll von guten und großen Menschen, die irgendwann, etwa in ihrer Jugend, Untaten begangen, sich gewandelt und ihre Untaten bereut - und zwar nicht immer wiedergutgemacht haben, denn für einen Mord etwa gibt es keine Wiedergutmachung, aber unersetzliche Dienste der Menschheit und der Humanität geleistet haben.

Ich vergebe ihnen den Mord nicht und bin dem Weltlauf dankbar, daß diese Menschen ihre Untaten überleben durften und viel mehr Gutes als Böses getan haben.

Wenn ich einen Moses beurteile, so halte ich jenen Totschlag in Ägypten gegen ihn und jene Gesetze, in denen er den legalen Totschlag billigt, wie gegen gewisse Ehebrecherinnen, und vergebe es ihm nicht, aber ich bewundere den Mann, der uns in seinen zehn Geboten, die ich keinesfalls alle für gut finde oder billige, doch einige großartige und menschheitsfördernde Lehren oder Vorschriften gegeben hat, ich liebe den Mann, der die Menschheit um viele Stufen emporgehoben hat.

Primo Levi

Die Geschehnisse, die Sie beschwören, haben sich in einer in ihren Grundfesten erschütterten Welt und in einer gänzlich von Verbrechen durchtränkten Atmosphäre abgespielt. Unter solchen Bedingungen ist es nicht immer einfach, ist es vielleicht sogar unmöglich, Unrecht und Recht mit absoluten Werten zu messen: Es ist dem Verbrechen eigentümlich, moralische Konfliktsituationen zu schaffen, Sackgassen, aus denen ein Ausweg nur möglich ist um den Preis eines Handels oder eines Kompromisses, wobei einmal mehr die Gerechtigkeit und man selbst verletzt wird. Ist eine Gewalttat, ein Frevel begangen, ist Wiedergutmachung für immer ausgeschlossen. Wohl ist es möglich, daß die öffentliche Meinung eine Wiedergutmachung, eine Sühne, ein »Schmerzensgeld« verlangt; es kann auch sein, daß diese Wiedergutmachung nützlich sei in dem Sinne, daß sie neues Vergehen verhindert oder entmutigt, aber der begangene Frevel bleibt bestehen, und Entschädigung stellt (auch wenn sie »gerecht« ist) stets ein neues Vergehen und eine neue Quelle des Schmerzes dar. Dies vorausgeschickt, glaube ich sagen zu dürfen, daß Sie in Ihrer Situation recht daran taten, dem Sterbenden Ihre Verzeihung zu verweigern. Sie haben recht getan, da es das kleinere Übel war: Sie hätten ihm nur durch Lügen vergeben können oder indem Sie sich eine furchtbare moralische Selbstüberwindung abnötigten. Nur ist, wohlverstanden, durch diese Weigerung nichts gelöst, und es ist begreiflich, daß Ihnen Zweifel geblieben sind: zwischen Ja und Nein kann in solchen Fällen nicht klar entschieden werden, und immer bleibt ein Rest auf der anderen Seite.

In Ihrem Fall, da Sie Häftling waren, das heißt als Opfer vorbestimmt, und da Sie in jenem Augenblick das Gefühl hatten, das gesamte jüdische Volk zu repräsentieren, hätten Sie Schuld auf sich geladen, wenn Sie Ihrem Sterbenden Absolution erteilt hätten, und Ihre Reue heute wäre größer als die, die Sie vielleicht jetzt wegen der Nichterfüllung seines Wunsches empfinden.

Was hätte Verzeihung für den Sterbenden und für Sie bedeutet? Für den Sterbenden wahrscheinlich viel: eine Art Sakralisierung, eine Reinigung, die seinem zu spät erwachten religiösen Bewußtsein die Angst vor ewiger Strafe genommen hätte. Für Sie jedoch hätte sie nichts bedeutet und ganz gewiß nicht die Beruhigung »du hast nicht unrecht gehandelt«, noch »du hast nicht wider Willen oder ohne zu wissen, was du tust, unrecht gehandelt«. Von Ihrer Seite aus wäre es eine leere und auf einer Lüge basierende Formel gewesen.

Ich möchte hinzufügen: die Gestalt des SS-Mannes scheint mir nach Ihrer Schilderung vom Moralischen her nicht unbedingt rehabilitiert. Alles deutet darauf hin, daß er sich ohne die Angst vor dem bevorstehenden Tod ganz anders verhalten hätte: Er hätte erst eine ganze Weile später, bei der Niederlage Deutschlands oder vielleicht sogar niemals Reue empfunden. Dieses Verlangen, »einen Juden zu bitten«, zu ihm zu kommen, scheint mir sowohl kindisch wie unverschämt. Kindisch, weil es zu sehr an ein wehrloses Kind erinnert, das um Hilfe ruft: vielleicht bedeutete »Jude« seinem durch die Propaganda verzerrten Geist ein Wesen außerhalb der Normalität, halb Dämon, halb Wundertäter, in jedem Fall fähig zu übernatürlichen Handlungen. Hatte nicht Himmler etwas Ähnliches im Sinn, als er den Befehl gab, das Morden in den Lagern einzustellen, in der Hoffnung, daß die »jüdische Internationale« Deutschland helfen würde, mit dem Westen einen Separatfrieden zu schließen? Und unverschämt, weil sich der Nazi ein weiteres Mal des Juden als Werkzeug bediente, ohne sich die Gefahr und den Schock klarzumachen, die sein Verlangen für den Häftling bedeuten mußten: seine Geste ist im Grunde von Egoismus geprägt, da in ihr der Versuch erkennbar ist, die eigene Angst auf den anderen abzuladen.

Jacques Maritain

Daß Sie gegangen sind, ohne Karl verziehen zu haben, verurteile ich nicht. Aber, wie Bolek, glaube ich, daß es *besser* gewesen wäre, ihm zu verzeihen, indem Sie sich für einen Augenblick an die Stelle eines Priesters versetzt hätten, der die Beichte anhört, und ihm beispielsweise gesagt hätten: »Ich könnte dir nur das Böse verzeihen, das du *mir* angetan hast. Das Entsetzliche, das du an anderen begangen hast - wie könnte ich es dir *in ihrem Namen* vergeben? Was du getan hast, ist für Menschen unverzeihlich. Aber im *Namen deines Gottes*, ja, da verzeihe ich dir.« Diesen Akt der Barmherzigkeit können Sie, glaube ich, auch jetzt noch ausüben im Gebet und vor Gott (jeder Augenblick in der Zeit ist der göttlichen Ewigkeit gegenwärtig), und das wird Ihrem Gewissen Frieden geben.

Martin Niemöller

Lassen Sie mich Ihnen zuerst nicht nur für das Vertrauen danken, das Sie mir mit der Übersendung Ihres Werkes erwiesen haben, sondern lassen Sie mich Ihnen auch sagen, daß ich dieses Buch mit größter innerer Anteilnahme gelesen habe und bestimmt noch einmal lesen werde.

Was Ihre eigentliche und grundlegende Frage angeht, so verstehe ich durchaus, daß Sie sie letztlich unbeantwortet lassen. Sie hat mich zunächst an einen Bismarck-Ausspruch erinnert (ich weiß nicht, wo ich ihn gelesen habe). Bismarck hat einem persönlichen Gegner, der ihn um Verzeihung, vielmehr Vergebung bat, geantwortet oder soll ihm geantwortet haben: »Vergessen kann ich Ihnen das nicht; aber ich kann es Ihnen vergeben!« - Bismarck war damit in einer besseren Position, als Sie es waren und sind. Unrecht, das uns persönlich zugefügt wird, können wir vergeben; aber das »Böse«, das anderen Mitmenschen und besonders solchen, die uns nahestehen, zugefügt wird, können wir im Grunde ja überhaupt nicht »vergeben«, weil das nur der in Vollmacht tun kann, dem solches Unrecht angetan wurde. - Als Christenmensch, der ich bin oder jedenfalls sein möchte, würde ich einem Mitmenschen, der mir sein gequältes Gewissen offenlegt, nur sagen können, aber auch sagen müssen: »Was du mir zuleide getan hast und was dich jetzt reut, das vergebe ich dir, wie ich selbst nur durch Vergebung, die ich empfange, frei werde und bin. Was du anderen angetan hast und den Menschen, die mir nahestehen und deren Leid auch mich trifft, das müssen diejenigen dir vergeben, denen du das Böse angetan hast - oder einer, der dazu Macht und Vollmacht hat, und das bin ich nicht.«
Was ich sonst über Ihr Werk denke, kann ich nur dahin zusammenfassen, daß ich Ihnen für *Die Sonnenblume* Tausende von Lesern wünsche, denen Sie damit zu einem ehrlichen Denken und tiefen Nachdenken helfen!

Kurt von Schuschnigg

Die Sonnenblume ist in unseren Breiten ein Herbstsymbol und in der Regel nicht auf Gräbern zu finden.

Was haben sich die wohl gedacht, die sie auf Soldatenfriedhöfen im Osten pflanzten oder auch in Grünanlagen, dazu bestimmt, die trostlose Wirklichkeit innerhalb zahlloser KZ-Mauern zu kaschieren? Ausgerechnet dort, wo Massenvernichtung geplant war, und zwar zur Erhaltung der in Wirklichkeit von niemandem bedroht gewesenen eigenen Existenz ...

Die zur »Methode« gewordene »Tollheit« läßt sich ebensowenig wie zu Hamlets Zeiten rational begreifen.

Sie scheint heute unglaubwürdig wie alles andere, das sich im Schatten der Sonnenblume zutrug, um Lemberg und anderswo.

Psychologische Begründungen und historische Plädoyers sind vergebliche Mühe, es gibt keine Rechtfertigung für das absolut Böse, wo immer und von wem immer es begangen wurde; es gibt aber eine Erklärung: den Durchbruch des rein Animalischen im Menschen; die Abwertung des *Homo sapiens* zur Maschine; in Abwandlung eines bekannten Nietzsche-Wortes die Herden-Unmoral (»Jenseits von Gut und Böse«).

Man soll endlich vergessen? Nein! Im Gegenteil ganz einfach deshalb nicht, weil sich dies alles sehr leicht wiederholen kann. Nicht nur bei uns. Vielmehr überall dort, wo man den Menschen von allen Glaubensvorstellungen und damit von allen Hemmungen »befreit« hat.

Machiavelli, Thomas Hobbes, Spinoza, Nietzsche werden von den Machttheoretikern einer Schule der politischen Wissenschaften, denen der Begriff einer politischen Ethik irreal scheint, zu Unrecht bemüht; denn sie alle haben die Macht und das Mögliche in den Grenzen ihrer Zeit gesehen. Der Satz »Jeder hat so viel Recht, wie er Macht hat« (Spinoza, *Tractatus Politicus*) bedeutete im 17. Jahrhundert anderes als heute.

Dies besagt gewiß nichts gegen den Fortschritt im Technischen; aber doch einiges gegen die damit verbundene Vermassung.

Weil jeder Fortschritt human bleiben muß und der Mensch nie zum Computer werden darf, deshalb darf man - um Himmels willen - nicht vergessen, auch nicht und schon gar nicht um der Bequemlichkeit willen. Ganz abgesehen davon, daß es sich hier nicht um ein Dürfen, sondern mehr noch - wenigstens für die unmittelbar Betroffenen - um ein Können handelt.

Darf man aber nicht vergessen, dann sind auch dem »Vergeben« enge Grenzen gezogen. Eines ist sicher: Haß- und Revanche-Ideen sind unfruchtbar wie alle Kettenreaktionen; dies deshalb, weil sie verallgemeinern und Schuldige wie Unschuldige gleichermaßen treffen. Die Schuldigen zu bestrafen ist ein Gebot der Prophylaxe. Viele, ja die meisten, die unter der Sonnenblume lagen, hätten es nicht anders gewollt. Ungezählte zer- oder doch gestörte Existenzen, ja, ganze Nationen, sind im juristischen Sprachgebrauch Privatbeteiligte im großen geschichtlichen Strafprozeß.

Nach dem Szenarium der *Sonnenblume* war der junge, tödlich verwundete SS-Mann aus Stuttgart kein von Haus aus schlechter Mensch, denn er hatte Gewissen. Trotzdem war er in eine der Scheußlichkeiten verstrickt, die jenseits aller Kriegsgesetze stehen. Er hat offenbar nicht zu jenen gehört, die aus Anlage, Erziehung oder aus beidem, dem Sadismus und der Lust am Quälen um des Quälens willen frönten. Er war nicht einer von denen, die der Materialismus des Herrenmenschen-Unsinns in jungen Jahren ganz und gar pervertiert hat.

Trotzdem hatten ihn die Jahre der SS-Erziehung so korrumpiert, daß er wahrscheinlich im Blutrausch, der mit Krieg und Soldatentum gar nichts zu tun hat, auf Befehl einfach mittat. Das Resultat: er handelte, wie kein anständiger Soldat, in welcher Situation auch immer, handeln durfte. Er kann sich auch nach der Lage des Falles nicht eigentlich auf Befehlsnotstand berufen. Er war einer von vielen. Er hätte, wenn es schon keine Möglichkeit zur Absentierung gab, in die Luft

schießen oder Ladehemmung haben können; er hätte sich aus der Affäre ziehen müssen.
Dies alles zugegeben, war er dennoch nicht typisch für die anderen. Das Schreckliche stellte sich bald für ihn als ein Erlebnis heraus, das ihn verfolgte und quälte und von dem er nicht mehr loskam; bis ihn in der Sterbekammer des Notlazaretts in der Angst vor dem Ende und dem Ungewissen und in der Einsicht in das Schandvolle seines früheren Verhaltens eben mit letztem harten Griff das Gewissen packte. Er wuchs zurück ins Menschenmaß und rang um Erlösung.
Der Herrenmenschentraum, was immer man sich auch darunter vorstellen mag, zerrinnt unweigerlich mit dem schwindenden Leben. Man sieht auf einmal unheimlich klar, daß man statt Herrenmensch auch Raubtier sagen könnte; man will zurück zum Menschentum; wenn schon nichts anderes mehr möglich ist, dann wenigstens ein menschliches Sterben.
So ist es nicht unlogisch und keineswegs nur aus Fieberwahn zu erklären, wie es aufs erste scheinen möchte, wenn der einstige Herrenmensch sich in extremis den Beistand des zum Untermenschen degradierten Bruders wünscht, um ein verpfuschtes Leben wenigstens als Mensch zu beenden.

So kam es, immer nach der *Sonnenblume*, zur makabren Begegnung der beiden hilflosen Vertreter verschiedener Welten. Der eine im Sterbebett, der reden will, weil ihn das Gewissen plagt und er sich in einer Hölle fühlt; der andere auf eine Stunde Abruf vom Inferno, an das er sich, so weit dies überhaupt geht, schon halbwegs gewöhnt hat, der andere, der hören muß und nicht reden kann. Der Sterbende wünscht sich ein Wort des Vergebens; nur ein Jude, fühlt er, kann ihm aus der Tiefe helfen. So kommt es, mit der Hilfe einer stumm gebliebenen Krankenschwester zur unwahrscheinlichen, geheimen und vermutlich nicht unriskanten Begegnung.
Der seiner Freiheit und Menschenwürde beraubte Besucher

steht vor der Frage, ob er in gewissenhafter Prüfung aller Einzelheiten des Falles tun kann, was der andere auf seinem Sterbebett als Hilfeakt von ihm verlangt, nämlich vergeben ...

Eine tragische Frage, wenn es jemals eine gegeben hat; wer sie beantworten soll, wird zu ergründen suchen, wie er sich im gleichen Fall verhalten hätte.

Um der Wahrheit die Ehre zu geben, der Schreiber dieser Betrachtungen zur *Sonnenblume* hätte wahrscheinlich den Mut nicht aufgebracht, der kryptischen Aufforderung der Krankenschwester ins Ungewisse zu folgen; er hätte vermutlich mit einer beruhigenden Geste die erste Möglichkeit benutzt, das Krankenzimmer wieder zu verlassen, im Bewußtsein der eigenen Ohnmacht und der Hoffnungslosigkeit dieses Falles; wenn dazu eine praktische Möglichkeit gegeben war, hätte er wahrscheinlich zu veranlassen versucht, daß ein Religionsdiener, so einer zur Verfügung stand, was allerdings sehr die Frage ist, Zutritt zum Sterbenden bekommen hätte.

Denn eines war sicher: vergeben konnte, ja durfte er nicht. Und hätte er es dennoch getan, so wäre es eine völlig sinnlose und durchaus unaufrichtige Geste gewesen.

Man kann nur verzeihen, was einem selbst direkt widerfahren ist. Dazu würde, im weitesten Sinn und in ausschließlicher Ichbezogenheit interpretiert, sogar die Ausrottung der eigenen Familie gehören, aber eben nur dieser. Niemand kann vergeben, was andere erlitten. Blutschuld und Unmenschlichkeit kann der Schöpfer vergeben und sonst niemand. Abgesehen davon, daß nur die religiöse Bindung dem Vergeben wirklichen Sinn gibt.

War es unmenschlich, den Sterbenden nach dem Anhören seines Anliegens wortlos zu verlassen und damit die letzte Bitte schweigend abzuschlagen? Bestimmt nicht. Aber es war menschlich, dem Mann an der Grenze von Leben und Tod den letzten Wunsch, nämlich das Anhören, zu erfüllen. Daß er sprechen konnte - in katholischer Sicht würde man es eine Beichte nennen -, gab ihm die erhoffte Erleichterung. Nach der Schilderung des Sachverhalts war er genügend klaren Sinnes, um zu begreifen, daß für ihn nicht mehr zu erwarten stand. Er hat bereut und den gewünschten Zeugen seiner Reue gefunden. Und er hat gefühlt, daß ihm geholfen war. Nur so erklärt es sich, daß er dem stummen jüdischen Besucher - die letzte menschliche Begegnung, die er sich wünschte - seine verbliebenen Habseligkeiten als Erinnerung zustellen wollte.

Als die Krankenschwester nach dem Tode gerade dabei war, das auszuführen, hat dieser die Annahme verweigert, was begreiflich ist. Dennoch trug er die Erinnerung an das Erlebnis mit sich und war vermutlich der einzige, der nach dem Krieg mit der Mutter des Toten über den Sohn sprach.

Die Sonnenblume wirft düstere, aber schließlich doch versöhnende Schatten.

Paul-Henri Spaak

Die von Ihnen gestellte Frage zu beantworten erscheint mir recht schwierig. Schon die eigenen Gewissenskonflikte zu lösen ist häufig nicht einfach. Sich in jemanden hineinzuversetzen, den man lediglich durch eine kurze Erzählung kennt, und ihm zu sagen, welches seine Pflicht in einer ungewöhnlichen, seltsamen und dramatischen Situation gewesen wäre, käme mir sehr anmaßend vor. Das, was zu tun war, hing von zu vielen subjektiven Umständen ab. Eine Regel, nach der man sich hätte richten können, gab es nicht.

Unter diesen Voraussetzungen hätte ich vielleicht ein Wort des Trostes aufgebracht für den Menschen, der im Sterben lag - aber sicher bin ich dessen nicht, und ich weiß nicht genau, welches; »vergeben« hätte ich ihm jedoch nicht, aus dem einfachen Grunde, weil ich keinerlei Berechtigung gehabt hätte, das zu tun. Ich glaube, ich hätte die angemessenen Worte nie gefunden. Ich wäre gehemmt gewesen durch diese Überzeugung, mir eine Rolle oder ein Recht anzumaßen, das mir nicht zustand.

Kein Recht und Gesetz ohne Gnade

Stefan Andres

Ihren Bericht habe ich aufmerksam gelesen. Die Antwort auf die von Ihnen aufgeworfenen Fragen kann Ihnen nicht von außen her kommen: Ihr Gewissen muß und wird Ihnen sagen, ob Sie den jungen Mörder auf dem Totenbett hätten »lossprechen« müssen oder nicht. Da Ihr Bericht unbedingt ehrlich wirkt und sich auch keinerlei literarische Absichten zwischen Sie und die berichteten Fakten drängen, muß der Leser Satz für Satz als so geschehen, so gedacht und so erlitten ansehen. Und er ist in die Lage versetzt, sich zu fragen, was er an Ihrer Stelle getan hätte. Es ist dem Leser sogar leicht gemacht, sich gegen die Entscheidung des Autors zu stellen und diesen der Hartherzigkeit zu zeihen. Allerdings muß sich ein solcher zum Verzeihen bereiter Leser, bevor er den Autor dieses Berichtes belehrt oder gar verdammt, ein paar Fragen vorlegen - nämlich, wie er mit seinen persönlichen Feinden im Innern seines Herzens umspringt; wie er Zurücksetzungen und kleine Beleidigungen erträgt; vor allem: ob seine verzeihende Liebe sich nicht nur auf jene erstreckt, mit denen er weltanschaulich und politisch sympathisiert hat ...

Aber da Ihre Frage, ob Sie richtig gehandelt haben, sich offenbar nicht mit beschwichtigenden Argumenten zufrieden gibt - warum hätten Sie sich sonst an die Öffentlichkeit gewandt? -, muß ich zurückfragen: Glauben Sie nicht nur an eine biologische, sondern auch an eine Ziel- und Wesensverwandtschaft aller Menschen im Geheimnis Gottes? Wenn Ihnen ein solcher Glaube fremd und unannehmbar ist, haben Sie, indem Sie den Büßenden sich selbst überließen, folgerichtig gehandelt; neigen Sie aber diesem Glauben zu, dann ist für Sie nicht nur die Nächsten-, sondern auch die Feindesliebe verpflichtend. Und es nützt uns alles nichts, wenn wir uns darauf hinausreden, daß die Feindesliebe ebenso selten sei wie eine Epiphanie Gottes in dieser Zeit. Wo einer seinen Nächsten liebt, ist Gott nahe; wo einer seinen Feind liebt, öffnet sich der Himmel - und er soll sich schon einige Male in der Nacht unserer Geschichte geöffnet haben.

Wenn ich das bereits Geschriebene überfliege, fürchte ich, man könnte aus meiner Aufforderung zum Verzeihen eine Ablehnung Ihrer Tätigkeit als Aufspürer der politischen Massenmörder herauslesen. Das wäre ein Mißverständnis. Der irdischen Gerechtigkeit mit religiösen Argumenten in den Arm zu fallen ist eine folgenschwere Verwechslung zweier Ebenen unseres Lebens. Keine religiöse Bußordnung kann einen Verbrecher von den irdischen Folgen seiner Tat lösen, ist doch der Büßende zur Wiedergutmachung der Tatfolgen verpflichtet, und zwar in dem Maße, wie es ihm möglich ist.

Wenn man die altchristliche Bußpraxis betrachtet und sich erinnert, mit welchem Entgegenkommen die christlichen Konfessionen stattliche Vasallen des Unmenschen, ohne von ihnen öffentliche Buße zu fordern, in ihre Reihen wieder aufnahmen, dann erschrickt man: Die Parabel vom verlorenen Sohn wurde in solchen routinemäßigen Versöhnungsakten zur sakrilegischen Farce. Es gab Kirchenmänner, die sich schützend nicht etwa vor harmlose Parteimitglieder stellten, sondern vor Funktionäre, deren Fleischerhund-Treue zum Unmenschen bereits damals mindestens zum Teil bekannt war. Und das geschah zu einem Zeitpunkt, als die Opfer des Dritten Reiches, noch betäubt vom Erlittenen, an ihre neue Zukunft zu glauben versuchten. Das eigentliche Böse aber an dieser Begünstigung einer noch lange nicht abgestorbenen Unterwelt war, daß sie gar nicht aus dem Geist der Liebe stammte - dazu hätte sich die Liebe niemals hergegeben! -, sondern aus dem Geist der Politik, der Statistik, des praktischen Denkens, des Klüngels - und sogar ein Schuß deutscher »Gemüt«lichkeit war dabei im Spiel.

Ich hoffe, sehr geehrter Herr Wiesenthal, daß ich nun nicht mehr mißverstanden werden kann. Ja, wenn wir an Gott glauben, müssen wir verzeihen; wir müssen aber ebenso mit den unzulänglichen Mitteln unserer irdischen Gerechtigkeit den Mächten des Chaos entgegentreten. Und dazu gehört auch, dem flüchtigen Kain immer auf der Spur zu bleiben, zwar nicht, um ihn zu töten, sondern um das Zeichen an seiner Stirn durch unsere Anklage zu erneuern - für Kain gibt's keine Verjährung!

Gustav Heinemann

Nachdem ich in der vergangenen Woche das Amt des Bundesministers der Justiz abgegeben und nun einige Wochen des privaten Daseins vor mir habe, ehe das neue Amt mich fordert, kann ich mich endlich Ihrer *Sonnenblume* zuwenden und Ihnen schreiben.

Zunächst dieses, daß ich Ihre Begegnung mit dem sterbenden SS-Jüngling und späterhin mit dessen Mutter mit großer Bewegung gelesen habe. Welche Fügungen dessen - wie ich nicht anders sagen kann -, der über unser aller Leben waltet!

Der Verlauf beider Begegnungen hat für mein Urteil einen inneren Zusammenhang: Sie verabschiedeten sich von der Mutter, »ohne der armen Frau das letzte zu nehmen, das ihr noch geblieben war: den Glauben, einen guten Sohn gehabt zu haben«. Sie haben ihr vorenthalten, was Sie über den Sohn wußten, und zwar beides - daß er ein Mörder wurde, der er nicht sein wollte, zu dem ihn aber »eine unbarmherzige Ideologie« gemacht hatte, und daß er in Reue und Beichte vor Ihnen die vergebende Gnade suchte. Nur beides zusammen wäre die Wahrheit über den Sohn gewesen. Beides zusammengenommen hätte das falsche Idealbild der Mutter über ihren Sohn zutiefst zerstört und ihr zugleich in dem wirklichen Bild ihren Sohn als einen - dennoch, ja wirklich dennoch! - Begnadeten zurückgegeben.

Sie brachten es nicht fertig, der Mutter beide Wahrheiten zu sagen. Auch das läßt Ihnen keine Ruhe, so wie es Ihnen keine Ruhe läßt, daß Sie dem sterbenden Mörder auf dessen Beichte kein Wort der Befreiung, der Verzeihung, der Lossprechung von seiner Last zu sagen vermochten. Da muß ich es mit dem halten, was der Pole Bolek zu Ihnen gesagt hat.

Der Konflikt zwischen Recht (als Gesetz verstanden) und Gnade ist der Faden, der sich durch Ihre Erzählung zieht. Auch Recht und Gesetz, so sehr sie zu wahren sind, können ohne die Gnade nicht existieren. Das ist es, was Jesus Christus hinzugetan und zugleich erfüllt hat. Erlauben Sie mir bitte, dieses als mein Zeugnis auszusprechen.

Christopher Hollis

Dies ist, ob gänzlich autobiographisch oder teilweise erdichtet, ein überaus bewegendes und lebendiges Buch. Wäre es meine Aufgabe, eine literarische Kritik darüber zu schreiben, würde ich ihm hohes Lob zollen. Die an mich gerichtete Frage jedoch bezieht sich auf die Stellungnahme zu einem bestimmten Punkt: Tat der Autor recht daran, dem sterbenden SS-Mann, der ihm den grausamen Mord an einem jüdischen Kind gebeichtet hatte, ein Wort des Mitleids zu verweigern? Der Autor bekennt sich zu keinerlei Reue über seine Weigerung. Seine beiden jüdischen Freunde, die heute tot sind, fanden, er würde unrecht gehandelt haben, hätte er dem Mitleid nachgegeben. Nur der polnische Seminarist dachte anders, und er verschwand aus dem Leben des Autors, so daß dieser nicht mehr mit der weiteren Entwicklung seiner Einstellung in Kontakt bleiben konnte. Aber aus dem Besuch des Autors bei der Mutter des SS-Mannes geht deutlich hervor, daß sein Gewissen nicht ruhig war. Im Grunde ist nicht ganz klar, welchen Zweck dieser Besuch hatte oder welchen Sinn er von ihm hätte erwarten können, da er nicht gewillt war, der Mutter die Wahrheit über ihren Sohn zu erzählen; aber die Tatsache, daß er den Besuch überhaupt machte, ist ein Beweis für seine Skrupel, seine Unsicherheit und Ungewißheit.

Man fragt mich, was der Autor nun wirklich unter diesen Verhältnissen hätte tun sollen. Darf ich als erstes klarstellen, daß das eine ganz andere Frage ist als die Frage nach dem, was ich selbst getan hätte. Diese zweite Frage kann ich nicht beantworten. Ich kann mich auf keine überdurchschnittlichen Fähigkeiten berufen, einer Versuchung zu widerstehen, und welche Festigkeit mir angesichts eines Grauens, das so unvergleichlich größer war als alles, was ich je habe erleben müssen, möglich gewesen wäre, das kann ich nicht beurteilen. Alle können wir sagen, daß Menschen Märtyrer sein sollten, wenn es um ihren Glauben geht. Niemand von uns kann sagen, ob wir am Tage der Bewährung auch selber die Standhaftigkeit besäßen, dieser Märtyrer zu sein.

Aber in bezug auf die direkte Frage nach dem, was der Autor tatsächlich hätte tun sollen, hege ich keinen Zweifel, daß er *ein Wort des Mitleids* hätte sagen sollen. Das Theologische an dem Fall ist offenkundig, und, wie der polnische Seminarist so richtig in diesem Buch feststellt, *gibt es da keinen Unterschied zwischen Christen und Juden.* Unterschiede sind hier bedeutungslos. Das Gesetz Gottes ist das Gesetz der Liebe. Wir sind geschaffen, um einander zu lieben, und wenn das Gesetz der Liebe gebrochen wird, kann sich Gottes Wesen nicht erfüllen. Solche Bande der Liebe sollten, sind sie einmal zerbrochen, so bald wie möglich neugeschmiedet werden. Es ist unsere Pflicht, unserem Nächsten zu vergeben, auch wenn er siebenundsiebzigmal gegen uns gesündigt hat. Andererseits sind wir alle in Erbsünde geboren. (Die jüdische Lehre bekennt sich, soviel ich weiß, nicht wörtlich zu diesem Begriff, jedoch zeigt die Sprache, in der sie ihn zurückweist, sehr eindringlich, daß die Juden in Wirklichkeit ebenso daran glauben wie die Christen. Anders ist es auch kaum möglich, denn im Unterschied zu anderen christlichen Glaubenssätzen stellt die Idee der Erbsünde entschieden eine Denknotwendigkeit dar.) Die Menschheit ist in Sünde geboren, und wenn Gott effektiv durch eine Sünde herausgefordert wird, kann es, so keine Reue vorhanden ist, kein Verzeihen geben. Uns wird geboten, in der Verurteilung anderer zurückhaltend zu sein. »Richtet nicht, auf daß ihr nicht gerichtet werdet.« Es ist unsere Pflicht, darüber nachzudenken, wie gering unser eigenes Vermögen des Verstehens ist, und daß wir, wüßten wir manchmal wirklich alles über eine Sache, einsehen müßten, wieviel mehr für das Handeln eines anderen spräche und wieviel mehr die Schuld in Wirklichkeit vielleicht bei uns selbst läge, als es auf den ersten Blick aussah. Hier aber sind diese sonst häufig gültigen Betrachtungen irrelevant. Hier hatte der SS-Mann ein abscheuliches Verbrechen begangen. Für ihn war es vielleicht von Bedeutung, von den Gründen zu erzählen, die ihn dazu veranlaßt hatten, der SS beizutreten, von der furchtbaren Korruption durch die Nazi-Propaganda, der er unterworfen, von der militärischen Disziplin, der er zur Zeit der Handlung verpflichtet war - das alles sind jedoch lediglich Erklärungen. Es sind keine Entschuldigungen. Der SS-Mann gibt auch nicht vor, es seien Entschuldigungen. Er versucht gar nicht, sich zu entschuldigen. Er war schuldig eines entsetzlichen Verbrechens, und er beichtete dieses Verbrechen aufrichtig. Auch der Autor zweifelte nicht an der Aufrichtigkeit seiner Reue. Deshalb besteht kein Zweifel daran, daß ein Wort des Mitleids als Zeichen der Anerkennung dieser Aufrichtigkeit hätte gesagt werden sollen, so schwierig das auch gewesen wäre.

Selbstverständlich trifft es zu, daß Reue den Willen einschließt, das Unrecht an dem Menschen wiedergutzumachen, dem man es zugefügt hat, und unter anderen Umständen wäre es angemessen gewesen, von dem SS-Mann zu verlangen, daß er, selbst wenn es ihm nicht möglich war, das kleine Kind, das er getötet hatte, zum Leben zurückzubringen oder dessen unmittelbare Verwandte zu finden, dennoch in irgendeiner erkennbaren Weise hätte versuchen müssen, Juden im allgemeinen einen Dienst zu erweisen, der die Aufrichtigkeit seiner Reue bewiesen hätte. Ob er, wenn er weitergelebt und seine Gesundheit wiedererlangt hätte, einer solchen Forderung hätte nachkommen können oder wollen, vermag niemand zu sagen. Da er wenige Stunden später sterben mußte, ist diese Frage sinnlos. Selbst wenn der Autor das bezweifelte, sollte man den Zweifel doch zugunsten des Angeklagten sprechen lassen.

Gott soll das vergelten. Das ist mir sicherer.

Es ist auch nicht einzusehen, wie der Autor ja selber zugibt, weshalb der SS-Mann nach einem Juden geschickt und ihm gebeichtet haben sollte, wenn er nicht ehrlich beschämt war über das, was er getan hatte.

Ich spreche hier natürlich von dem, was für mich absolutes moralisches Gesetz zu sein scheint. Ich will nicht damit sagen, daß unter den gegebenen Umständen Gehorsam diesem Gesetz gegenüber am Ende leicht gewesen wäre oder jede persönliche Verurteilung aufgehoben hätte. Aber das absolute moralische Gesetz ist doch eindeutig von Christus am Kreuz ausgesprochen worden, als er um Vergebung für seine eigenen Mörder bat. Tatsache ist natürlich, daß im Zeitpunkt der Handlung dieses Buches die Verfolgungen und der Mord an den Juden weitergingen und der Autor durchaus damit rechnete, er würde selbst in Kürze ermordet. Das jedoch, möchte ich meinen, machte das Verzeihen moralisch eher einfacher denn schwieriger. Die beiden jüdischen Freunde des Autors, Arthur und Josek, halten ihm vor, daß er vielleicht ein Recht dazu hätte, Verbrechen zu verzeihen, die an ihm selber begangen wären, daß er hingegen nicht berechtigt sei, Vergehen an anderen Menschen zu verzeihen. Soweit es sich jedoch bei diesen Vergehen nicht lediglich um die persönliche Handlung eines einzelnen SS-Mannes gegen ein bestimmtes jüdisches Kind handelte, sondern um ein Geschehnis innerhalb eines allgemeinen Völkermords, war der Autor ebenso ein Opfer - jedenfalls aller Wahrscheinlichkeit nach bald ein solches - dieses Völkermords wie das Kind, und als Leidtragender besaß er daher sehr wohl das Recht zu verzeihen. Seine Verzeihung konnte naturgemäß nicht in dem beiläufigen, belanglosen Wort von jemandem bestehen, der ohne weiteres dem Frevler eines fernen Verbrechens, das ihn im Grunde nichts angeht, vergibt. Noch hat selbstverständlich Vergeben irgend etwas damit zu tun, nicht strafen zu wollen. In diesem Fall erhob sich die Frage gar nicht, da der SS-Mann im Sterben lag; hätte er aber überlebt, dann wäre natürlich die Tatsache, daß man ihm moralisch vergeben hätte, kein Grund gewesen, ihm nicht die angemessene Strafe aufzuerlegen.

Interessant und aufschlußreich ist, warum der SS-Mann in dieser Form einem unbekannten Juden beichten wollte. Der SS-Mann war aufgewachsen als Katholik, hatte aber seinen Glauben aufgegeben, als er der Hitlerjugend beitrat. Die Vermutung liegt nahe, daß er auf dem Totenbett eine gewisse Rückkehr seines Glaubens erlebte - oder jedenfalls den Wunsch empfand, zu seinem Glauben zurückzukehren. Wenn das der Fall war, dann nahm er offenbar zumindest die Möglichkeit eines künftigen Lebens an und eines Gerichts, das auf ihn wartete; dann wäre es allerdings vernünftiger gewesen, er hätte einem Priester gebeichtet, wenn einer erreichbar gewesen wäre. Wäre kein Priester vorhanden gewesen, hätte er sich damit zufriedengeben können, daß Gott gerecht sein würde, und, wenn seine Reue aufrichtig war, auch keine Befürchtungen zu haben brauchen, daß Gott ihm keine Gnade erweisen würde. Wie man es auch nimmt: warum war es für ihn wohltuender, warum erleichterte es sein Gewissen mehr, wenn er einem unbekannten Juden beichtete? Der Jude hatte keine Macht, ihm Absolution zu erteilen. Es ist nicht so leicht einzusehen, aber eine psychologische Tatsache, daß Sünder auf dem Totenbett häufig ihr Gewissen dadurch erleichtern möchten, daß sie irgend jemandem ihre Geschichte erzählen, und unter normalen Umständen gibt es wohl auch niemanden, der so hartherzig wäre, sich zu weigern, eine solche Geschichte anzuhören.

Die wirkliche Frage ist, ob beide, der Jude und der Nazi, Kinder Gottes waren, die an einem gemeinsamen Menschentum teilhatten, oder ob sie zwei verschiedenen Gattungen angehörten, die sich unwiderruflich im Krieg miteinander befanden. Hatte der Jude die zweite Interpretation akzeptiert, dann waren gewiß die Nazis verantwortlich dafür. Trotz alledem und ungeachtet der Versuchung, anders zu denken, gehört es ganz sicher zu jedem monotheistischen Glauben, daß alle Menschen - auch die am wenigsten liebenswerten - Kinder Gottes sind; nach christlichem Glauben verschmähte es ihr allmächtiger Schöpfer nicht, für sie zu sterben, nach jüdischem Glauben sind sie Gottes Geschöpfe. Man kann gut verstehen, wie sich die Juden in ihrem Lager gegenseitig den bitter traurigen Witz erzählten, von dem der Autor berichtet, daß »Gott auf Urlaub« sei. Indessen verlangte der Glaube gerade die Zurückweisung dieser Blasphemie - er verlangte, daß man, so schwer das auch zu begreifen sein mag, »Gott nicht spotte«.

Mensch, was ist das, und warum verzweifelst du?

Gott wird dir alles vergeben, nur nicht deine Verzweiflung.

Einer alten mittelalterlichen Legende zufolge versammelten

sich die Apostel im Himmel, um das Abendmahl zu feiern. Ein Platz blieb leer, bis Judas in die Tür trat, und Christus erhob sich und küßte ihn und sagte: »Wir haben auf dich gewartet.«

Leon Poliakov

Dein neues Buch stellt vor allem eine ethische Frage. Ich bin Historiker, kein Moralist. Vielleicht weil die Geschichte den Skeptizismus lehrt, gelange ich immer mehr zu der Einsicht, daß die SS-Leute keinen absoluten Tiefpunkt des Bösen darstellten (wenn so etwas überhaupt existiert) und das neue Element in der *Endlösung* eher aus den technologischen Möglichkeiten des 20. Jahrhunderts erwachsen ist als aus menschlicher Bosheit. Deshalb meine ich, daß Dein SS-Mann Karl den Pardon verdiente, ebensosehr (oder auch: ebensowenig) wie ein vom Pogrom besessener Kosak und ein Mörder zu Zeiten von Chmelnizkij oder ein türkischer Soldat, der um 1915/16 Armenier aufgespießt hat.

Michel Riquet

Ihr Bericht ist erschütternd in seiner Echtheit, Aufrichtigkeit und Lebenswahrheit. Wenn ich ihn lese, kehren mit Macht alle meine Erinnerungen an Mauthausen zu mir zurück. Sie möchten wissen, was ich über das Problem denke, das Ihr Buch aufwirft, über das Problem des Mitleids.
Da ich selbst kein Jude bin, darf ich die Tatsache, daß ich persönlich nicht erlebte, was Sie und unsere jüdischen Brüder des östlichen Europas in jenen furchtbaren Jahren erlebt haben, nicht auf sich beruhen lassen, und meine gefühlsmäßigen

Reaktionen können nicht den Ihren gleich sein. Ich verstehe voll und ganz, was Ihnen Josek gesagt hat; es ist etwas anderes, das Böse zu verzeihen, das uns selbst angetan worden ist, etwas anderes, als das zu vergeben, das anderen angetan worden ist. Es ist in der Tat viel zu einfach, zu vergeben und vielleicht sogar die Verbrechen zu vergessen, die an anderen und nicht an einem selbst begangen wurden.
Als Christ jedoch, als Priester, gestehe ich, wäre meine Haltung diesem jungen Deutschen gegenüber eine andere als die Ihre gewesen. Der christliche Priester ist *per definitionem* und aus Berufung ein Mensch der Barmherzigkeit und des Verzeihens. Und gerade dieser junge Deutsche hatte doch einige Entschuldigungen für sich. In jungen Jahren war er vom Nationalsozialismus geblendet und von seinen Lehrern darin geschult worden; von dem Milieu der Hitlerjugend, in dem er ausgebildet wurde, zum Fanatismus erzogen. Andererseits geschah das, was er getan hat, in der Hitze des Kampfes. Er hat mehr geduldet als gehandelt. Allein wäre er wahrscheinlich menschlich gewesen. Durch die Disziplin der Truppe, in der Erregung der Schlacht, war er in ein entsetzliches Getriebe geraten. Denken Sie daran, daß heute die palästinensischen und jordanischen Araber den jungen Sabras vorwerfen, Frauen und Kinder mit Napalm getötet zu haben. Abgesehen von den in dieser Hinsicht möglichen Übertreibungen ist es wahrscheinlich, daß dies geschehen ist. Fragen Sie sich, was dann ein Araber einem jungen reuigen Sabra geantwortet hätte.
Gewiß, man kann Hitlers entsetzlichen Völkermord nicht mit dem, wenn auch maßlosen Vorgehen eines Volkes vergleichen, das sich, wie Israel gegen die Araber, verteidigt. Aber in dem einen wie dem anderen Fall liegt trotz allem eine gewisse Kontinuität vor.
Der Christ, der ich bin, ist der Ansicht, daß es keinen Menschen gibt, der unschuldig genug sei, um sich anderen gegenüber zum mitleidlosen Richter aufwerfen zu können. Wenn

dieser andere wie Ihr junger Deutscher die zu jener Zeit und in seiner Umgebung gefährliche Initiative ergreift, nach einem Juden zu schicken, um ihn um Verzeihung zu bitten für das Verbrechen, dessen Komplice er mehr oder weniger freiwillig gewesen war - glauben Sie nicht, daß diese Geste auch eine andere Reaktion als jene hervorrufen konnte, die ich Ihnen ganz gewiß nicht vorwerfen möchte angesichts der Umstände, in denen Sie sich befanden, die jedoch bei näherer Überlegung und vor allem in christlicher Sicht anders hätte ausfallen können. Man hat recht daran getan, in Nürnberg die Kriegsverbrecher zu verurteilen. Sie haben recht, jene zu jagen, die geschickt genug waren, sich der Strafe zu entziehen, die sie verdienen. Im Interesse der Menschen und um die Zukunft zu sichern, müssen Gerechtigkeit geübt und Verbrechen verurteilt werden; der Verbrecher muß sein Unrecht einsehen und es bereuen. In Ihrem Falle jedoch handelte es sich gerade um einen jungen Menschen, der kein Verbrecher war oder es nicht sein wollte und der weitgehend ein Opfer des Milieus wurde, in dem er sich befand. Und ich meine, daß man nicht unbesehen die Gesamtheit der Deutschen in die unleugbare Schuld der nazistischen Welt einschließen darf. Der Vater und die Mutter dieses jungen Menschen, den Sie vor sich hatten, waren gegen den Nationalsozialismus; sie hatten getan, was sie konnten, um ihren Sohn davon abzubringen. Er ist ihnen auf Grund seiner Jugend und des Einflusses seiner Altersgenossen nicht gefolgt. Das war zweifellos sein Fehler; aber angesichts der Jugend heute, die sich einmütig ihrer älteren Generation entgegenstellt, kann man kaum einen Stein auf diesen Jungen werfen, der sich von der Bewegung seiner gesamten Generation mittragen ließ.
Dies sind also die Gedanken, die mir Ihr so fesselndes Manuskript nahelegt; es ist sehr schön. Ich habe Sie verstanden. Ich fühle mich in keiner Weise berechtigt, Ihnen wegen der Haltung, die Sie bewiesen haben, einen Vorwurf zu machen. Die meinige wäre anders gewesen; aber, noch einmal, ich

habe nicht das erlebt, was Sie erlebt haben, wenn ich auch stolz darauf bin, im Lager Mauthausen Ihre Leiden ein wenig geteilt zu haben.

Léopold Sédar Senghor

Ich kann nicht sagen, daß ich das Leben der jüdischen Märtyrer in den Konzentrationslagern während des Zweiten Weltkrieges gelebt hätte. Aber ich bin beinahe erschossen worden, nachdem man mich gefangengenommen hat. Ich weiß also zumindest, was das Gefühl bedeutet, den Tod in einer Viertelstunde zu erwarten.

Ich habe dem französischen Widerstand angehört, und es gab Nächte, in denen ich in meiner Pariser Wohnung darauf gefaßt war, verhaftet zu werden. Vorher hatte ich mehrere Monate in einem Straflager zugebracht.

Das alles ist jedoch nichts, wie ich sehr wohl weiß, im Vergleich zu den Leiden, die Millionen von Juden in den Konzentrationslagern während des Zweiten Weltkriegs durchgemacht haben. Wahr bleibt, daß ich ein Schwarzer bin und daß im Laufe von drei Jahrhunderten zwanzig Millionen Schwarze in die Vereinigten Staaten von Amerika verschleppt wurden, während zweihundert Millionen bei den Sklavenjagden in Afrika ums Leben kamen.

Ich begreife Ihre Haltung, die Verzeihung zu verweigern. Das ist ganz und gar im Geiste der Bibel, im Geiste des Gesetzes des Alten Testaments. Aber es gibt das neue Gesetz, das Gesetz Christi, das im Evangelium seinen Ausdruck findet. Und da ich Christ bin, meine ich, Sie hätten verzeihen sollen.

Als wir, ein paar Dutzend schwarzer Soldaten, am 20. Juni 1940 in Charité-sur-Loire erschossen werden sollten, empfand ich, wie ich mich erinnere, keinerlei Haß für die SS vor uns. Natürlich dachte ich nicht daran, ihnen zu verzeihen, sie hatten mich auch nicht darum gebeten, und ich war, wie wir alle, vor allem damit beschäftigt, an die Sache, an die Anliegen zu denken, für die wir sterben sollten: an die Unabhängigkeit Frankreichs und an die Befreiung der schwarzen Völker.

Weil ich einem leidenden Volk angehöre, dem leidenden jüdischen Volk verschwistert, verstehe ich ohne Schwierigkeiten, welches Ihre Leiden gewesen sind und daß Sie nicht verzeihen wollten. Aber nochmals, als Christ und als Schwarzer hätte ich, glaube ich, dem SS-Mann vergeben. Ich sage »glaube ich«. Das heißt nicht, daß ich es getan hätte. Vielleicht hätte ich doch, wenn ich mich in den gleichen Umständen wie Sie befunden hätte, gehandelt wie Sie. Ich glaube es nicht, aber - wer weiß?

Sühne als Voraussetzung des Verzeihens

Hans Habe

Bei der Lektüre der *Sonnenblume* hat sich große Erregung meiner bemächtigt: So wird es wohl jedem gehen, der Ihren Bericht liest. Aber Sie haben mich nicht zu einer literarischen Kritik, sondern zu einer Stellungnahme aufgefordert: Sie sprechen von der »Problematik des Verzeihens«.

Mich beschäftigen vornehmlich zwei unausgesprochene Fragen Ihres Berichtes: Wem sollen wir verzeihen, wann sollen wir verzeihen?

Es will mich dünken, daß Sie dem Mann, den Sie Karl S. nennen, verziehen haben. Das ist, fürchte ich, relativ einfach. Wir sind nicht das Appellationsgericht Gottes - er revidiert unsere Urteile, nicht wir revidieren die seinen. Den SS-Mann Karl S. hat die Strafe Gottes erreicht, mit Übergehung aller menschlichen Instanzen. Wen die Menschen strafen, den kann Gott immer noch freisprechen; wen die Menschen freisprechen, den kann Gott immer noch strafen. Wen aber Gott gestraft hat, den können wir weder freisprechen, noch können wir die göttliche Strafe »verschärfen«. Am wenigsten durch Haß. Der also Bestrafte ist unserem Richterspruch entzogen. Selbst das »Requiescat in pace« ist eine Zumutung. Wir können hoffen, daß einer in Frieden ruhe; wir können es nicht bestimmen.

Sogleich wirft sich die Frage auf: Sollen wir, vermögen wir es, den anderen zu verzeihen, den Mördern, die noch leben? Auch hier bedarf es vorerst der Präzisierung. Wen verstehen

Sie unter »wir«? Wenn Sie die Juden damit meinen, die Mütter und Väter gar, die Verwandten und die Freunde der Gemarterten und Getöteten, dann ergibt sich eine bedenkliche Verschiebung der Begriffe. Mord ist entweder verzeihlich oder unverzeihlich: Moral ist kein Privileg der Betroffenen. Ich habe die Rolle des sogenannten Privatbeteiligtenvertreters in Mordprozessen immer als zweifelhaft empfunden. Über Verbrechen gegen die Menschlichkeit zu urteilen ist Sache der Menschheit. Mir war Victor Gollancz, der englische Verleger, der sofort nach dem Krieg das Wort »Verzeihen« auf die jüdische Flagge schrieb, ebenso verdächtig wie es die Juden sind, die der Menschheit das Schwert der Rache aus der Hand nehmen. Unter »wir« möchte ich die Menschheit, nicht die Juden allein verstanden wissen.

Ist Mord unverzeihlich? Das ist er unbedingt. Kann man dem Mörder verzeihen? Das ist eine Frage, die mit dem Komplex der Strafe eng verbunden ist. Der Wunsch, den Mörder zu bestrafen, ist ein Gebot der Gerechtigkeit. Ihm nach erlittener Strafe zu verzeihen, ist ein Gebot der Liebe.

Sie schreiben, Karl S. sei »nicht als Mörder geboren worden und wollte nicht als Mörder sterben«. Was hat das mit dem Problem des Verzeihens zu tun? Es ist nicht charakteristisch und auf keinen Fall eine Entschuldigung. Fast niemand wird als Mörder geboren. Die als Mörder geboren werden, sind die pathologischen Ausnahmen - ihre Taten sind, wenn überhaupt, verzeihlicher als die der »gesund« Geborenen. Der Tod Christi am Kreuz ist das Symbol der freien menschlichen Entscheidung. Wer sich für den Mord entscheidet, ist mit größerer Schuld beladen als der, den krankhafte Anlagen zum Verbrecher bestimmt haben. Im übrigen gibt es kaum jemand, der als Mörder sterben will. Selbst Atheisten fürchten das Jenseits.

Wir können also den Mördern nicht verzeihen - solange der Mord nicht gesühnt ist, sei es durch uns, die Geschworenen, sei es durch den Alleinrichter. Jede Gesellschaft - jede, sage ich - beruht auf gewissen sittlichen Prinzipien, unter denen die Sühne für das Kapitalverbrechen an erster Stelle steht. Und dabei stoße ich auf Ihre nächste unausgesprochene Frage: Gibt es für den Mord mildernde Umstände?

Da es solche selbstverständlich gibt - sonst wäre jeder Mordprozeß sinnlos -, müssen wir sie untersuchen. Sie schildern an mehreren Stellen, insonderheit im Gespräch mit der Mutter des SS-Mannes, den Weg Karls zum Mord. Das ist unbefangen und - verwirrend. Wir sollten die Frage des Verzeihens nicht mit der Frage des Strafausmaßes verwechseln. Stünde Karl S. vor einem irdischen Gericht, dann könnte man ihm seine Jugend, seine Umgebung, Zeit, Atmosphäre und »kriegerische« Umstände zugute halten. Indes operieren wir hier in zwei verschiedenen Dimensionen. Verzeihen ist ein seelischer Vorgang, die Strafbemessung ein juristischer. Mildernde Umstände beeinflussen das Urteil des Gerichts. Das mildere Urteil trägt diesen Umständen Rechnung, bedeutet aber noch keineswegs, daß wir dem Mörder verzeihen. Der freie Wille, der dem Menschen gegeben ist, erlaubt es ihm nicht nur, die mörderische Tat zu begehen oder auf sie zu verzichten; es ist auch des Menschen freier Wille, ob er Gerechtigkeit walten läßt oder auf sie verzichtet. Die Amnestie für den unbestraften Mörder bedeutet Komplicentum mit dem Verbrechen. Sie fördert nicht das Verzeihen, sie verhindert es.

Noch einmal: Wer soll der Gegenstand unseres Verzeihens oder unserer Vergeltung sein?

Sie sind ein Mann von hohen Prinzipien, und obwohl Sie die Geschichte des SS-Mannes Karl S. und seiner Opfer erzählen, sitzt am Ende des Prozesses, der mit einer Anklage gegen den Mörder begann, nur noch das Mordsystem auf der Anklagebank. Hier gehen unsere Wege auseinander.

Im Zusammenhang mit dem Regime, von dem die Rede ist, gibt es kein Problem des Verzeihens. Die Verbrechen des Regimes sind unverzeihlich, das Regime ist gerichtet. Indessen sind wir nicht mit Mephistopheles konfrontiert, sondern mit Faust. Die Verführung ist eine permanent existierende Kraft, deren Bestand jedoch von der »Mitarbeit« der Verführten abhängt. Die Verführten, mit einem anderen Wort, sind nicht die Opfer, sondern die Kollaborateure des Verführers. »Schreckliches Gesicht!« wendet sich Faust ab, aber sehr wohl verteidigt sich der Geist: »Du hast mich mächtig angezogen, / An meiner Sphäre lang gesogen ... / Du flehst eratmend, mich zu schauen, / Meine Stimme zu hören, mein Antlitz zu sehn ...« Die Firma heißt Faust & Co., oder, wenn Sie so wollen, Mephistopheles & Co., es sind Partner, wie Hitler und Karl S. Partner gewesen sind. Der Beweis findet sich im Gegenbeweis. Das teuflische Regime hat nicht alle verdorben, und unter jenen, die es verdorben hat, sind die meisten an der Grenze vor dem Mord stehengeblieben. Mit dem Alibi eines Systems, das die Verantwortlichkeit des einzelnen aufhebt, kann ich mich nicht abfinden. Walt Whitman sagt: »Den Staaten, oder jedem von ihnen, oder jeder Stadt in den Staaten; / Widerstehe viel und gehorche wenig!« Dem Bösen zu widerstehen ist nicht Heroismus, sondern Pflicht. Wer glaubt, das Böse »an sich« aus der Welt schaffen zu können, ist dem Größenwahn verfallen, und wer weiß, ob Größenwahn nicht die Keime des Bösen in sich trägt. Es kommt darauf an, den Widerstand gegen das Böse zu stärken.

Hier, scheint es mir, wird die wahre Problematik des Verzeihens offenbar, hier nähern wir uns vielleicht der Antwort, wem wir verzeihen sollen - und wann.

Die Menschheit wird so bleiben wie sie ist - ein in der Tat schauerlicher Aspekt -, wenn sich die Prinzipien der Liebe und der Gerechtigkeit unentwegt ablösen, statt sich zu ergänzen. Aus diesem Gesichtswinkel gesehen, werden Sie finden, daß sich in der Menschheitsgeschichte Liebe und Gerechtigkeit seit Anbeginn der Schöpfung im Wege standen. Einmal war Gerechtigkeit das menschliche Ideal, ein anderes

Mal die Liebe. Die göttliche Idee der Gerechtigkeit in Liebe, der Liebe in Gerechtigkeit hat die Menschheit großzügig dem Schöpfer überlassen.
Verzeihen ist die Nachahmung Gottes. Aber auch die Strafe ist eine Nachahmung Gottes. Gott straft und verzeiht - in dieser Reihenfolge. Aber Gott haßt nie. Das ist das Modell - des Strebens wert, und vielleicht unerreichbar.
Sie schreiben am Ende der *Sonnenblume*: »Ich weiß, daß viele mich verstehen und meine Haltung gegenüber dem sterbenden SS-Mann billigen werden. Ich weiß aber auch, daß ebensoviele mich verurteilen werden, weil ich einem reuigen Mörder das Sterben nicht erleichtert habe.«
Ich gehöre weder zu den einen noch zu den anderen. Es scheint mir gleichgültig, ob Sie dem SS-Mörder verziehen haben, denn die Vorsehung hat ihn von Leben und Strafe, Sie von der Gewissenslast der Entscheidung befreit. Aber Sie haben den sterbenden Mörder nicht gehaßt: Und das ist der Anfang. Verzeihen ohne Gerechtigkeit ist eine selbstgefällige Schwäche. Gerechtigkeit ohne Liebe ist die Vortäuschung der Stärke.
Es gehört zu den übelsten Verbrechen jenes Regimes, daß es uns das Verzeihen so schwer gemacht hat. Es hat uns in das Labyrinth unserer eigenen Seele geführt. Wir müssen den Weg aus diesem Labyrinth finden - nicht um der Mörder, um unserer selbst willen. Weder die Liebe allein, die sich im Verzeihen äußert, noch die Gerechtigkeit allein, die Strafe fordert, werden uns aus dem Irrgarten führen. Forderung nach Sühne und Verzeihen widersprechen sich nicht: Dort, wo einer willkürlich das Leben eines anderen ausgelöscht hat, ist *Sühne die Voraussetzung des Verzeihens.* Mit Liebe und Gerechtigkeit geübt, dienen Sühne und Verzeihen dem gleichen Zweck: der Existenz ohne Haß. Sie ist das Ziel; ich sehe kein anderes.

Richtet nicht ...

Salvador de Madariaga

Sie bitten mich um meine Ansicht zu Handlungen, die andere als ich begangen haben. Ihr Vertrauen ehrt, aber belastet mich. Ich denke an das Gebot des Evangeliums: *Richtet nicht, auf daß ihr nicht gerichtet werdet.* Ich gestehe, daß ich den zweiten Teil immer bedauert habe. *Richtet nicht* hätte mir genügt.
Nicht, daß ich damit jeden Drang des menschlichen Geistes, Dinge zu beurteilen, unterdrücken möchte; aber ich bemühe mich, jegliche Anwandlung, über Personen zu urteilen, zu zügeln. Denn es gibt eine Tiefendimension im Menschen, die sich dem Urteil jedes anderen Menschen entzieht. Die Welt besteht aus einer Vielzahl von für einander unerklärlichen menschlichen Wesen.
Wenn ich also bereit bin, Ihnen einige Überlegungen zu Ihrem Fall zu schreiben, dann tue ich das, um Ihnen darzulegen, was mir die Lektüre, wie ich glaube, über die Gefühle eines Menschen enthüllt hat, der vom Schicksal in eine sehr anormale Lage gebracht, psychologischen Spannungen erschreckenden Ausmaßes ausgesetzt war und, von seiner Sensibilität gedrängt, darauf zurückgekommen ist, als die Spannungen zwar fortbestanden, aber doch weniger unerträglich geworden waren. Wenn meine Betrachtung auch notwendigerweise einige »Urteile« enthält, so handelt es sich jedoch keineswegs um eine Verurteilung. Auf die Frage: »Habe ich recht oder unrecht?« gestatte ich mir keine Antwort.

Nicht nur fühle ich mich dazu nicht genügend außerhalb und über den Tatsachen stehend, ich bin darüber hinaus der Meinung, daß praktische Tatsachen existieren und theoretische nicht. Deshalb sehe ich nicht ein, welchen Sinn ein Urteil über die theoretische Tatsache »Hätte ein Mann, der seiner Gedanken und Gefühle Herr ist, vergeben sollen?« haben könnte, wenn es um die praktische Tatsache ganz anders bestellt ist.

Ich beginne mit dem Tatbestand, daß Sie sich, als man Sie an das Bett des jungen Sterbenden führte, selber nicht in einem normalen Zustand befanden. Ihre psychischen und moralischen Leiden hatten Sie der Freiheit und Geistesgegenwart beraubt, die notwendig sind, sich einer Situation zu stellen, die auch für einen Menschen im Normalzustand beinahe unerträglich spannungsgeladen gewesen wäre. Sie sind ohne Antwort gegangen. Sie haben also genügend Energie aufgebracht, nichts zu tun, aber mehr nicht. Eine erste Erklärung Ihres Handelns geht demnach von dieser sozusagen energetischen Ebene aus.

Ich glaube indessen eine andere Erklärung zu ahnen, die meinem Gefühl nach das Wesen Ihrer Handlungsweise und sogar jenen Nachgeschmack von Verwerfen und Vorwürfen erhellen würde, der Sie verfolgt und ehrt. Ich glaube, an der Wurzel all dieser Motive, Gefühle, Handlungen und Hemmungen liegt nichts anderes als eine Spannung zwischen dem universalen und dem Stammesmenschen in Ihnen.

Diese Spannung ist in uns allen vorhanden. Ich habe sie als ein Kräftesystem dargestellt, dessen eine Kraft vertikal und dessen andere horizontal ist; der Stammesmensch (Spanier, Deutscher, Jude) unterliegt der horizontalen Kraft. Darunter verstehe ich, daß das Individuum die Freiheit hat, nach Höherem zu streben und sich insofern universal zu fühlen, als er kollektiven und Herdeninstinkten widersteht, die ihn an die Gruppe binden und dort zurückhalten.

Es ist nun so, daß das jüdische Volk in der Geschichte einen

ganz besonderen Platz in dieser Hinsicht einnimmt, denn seine horizontalen Kräfte erweisen sich als kräftig ohnegleichen und derart beschaffen, daß sie es ihm ermöglichten, durch die Jahrhunderte hindurch ohne Boden oder Heimat, darin es seine Wurzeln senken konnte, zu überleben.
Diese Besonderheit des jüdischen Volkes ist die Ursache für seine wundersame Kraft wie auch für die Verfolgungen, die es erlitten hat und die dazu beigetragen haben, daß es zu einem der schöpferischsten Völker der Menschheit geworden ist.
Im Lichte dieser Überlegungen betrachte ich also Ihr dramatisches Erlebnis. Es ist von einer Spannung zwischen dem universalen und dem Stammesmenschen bestimmt. Der eine hätte vergeben, der andere verbot es ihm. Der Druck der Herde ist wirksam in Arthur und Josek. Diese Lesart erklärt gewisse Teile des Berichts, beispielsweise die gesamte Bolek-Episode und vor allem den Satz: »Ich muß zugeben, daß ich Mitleid mit dem Mann hatte. Doch die Gewißheit, nicht die richtige Instanz für die Erfüllung seiner Bitte zu sein, war stärker als jedes Mitleid.« Das Bild, das juristischen Verfahren entliehen ist, beleuchtet den Hintergrund und läßt durchblicken, daß dieser Satz auch hätte lauten können: »Der Mensch in mir hätte verziehen, der Jude jedoch hat sich dagegen gesperrt.«
Die Spannung bleibt lebendig, wie aus Ihrer Beunruhigung, Ihrem Bericht, Ihrer ganzen Beschäftigung mit dieser Szene hervorgeht. Diese Spannung ist es, die Sie daran hindert, Karl so zu sehen, wie er wirklich war, während Ihre Loyalität es aber dem Leser gestattet, ihn mittels Ihres Berichts dennoch als den zu sehen, der er war. Ihre allerletzte Zeile bestätigt, wie mir scheint, meine Analyse. »Ich weiß, daß viele mich verstehen und meine Haltung gegenüber dem sterbenden SS-Mann billigen werden. Ich weiß aber auch, daß ebenso viele mich verurteilen werden, weil ich einem reuigen Mörder das Sterben nicht erleichtert habe.«

Ich glaube nicht, daß man sagen könnte, Karl ist ein Mörder gewesen. Daß der Krieg bei zahlreichen Nazis eine natürliche Neigung zum Mord freigesetzt hat, ist sehr wahrscheinlich. Das trifft aber nicht auf Karl zu. Er war ein junger Mann, der von seinem Stammesmilieu verdorben war, bevor sein universales Sein, unterstützt durch sein Familienmilieu, Widerstand leisten konnte. Er begeht entsetzliche Verbrechen, wie so viele andere sie begehen und wie Sie und ich sie hätten begehen können, wenn uns der Himmel nicht gegen Mächte geschützt hätte, die stärker sind als wir. Aber selbst wenn Sie diese Sicht zurückweisen, bleibt bestehen, daß auf jenem Totenbett ein sterbender Mensch lag, der durch den Tod von seinen düsteren Stammeskräften befreit war. Der Stammesmensch in Ihnen schreibt »reuiger Mörder«. Der universale Mensch in Ihnen sieht den sterbenden Menschen. Es war der Stammesmensch, der Ihnen den Mund verschloß und Ihre Schritte zur Tür lenkte. Und aus diesem Grunde hat Karl Ihren Frieden mitgenommen in seinen Tod.

Hans Werner Richter

Ihre Frage kann ich nur subjektiv beantworten. Trotzdem gibt es für mich zwei Antworten, eine moralische und eine politische.

1. Ich bin der Meinung, daß man jemandem, der kurz vor seinem Tod um Verzeihung für seine Verbrechen bittet, diese Verzeihung gewähren muß. Jedoch bin ich mir nicht sicher, ob ich auch in Zukunft so handeln werde, das heißt, ob ich in solcher Situation die Kraft dazu habe. Aber: ich möchte so handeln.

2. Denke ich zurück an das Jahr 1942, an die politische Situation dieser Jahre und an die haßerfüllte Atmosphäre, die man heute kaum noch nachempfinden kann, dann muß ich sagen, ich hätte nicht anders gehandelt, als Sie es getan haben. Der

Haß hatte zu dieser Zeit bereits alle moralischen Grenzen verwischt. Was noch bestand, waren die politischen Grenzen, und an diesen Grenzen waren in Abwehr und Gegenwehr Mord, Totschlag, Brutalität, Grausamkeit selbstverständlich, auch für mich. Ich war damals zweiunddreißig Jahre alt, ein politischer Gegner des Nationalsozialismus und von einem fanatischen Haß erfüllt. Ich wäre gegenüber meinen Gegnern mit denselben Methoden vorgegangen, die sie uns gegenüber anwandten. Ich erinnere mich an zahllose Gespräche mit meinen politischen Freunden. Was wünschten sie sich, wovon träumten sie? Ihre Wünsche und Träume waren politische Haßwünsche und Haßträume, wie die meinen. Keine Tortur war ihnen hart genug. Hitler und alle seine Genossen in eisernen Käfigen monatelang durch die Städte zu tragen, dann jeden aufs Rad zu spannen und in sechstausend Stücke zu zerreißen, war noch einer der geringsten der Racheträume. Die Methoden - Haß und Fanatismus - waren längst auf uns übergesprungen. Wie kann man in einer solchen Situation großzügig sein? Ich weiß, ich wäre es nicht gewesen. Für mich waren damals die Nationalsozialisten Ratten, die man erschlagen mußte, ohne Pardon, ohne Verzeihung, ohne jede Gnade. Aber sie waren Menschen, irrende, gläubige, fanatische, und oft verführte Menschen. Es waren Menschen wie Sie und ich. Ich kann ihnen heute verzeihen, aber selbst nach diesem langen zeitlichen Abstand fällt es mir noch schwer. So kann ich mich nur darum bemühen. Auch wir, lieber Herr Wiesenthal, waren und sind keine Götter.

Luise Rinser

Daß Ihnen das Erlebnis der verweigerten Verzeihung nach siebenundzwanzig Jahren noch Gewissensunruhe bereitet, könnte man schon als klare Antwort auf Ihre Frage nach

Recht oder Unrecht Ihres Handelns ansehen. Man könnte also fragen, warum oder wozu Sie die Meinung anderer dazu hören wollen, es sei denn, Sie erwarteten nichts als eine beruhigende Bestätigung dafür, daß Sie wohlgetan hätten. Aber ich kann nicht annehmen, daß Ihre Frage aus solcher Unredlichkeit kommt, und auch nicht, daß Sie meinten, Ihr Problem lasse sich auf einfache Weise lösen. Es läßt sich überhaupt nicht lösen in dem Sinne, daß es glatt aufginge. Das wissen Sie. Wenn ich nun sagte, was ich zunächst spontan sagen wollte, nämlich daß Sie unrecht taten, so würfe ich mich zum Richter über Sie auf und täte damit genau das, was Sie damals taten und wovon ich wünschte, Sie hätten es nicht getan: zu richten. Sich zum Richter machen über einen anderen Menschen. Es gibt ein Bibelwort: »Richtet nicht, auf daß ihr nicht gerichtet werdet!« Allerdings unterschiede sich mein Richten von dem Ihren darin, daß Sie Zeit zu einer Wiedergutmachung haben, die der junge Mann, den Sie richteten, aber nicht hatte. Und das wäre doch wohl ein großer Unterschied.

Aber so einfach ist das Problem nicht. Was ihm seine spezifische Schwierigkeit gibt, ist der Umstand, daß Sie nicht etwas verzeihen sollten, was man Ihnen persönlich angetan hatte, sondern etwas, das man Ihrem Volk angetan hatte. Es standen sich damals nicht einfach zwei Menschen gegenüber, sondern Vertreter zweier Menschengruppen, zwischen denen das eindeutige Verhältnis von bösem Täter und wehrlos unschuldigem Opfer bestand.

Ich kann mir sehr wohl denken, daß Sie dem jungen Mann vergeben hätten, wenn er Ihnen - aber nur Ihnen selbst - eine schwere Verwundung beigebracht oder einen nahen Verwandten getötet hätte. Aus meiner Kenntnis jüdischen Wesens möchte ich sagen, daß die lange Leiderfahrung Ihres Volkes den einzelnen zum Verstehen und Verzeihen geneigt macht. Shylock ist nicht typisch für *den* Juden, freilich auch nicht Nathan.

Wenn also jener junge Mann Ihnen persönlich ein Leid angetan und Sie ihm die Verzeihung verweigert hätten, so müßte ich sagen, Ihre Schuld sei so groß wie die seine, weil er unwissend, Sie aber wissend waren, und Ihnen könnte nicht vergeben werden, weil Sie nicht vergeben haben.
Da es sich aber um einen Fall handelt, bei dem es um die große Schuld eines Kollektivs an einem andern geht, so ist die Frage, ob Sie als einzelner überhaupt ermächtigt waren zu verzeihen. Diesen Umstand deuten Sie selbst an, indem Sie sagen: »Ich sah mich gezwungen, ihm diese Gnade zu verweigern.« Was Sie zur Verweigerung zwang - ich unterstelle das einmal -, war das Bewußtsein, daß ein einzelner Jude nicht verzeihen kann, was man der Judenheit antat.
Ich selbst sah mich nach Kriegsende der Frage des Verzeihens gegenübergestellt. Mich hatten 1944 ehemalige Freunde denunziert. Ich kam ins Gefängnis, und am Volksgerichtshof Berlin lief ein Prozeß gegen mich, der damals nur mit dem Urteil auf Todesstrafe enden konnte. Das Ende des Kriegs bedeutete meine Rettung. Ich konnte 1945 jene Denunzianten den Amerikanern ausliefern. Ich hätte später verhindern können, daß sie wieder in ihren Beruf (Volksschullehrer) zurückkehrten. Ich tat nichts davon. Warum nicht? Als später die ehemalige Freundin sich brieflich »entschuldigte« und mich um Verzeihung bat, antwortete ich ihr: »Du entschuldigst Dich bei mir. Das ist unnötig und sinnlos. Unnötig, denn für mich persönlich sind die Leiden des Gefängnisses weit überwogen von dem geistigen Gewinn aus jener Zeit. Deine Entschuldigung ist sinnlos, denn sie kommt zu spät und sie kommt aus einer unsauberen Quelle. Dein Glaube an Hitler ist zusammengebrochen genau in dem Augenblick, als der Nationalsozialismus zusammenbrach. Deiner Wandlung liegt nicht die Erkenntnis der Unwahrhaftigkeit, Bosheit, Dummheit und Unmenschlichkeit jenes Regimes zugrunde, sondern lediglich die bittere Erfahrung seiner Unhaltbarkeit... Nein, ich nehme Deine Entschuldigung nicht an.

Was ich weder vergessen noch verzeihen kann, das ist der Haß, der aus Deinen Augen sprach bei unserer Gegenüberstellung beim Reichssicherheitsdienst in Berchtesgaden. Das warst nicht Du, das war der Wahnsinn, der Dich ergriffen hatte, genauso, wie er die vielen andern ergriffen hatte. Aber nun laß uns Schluß machen mit Haß, Blut und Tod. Was wir wollen, wir, die Überlebenden, die etwas gelernt haben in jenen schrecklichen Jahren, das ist Friede und Menschlichkeit.« (Aus meinem »Gefängnistagebuch«, erstmals erschienen 1946.)
Sie sehen: ich habe verziehen und nicht verziehen. Was *mir* die beiden antaten, das habe ich verziehen in dem Sinne, daß ich auf jede Rache verzichtete und daß ich bereit war, ihnen keine Hilfe zu verweigern, falls sie Hilfe erbeten hätten. Aber ich habe *nicht* verziehen, daß die beiden sich solidarisch erklärten mit den Anhängern einer dummen und bösartigen Ideologie, derzufolge Millionen Menschen starben. Selbst wenn ich, gewöhnt daran, alle Motive, die zu einer Tat oder einer Haltung führten, möglichst affektfrei in Betracht zu ziehen bei der Beurteilung und sie zu verstehen suchte, so kenne ich doch Grenzen des Verstehens, Vergessens, Verzeihens. Die Grenzen liegen da, wo man nicht mir etwas antat, sondern anderen. Wenn ich das sage, so scheine ich restlos zu billigen, daß Sie sich weigern zu verzeihen. Und doch ist dies nicht die letzte Antwort auf Ihre Frage. Diese letzte Antwort ergibt sich aus der Betrachtung der besonderen Situation, in die Sie damals gestellt waren. Der SS-Mann, Sie sagen es, war jung. Daraus läßt sich ableiten, daß er, verführt von der Nazi-Ideologie (er kannte keine Welt außer ihr!) meinte, recht zu handeln, wenn er Juden tötete. Es gibt in der Moraltheologie (nicht nur der christlichen) das Recht auf ein irrendes Gewissen. Somit ist es denkbar, daß der junge Mann subjektiv schuldlos war bis zu jenem Augenblick, in dem er durch irgendeinen Umstand (Sie sagen nichts darüber) sich seiner Schuld bewußt wurde. *Daß* er

sich der Schuld bewußt wurde, das war Gnade. Und da erbat er Ihre Vergebung für das, was er im Stande der Unwissenheit Ihren Brüdern und Schwestern angetan hatte. Er konnte nicht die Toten um Verzeihung bitten und nicht alle lebenden Juden. Er hatte nur Sie. Sie waren ihm *der* Jude schlechthin. Sie erschienen ihm autorisiert zu vergeben. Der ganze Schuldkomplex war auf Sie beide gelegt, und Sie, der Jude, hatten exemplarisch zu handeln. Waren Sie ermächtigt von Ihrem Volk, *nicht* zu vergeben? Sie waren es nicht. Vielleicht haben Sie gegen den Willen der toten Juden gehandelt. Ich hoffe, jene Toten billigen Ihnen mildernde Umstände zu in Anbetracht der Schwere des Falles. Ihre Toten wissen auch, ob Sie in jenem Augenblick in intellektueller Klarheit und ethischer Redlichkeit handelten, oder ob Sie blind vor Haß waren. (Auch dies wäre begreiflich.) Mir schaudert aber bei dem Gedanken, daß Sie den jungen Menschen, der *bereute*, in den Tod gehen ließen ohne ein Wort des Verzeihens. Aber Ihnen meine ich zubilligen zu müssen, daß Sie damals in eine jener Situationen gestellt waren, die zu schwer sind für den Menschen und in denen er schuldlos schuldig wird. Es gab einmal einen Menschen, der sagte: »Vater, vergib ihnen, denn sie wissen nicht, was sie tun.«

Schon die Reue ist eine gnädige Wirkung des göttlichen Geistes in uns

Petru Dumitriu

Mit einer Geste, die eine Frage formuliert und zugleich Mitgefühl weckt, unterbreiten Sie mir Ihre Erzählung. Stillschweigend stellen Sie Ihre Frage auch in meinem Namen. Ich könnte niemandem mein Mitgefühl verweigern, außer in jenem äußersten Fall, in dem man von mir verlangte, mich mit dem Bösen solidarisch zu erklären: dort hörte meine Fähigkeit zur Freundschaft auf. Ihnen jedoch, die Sie sich nach mehr als einem Vierteljahrhundert noch immer fragen, ob Sie nicht gefehlt haben, als Sie sich der Vergebung enthielten, Ihnen, Herr Wiesenthal, fließt meine Freundschaft ganz natürlich zu. Ihr Bericht erinnert uns grausam an unsere Zerbrechlichkeit; er erinnert uns einmal mehr daran, daß es kein moralisches Gewissen gibt außer dem schuldigen, daß das gute Gewissen keines ist und daß moralische Kultur mit dem Gefühl für Schuld beginnt. Der Wahnsinn, der uns umgibt, verkündet bereitwillig die Niederreißung von Tabus; glücklicherweise kennen jedoch, so hoffe ich wenigstens, auch seine verbissensten Verfechter noch ein absolutes Verbot: den Menschen und das menschliche Leben nicht anzutasten; und ein zweites, in den Augen mancher weniger gebieterisches Gebot: die Wahrheit nicht zu verletzen. Der Wissenschaftler wird fragen: Warum nicht töten? Das Gebot ist willkürlich, unmotiviert, nicht beweiskräftig. Der Psychotechniker wird fragen: Warum nicht lügen? Die Wahrheit zu verändern, die intellektuelle Logik, jene Demokratie der

Geister, durch jenes erhabene Prickeln der Wünsche und Ängste zu ersetzen, könnte zu Ergebnissen führen, die in unserer Welt, die nur an Tüchtigkeit glaubt, durchaus von Vorteil sein mögen. Und ist im übrigen Wahrheit nicht eine Angelegenheit von Voreingenommenheit? Würden wir sie erkennen, wenn wir sie vor uns hätten? Blicken Sie um sich.

Zum Glück, Herr Wiesenthal, zum Glück für Sie, für mich und für uns alle, sind Sie ein Mensch, daß heißt, fähig des Zweifels und des Bedauerns. Ahnen denn jene, die nicht an der Richtigkeit ihrer Handlungen zweifeln und niemals ihre Härte bedauern, ahnen sie nicht, daß sie die unterste Grenze des Menschlichen streifen? Es gibt keine Gerechten außer denen, die sich dafür halten, und ich möchte ihnen nicht wehrlos in die Hände fallen. Ich möchte nicht unter anderen Gesetzen leben als unter denen, die von Menschen gemacht und angewandt werden - von Menschen, die Zweifel und Reue wegen eigener Fehler aus Erfahrung kennen.

Es gibt jedoch Menschen, die, was auch immer sie in ihrem Leben gewesen sein mögen, äußerstes Leiden in unseren Augen gereinigt haben mag, in dem Sinne, daß wir sie zwar weiterhin beschuldigen, doch ohne in unmenschliche Härte zu verfallen. Dieser unglückliche SS-Mann, blind und von Reue gequält, war kein Verbrecher mehr: er war es gewesen. Dieser der Kultur Entfremdete, Frucht einer Gesellschaft, die mit der ganzen Durchschlagskraft moderner Technologie in die Barbarei zurückgefallen war, fand zurück zu den grundlegenden Gesten einer moralischen Kultur, die wiederhergestellt und, wenn möglich, vertieft, gefestigt und bei der ganzen Menschheit verbreitet werden muß. Er fand zurück zur Gewissensqual, zur Reue, zum Bedürfnis nach Vergebung; um so besser für ihn: Als er starb, war er besser als zu seinen Lebzeiten, und in seinem kurzen und beklagenswerten Leben bildete diese Seelenqual in meinen Augen den Höhepunkt, das einzige, das reich an menschlichem Wert war.

Glauben Sie mir, ich richte nicht: Ich versetze mich an seine Stelle und versuche, mich gleich ihm schuldig und verzweifelt zu sehen. Und da sage ich mir: So bitter meine Einsamkeit ist, hat doch dieses zerbrochene Nichts, das ich bin, dieser sterbende Verstümmelte, der nach den Begriffen der gebräuchlichen und stillschweigend akzeptierten Moral unserer von alten Tabus befreiten Welt nicht einmal den Schneid, nicht einmal die Männlichkeit aufbringt, der Welt und den Menschen zu trotzen, nicht einmal den Stolz, seinen siegreichen Feinden, seinen gleichgültigen Komplicen und seinen Opfern (man muß konsequent sein) zu sagen: ihr könnt mich mal...! dieser Fetzen Mensch, dem nichts als die Reue bleibt, das ist endlich, endlich, ein Mensch: endlich bin ich so, daß, wenn ich überlebte, so wie ich jetzt bin, und wenn alle Menschen wären wie ich, die gesamte Menschheit gut und glücklich wäre. Dann verdiente es der Mensch zu existieren.
Das will viel sagen. Aber es gibt eine dialektische Umkehrung; diejenige, auf die Jesus von Nazareth hinwies, als er von dem Stein sprach, den die Bauleute verworfen haben und der dennoch zum Eckstein wurde. Es gibt jene Umkehrung der Werte, die ein menschliches Wrack, in dem das moralische Bewußtsein erwacht, höher zu stellen weiß als die Gerechten, die Zufriedenen und alle übrigen Arten Mitleidloser.
Aber von dort bis zu dem Punkt, da man Ihnen Ihr Unvermögen des Verzeihens vorhält, liegt die ganze Entfernung vom Menschlichen zum Übermenschlichen. Wer würde es wagen, von seinem Nächsten zu verlangen, daß er das sei, was die Christen einen Heiligen nennen? Wer wagte ihm vorzuwerfen, er sei keiner? Das wäre Leichtfertigkeit und Irrsinn - beides übrigens recht üblich: es gibt strenge Richter in Fülle, sie sind zumindest ebenso zahlreich wie die Verbrecher und sehr viel zahlreicher als Verbrecher, die fähig sind, ihre Verbrechen zu bereuen. An Ihrer Stelle, Simon Wiesenthal, hätte ich gehandelt wie Sie: ich hätte nicht ver-

ziehen und hätte, unbewußt oder bewußt, mein ganzes übriges Leben lang mein Unvermögen des Verzeihens bereut.

Denn es gibt noch andere Personen, in die man sich versetzen muß. Dieser Vater, der sein Kind in den Armen hält und ihm die Augen bedeckt, bevor er sich mit ihm in den Abgrund stürzt, auch das bin ich. Hemingway sagte, daß sich jeder instinktiv entweder in den Stier oder in den Stierkämpfer versetzt. Am Ende war dieser arme Bewunderer der Männlichkeit und Gewalt beides auf einmal, der Tötende und der Getötete. Ich gestehe meine Schwäche: ich identifiziere mich instinktiv mit dem Opfer; ich schwanke nicht zwischen dem Tötenden und dem Getöteten. Ich bin also wie Sie dieser Vater, dessen letzte Handlung eine Geste der Zärtlichkeit, des Beschützens und der Achtung war: Im letzten Augenblick seines Lebens tut er noch etwas, um einem anderen menschlichen Wesen, einem Kind, Leiden zu ersparen. Es tut mir leid, dieser unschuldige Schmerz scheint mir größer, nutzloser als derjenige des sterbenden Schuldigen. Dieser wenigstens hätte von seinem Leiden profitiert, um unter die Menschlichen zurückzukehren und wieder ein Mensch, fähig des Zweifels und der Reue zu sein. Da ich mich nun wie Sie mit den Opfern identifiziere, vereist und erstirbt mein Vermögen zu verzeihen. Ich weiß, daß man stärker sein sollte; ich weiß, daß man die Kraft haben müßte, der gesamten Welt das Böse, das sie uns unaufhörlich aufzwingt, zu vergeben. Das würde zweifellos ihre Rettung bedeuten, aber ich bin der Retter nicht. Zumindest weiß ich, wo die Höhen und die Tiefen sind.

Auf daß so viel Leiden nicht nutzlos sei, denken wir, Simon Wiesenthal, an die Zukunft und bemühen wir uns um die Gegenwart. Die Armeen der »westlichen« und der »sozialistischen« Staaten sind mit Napalm, mit Atombomben, mit Viren ausgerüstet, die tödlich sind, mit Gasen, die wahnsinnig machen. Die rein defensive Revolte wird in diesem Augenblick erstickt, im Herzen Europas wie in Afrika; das beiderseitig schuldhafte Morden nimmt seinen Fortgang in Asien. Wir praktizieren die Religion der Tüchtigkeit. Hat es unter all diesen SS-Leuten einige gegeben, die auf den Gedanken kamen, daneben zu zielen, ihre Granaten an eine Mauer zu schleudern, Untüchtigkeit vorzutäuschen? Nein, sie gehörten einer jener fortschrittlichen Nationen an, denen man schon in der Kindheit den Kult der gut geleisteten Arbeit einimpft. Wir tun alles, um das Universum der Werte, der Tabus und der Verantwortlichkeit durch mathematische Strukturen und Gewebe objektiver Kausalitäten zu ersetzen. Wir sind auf bestem Wege, uns von Schuldgefühlen zu befreien. Ganze Kontinente kultivieren das gute Kollektivgewissen. Überall fordern es die jungen Generationen als ihr gutes Recht - wenn sie selbst ihre eigenen Fehler begangen haben werden, wird es leider zu spät sein -, und die reiferen und älteren Generationen finden es in der Feststellung, daß die Welt ist, wie sie nun mal ist, und daß nicht wir es sind, die sie besser machen können.

Nun, wir, die fähig des Zweifels und der Reue sind, seien wir auch fähig, aktiv das Böse zu mißbilligen; zu bestätigen, daß das Böse darin besteht, dem Nächsten Leid zuzufügen, wer immer es sei; daß der Einzelmensch und das menschliche Leben unantastbar sind, daß die Menschen von Rechts wegen gleichwertig und gleichgestellt sind, daß es böse ist, zu sagen, was man nicht denkt, oder den anderen dazu zu zwingen, etwas zu sagen, was er nicht denkt, oder ihm Schweigen aufzuzwingen oder einfach *en bloc* das, was er uns zu sagen hat, zurückzuweisen, ohne *irgend etwas* von dem, was er für die Wahrheit hält, anzunehmen; daß es böse ist, uns von anderen abzusondern, daß es aber ebenfalls böse ist, andere unter Androhung von Gewalt zu zwingen, sich mit uns zu verbinden.

Mir scheint, Kultur muß immer von neuem begonnen werden; sie ist kein Zustand der Gnade, sondern sehr wohl ein fortgesetztes Arbeiten an sich selbst und an den anderen in der durch Erfahrung und Hoffnung gewiesenen Richtung. Sollte die Menschheit unfähig sein zu lernen? Schwer fällt es ihr gewiß, aber die Erinnerung an die Fehler, die Erinnerung an die erreichten Höhen (ich denke hier an ethisches Verhalten), die Aussicht auf einen dennoch möglichen Fortschritt rechtfertigen unser weiteres Bemühen trotz allen methodischen Zweifelns, aller Reue über unser Fehlen und trotz der Evidenz des Bösen. Solange es Leben gibt, gibt es Hoffnung, und Mensch sein ist eine Frage der Beharrlichkeit.

Helmut Gollwitzer

Sie sind mir natürlich bekannt. Ich habe Ihr Eichmann-Buch und manch anderes von Ihnen gelesen, und nun das Manuskript Ihres neuen Buches. Ich las es als ein weiteres in der Reihe der vielen Bücher aus der Zeit des Grauens, die immer neu erscheinen und denen ich mich aussetze und von denen ich deshalb so viele lese, wie ich es meiner Zeit nach vermag - mit all der Qual, die man dabei empfindet und die so quälend ist wegen des Mißverhältnisses, in dem sich der Leser befindet, zu der Qual, von der diese Bücher berichten.

Die Erzählung Ihres Buches ruft in dem Leser, der das Neue Testament gut kennt, vielleicht die Erinnerung an eine dort erzählte Geschichte hervor, in der die Frage formuliert ist, auf die Ihr Bericht nach meinem Empfinden hinführt. Es ist eine doppelte Frage: Erstens, ob es überhaupt Vergebung gibt, nicht nur Verzeihung durch einen Menschen gegenüber denen, die ihn verwundet haben, durch die sich aber im Grunde nichts für den Schuldigen ändert, weil die Schuld auf ihm liegen bleibt, sondern wirkliche Vergebung, das heißt Weggebung der Schuld, durch die dem Schuldigen ihre Last abgenommen ist, so daß er wieder frei atmen und, mit der Vergangenheit wirklich hinter sich, ein neues Leben anfangen kann: »Das Alte ist vergangen, siehe es ist alles neu geworden«, wie das Neue Testament mehrmals sagt. Philosophen wie Kant, Fichte und Nicolai Hartmann haben das im Namen der Moral und unablegbaren Verantwortung des Menschen bestritten; die Bibel in allen ihren Teilen bringt den Menschen die frohe Botschaft, daß es eine solche Vergebung wirklich gibt. Zweitens, wer diese Vergebung aussprechen und einem anderen Menschen zusprechen darf. Davon handelt im Neuen Testament die Geschichte von der Heilung des Gichtbrüchigen (Marcus 2,1-12; Luc. 5,17-26), in der Jesus dem wegen seiner Krankheit zu ihm gebrachten Gichtbrüchigen sagt: »Mensch, Deine Sünden sind Dir vergeben«, worauf die Schriftgelehrten und Pharisäer bei sich die Frage stellen: »Wie kann dieser so etwas sagen? Er lästert Gott; wer kann Sünden nachlassen außer allein Gott?« Häufig wird bei christlichen Auslegern die Pharisäerseite wegen dieser Frage getadelt, als sei sie nichts denn ein Ausdruck ihrer Blindheit, wogegen zuerst gewürdigt werden sollte, daß diese Frage eine echt jüdische und das heißt biblische Frage ist, die ausdrückt, daß man hier weiß, daß das Weggeben der Schuld nicht eine menschliche Möglichkeit und eine Sache menschlicher Gutmütigkeit und menschlichen Mitleids ist, sondern daß da, wo reale Schuld vorliegt, nicht einfach das menschliche Gefühl sprechen darf, vielmehr sowohl Vollmacht wie Recht vorhanden sein müßte, um das Wort der Vergebung auszusprechen. In unserem Verhalten mögen manche Motive miteinander vermischt sein; es mag also in Ihrem damaligen Verhalten möglicherweise auch der nur allzu nahe liegende Grimm gegen den Mörder mitgesprochen haben, und nur ein ahnungsloser Zuschauer dürfte Sie deswegen verurteilen. Wahrscheinlich aber hat auch dieses jüdische Wissen mitgesprochen, daß das wirkliche Vergeben nicht eine Möglichkeit ist, die in unserer Hand liegt, nicht nur ein Ausdruck unseres Mitleidsgefühls sein darf. Das

hat der fromme Josek Ihnen gesagt, und darin hat er mehr recht gehabt als manche Christen, die Sie vielleicht schnellfertig darüber belehren, ihr Verstummen in jener Stunde komme davon, daß Sie als Jude nur vom alttestamentlichen Gott der Vergeltung und nichts vom neutestamentlichen Gott der Vergebung wüßten; das ist sowohl eine Verkennung des Tenach, der, wie gesagt, die Botschaft von Gottes Vergeben ebenso enthält wie das Neue Testament, wie auch eine Verkennung des Neuen Testamentes, für das die Möglichkeit der Vergebung alles andere als selbstverständlich ist, sondern vielmehr so unselbstverständlich, daß sie nur auf dem Grund des Kreuzes Jesu, das heißt der Selbstaufopferung des Gottes Israels für die Schuld seines Volkes und die Schuld der Gojim Gott aussprechbar ist - das also, weil es von jüdischen Autoren verfaßt ist, das Problem, ob es eine Vergebung gibt und wer sie aussprechen darf, ebenso scharf empfindet, wie jene Schriftgelehrten und Pharisäer.
Ich möchte nicht sagen, daß Sie etwas anderes hätten tun sollen in jener Stunde; denn dann hätten Sie vielleicht nur das Gefühl des Mitleids sprechen lassen, und das ist nach biblischer Auffassung eine Anmaßung, wo ein Mensch in seiner Schuld nicht nur nach der Verzeihung von Menschen, sondern nach der wirklichen Vergebung fragt. Ich kann auch nicht sagen, daß Sie nichts anderes hätten tun können. Sie hätten in Erinnerung an den Tenach, der von der Vergebung für David nach seinem Mord an Urias und vom leidenden Gottesknecht, auf den Jehova »Unser aller Schuld« geworfen hat (Jes. 53), spricht, den Sterbenden, der erzählt hatte, daß ihm in seiner Jugend von diesem Gott berichtet worden war, auf die Verheißung dieses Gottes verweisen können, selbst dann, wenn Sie ihm im gleichen Atemzuge hätten sagen müssen, daß Sie ehrlicherweise nicht imstande seien, ihm in Ihrem eigenen Namen und im Namen Ihres leidenden Volkes zu verzeihen. Daß Sie dies nicht gesagt haben, war wohl ein Mangel, ein verständlicher vielleicht, aber auch ein schuld-

hafter, für den also ebenfalls die Frage der Vergebung aktuell wird - wobei man freilich sagen muß, daß es auch für den Sterbenden vielleicht besser gewesen ist, daß er nicht allzu rasch eine menschliche Antwort bekam. Er war deshalb nicht gänzlich verlassen. An dieser Stelle setzt das ein, was der Priester Bolek Ihnen gesagt hat. Die Reue, von der der Sterbende umgetrieben war, ist ja auch nichts Selbstverständliches, wie wir aus dem Anblick der vielen reuelos sich herausreden-wollenden Naziverbrecher vor Gericht leider wissen. Nach biblischer Auffassung ist schon die Reue, wie quälend sie sein mag, eine gnädige Wirkung des göttlichen Geistes in uns. Sie ist ihm zuteil geworden; konnte er von Ihnen das Wort der Vergebung nicht hören, so befiehlt uns doch die ganze Bibel, für ihn zu hoffen, daß er es von Gott selbst zu hören bekommen hat. Dies bedeutet freilich, daß wir die außerordentliche Meinung der Bibel ernst nehmen, daß nämlich im Tode wohl unsere Möglichkeiten zu Ende sind, nicht aber die Möglichkeit Gottes. Was die Bibel, andeutend der Tenach, explizierter das Neue Testament, mit der Hoffnung über dem Tode meint, ist genau dies: daß im Tode nicht alles aus ist, sondern Gottes Vergebung neues Leben schenkt, ohne daß uns über dieses Versprechen hinaus irgendeine Vorstellung davon möglich wäre.
Sie haben, wie Sie wohl wissen, eine biblische Frage gestellt, auf die Ihr Erlebnis - und vermutlich nicht dieses allein - Sie gestoßen hat. Deshalb konnte ich nicht anders, als für die von Ihnen von mir erbetene Antwort die Bibel zu Rate zu ziehen. Sie sagt dies mit allem Nachdruck, aber nicht nur dies, sondern auch das andere, daß diejenigen, denen die Vergebung ihrer Schuld bekannt geworden ist, damit in einen neuen Dienst gestellt werden. Zu diesem Dienst gehört auch die Politik, auch die politische Bemühung, mit allen Kräften die Wiederholung solcher Zeiten zu verhindern und gegen ähnliche Tendenzen in unserer Zeit zu kämpfen. Zu diesem Kampf gehört auch der Kampf für das Recht, und also auch

Ihre Bemühungen, diejenigen, die so ungeheure Blutschuld auf sich geladen haben, vor das menschliche Gericht zu bringen.
Ihr neues Buch mag denen, die hinter dieser Bemühung nichts anderes als Rachsucht vermutet haben, sagen, daß sie falsch vermutet haben, daß hier um der menschlichen Zukunft willen jemand für das Recht kämpft, der sehr wohl von Schuld sich nicht frei weiß und von der Frage nach der göttlichen Vergebung bewegt ist.
Haben Sie Dank, daß Sie mir Gelegenheit gegeben haben, Ihr Manuskript zu lesen, und seien Sie mit den besten Wünschen gegrüßt . . .

Rudolf Hagelstange

Die Frage, die Simon Wiesenthal sich und uns nach mehr als einem Vierteljahrhundert vorlegt oder die er sich selbst so lange immer wieder gestellt hat, wäre für einen gläubigen Katholiken so zu beantworten, wie sie Wiesenthals Leidensgefährte Bolek beantwortet hat: Der sterbende junge SS-Mann hätte die Gnade der Vergebung verdient, nachdem er aufrichtig seine Untaten bekannt und bereut hat. Aber ich bin seit langem kein gläubiger Katholik mehr. Weil ich aber im katholischen Glauben erzogen wurde, könnten entsprechende Vorstellungen und Maßstäbe noch in meinem Denken und Urteilen maßgebend mitwirken, ohne daß ich sie deshalb für verbindlich hielte oder gar anderen nahelegen wollte. Ich glaube freilich, daß Religion (Bindung) und Konfession (Bekenntnis) im Laufe der menschheitlichen Entwicklung eine gewisse normative Kraft und Gültigkeit erreicht haben, die über persönliches Engagement oder kollektiv-sektiererische Rechthaberei hinausreichen. Das trifft nicht allein für das Christentum, sondern für alle großen Religionen zu.

»Vergib uns unsere Schuld, wie wir vergeben unseren Schuldigern.« Das ist nicht nur Regel, Konvention, Praktik (sehr schwere übrigens), sondern auch Einsicht in unser aller Vergebungsbedürftigkeit. Selbst der Gerechte wird ungerecht, wenn er selbstgerecht wird. Andererseits: *wer* hat die Macht und das Recht, »Schuld« zu vergeben? Die Kirche stattet den *Priester* mit »Lösegewalt« aus: er kann - stellvertretend - Beichten entgegennehmen und Lossprechung erteilen. Aber nicht die *Absolution* ist der eigentliche Entsühnungsakt, sondern die *Reue* des Geständigen. Im theologischen Sinn ist dem sterbenden Beichtiger »vergeben«, auch wenn Wiesenthal ihm nicht vergab. Irgendeine diesbezügliche Wendung oder Andeutung von ihm hätte nicht mehr Kraft oder Gültigkeit gehabt als das Glas Wasser, das er dem Dürstenden nicht verweigerte. Da der SS-Mann in seiner Kindheit (die ja nur wenige Jahre zurückliegt) ganz der katholischen Glaubens- und Vorstellungswelt verhaftet gelebt hat, erschienen mir sein Verhalten, seine Geständigkeit, seine Bedürftigkeit verständlich, ja geläufig. Fordert schon von alten Freigeistern und einstigen Kindern der Alleinseligmachenden der Rache-Engel angesichts des Todes, daß sie ihre Sünden (welche auch immer) bereuen, um wieviel mehr muß er den Einundzwanzigjährigen bedrängen!

Ich glaube, daß man diese seine katholische Erziehung als fundamentalen Bestandteil in die Betrachtung und Wägung des Falles einbeziehen muß. - Aber auf diesem Fundament erhebt sich doch noch ein ganz eigener, die religiöse »Traumatik« übersteigender Vorgang. Zur Absolution - im religiös-theologischen Sinn - hätte ein Priester ausgereicht. Aber dieser Sterbende wollte nicht vor dem Stellvertreter einer »himmlischen« Gerechtigkeit beichten und bereuen, sondern vor einem »Stellvertreter« jener irdischen Leidensgenossenschaft, gegen die er sich versündigt hatte. Darum wünschte er einen Juden als Zeugen seines Schuldgeständnisses.
In meinen Augen entdeckt der Sterbende hiermit eine Buß-

fertigkeit, die über gewöhnliche Reue (die bei fast allen ähnlicher Verbrechen überführten SS-Angehörigen ungewöhnlich, das heißt nicht vorhanden ist), erheblich hinausgeht. Daß er dabei Simon Wiesenthal, in ihm gleichsam die verfolgte Judenheit ansprechend, überfordert, mindert nicht diese Bemühung, zunächst und vor allem Schuld zu bekennen und Verzeihung zu erbitten vor oder von denjenigen, an denen er schuldig wurde. Hier scheint mir formales oder kirchlich-christliches Denken überholt durch essentielles, gleichsam ur-christliches. Für einen so jungen Menschen scheint mir das eine ungewöhnlich »reife« Haltung, die wohl nur durch die schreckliche Verstümmelung und die Todesnähe erklärbar wird. Man muß schon bei Ljesskow oder Dostojewski nach so totaler Reaktion suchen.

Daß Simon Wiesenthal von dieser Bemühung, dieser Bedürftigkeit bedrängt wurde, noch bedrängt wird, steht außer Zweifel. Aber er fühlte sich außerstande, jene »Vergebung« auszusprechen oder anzudeuten, um die der sterbende SS-Mann ihn bittet. »Der eine erwartet Hilfe vom anderen. Doch der ist selbst hilflos und kann nichts für ihn tun.« So sagt Wiesenthal. Und so muß es gewesen sein. Das Entsetzliche des Lagerlebens, die tägliche Todesfurcht, das Mitleid mit den Mitleidenden, die Bilder der Erbarmungslosigkeit, die der Beichtende durch seinen Bericht aufruft, überschatten den Schatten des Todes, die Not des von seinem Gewissen Gepeinigten. Vielleicht auch will dem jüdischen Häftling eine versöhnliche Geste als Verrat erscheinen. Es ist für einen anderen nicht nachzuvollziehen und nicht zu beurteilen (oder gar zu verurteilen), was in Simon Wiesenthal vorging und was er tat oder nicht tat. Niemand kann - im Gedankenspiel - in seine Haut schlüpfen, seine Empfindungen nachempfinden, »an seiner Stelle« reagieren.

Ich kann nur sagen: Ich wünschte mir, daß ich, in die gleiche Situation und vor die gleiche Entscheidung gestellt, die Kraft (oder Schwäche) zu einer tröstenden Geste, einem barmherzigen Wort gefunden hätte. Ich wünschte auch, daß Simon Wiesenthal sie gefunden hätte, um so mehr als verführte Jugendliche mehr Nachsicht und Beistand verdienen als Routine-Täter. Angesichts der Säumigkeit und Nachlässigkeit, die deutsche Gerichte an den Tag legten in der Verfolgung oder Aufspürung der beispiellosen Verbrechen und Untaten des »SS-Staates«, angesichts der Reuelosigkeit der wenigen Gestellten und angesichts der Wahrscheinlichkeit, daß die Mehrzahl der Schuldigen sich der irdischen Gerechtigkeit entziehen konnte, mutet dieser Fall wie eine Parabel der Fruchtlosigkeit an. Der Fruchtlosigkeit aller menschlichen Bemühung um Erlösung und letzte Gerechtigkeit.

Paul Gerhard Linhardt

Die Sonnenblume von Simon Wiesenthal gibt eine in der Erinnerung neu durchlebte und mit größter literarischer Kunst erzählte Erfahrung aus den Kriegsjahren wieder. Dabei stellt das Buch die Frage, ob es möglich ist - sozusagen im Namen eines anderen -, Vergebung zu gewähren. Um zu dieser Frage Stellung zu nehmen, muß ich vorausschicken, daß eine solche Stellungnahme nur auf literarischer Ebene unternommen werden kann; wie man selbst in einer entsprechenden Situation handeln würde, ist unmöglich zu sagen, da sich doch keiner eine Meinung darüber erlauben kann, wie er sich in einer Situation, die für ihn nur erdacht, aber nicht existent wäre, verhalten würde.
Man kann das Buch sowohl unter autobiographischem als literarischem Aspekt betrachten, und in beiden Fällen sind die Qualitäten einleuchtend; es ist ein tiefes und bewegendes Buch, es ist unmöglich, nicht von der Intensität der Schilderung oder der Gewissensfrage mitgerissen zu werden.
Ist es möglich, im Namen eines anderen zu vergeben? Nein!

Eine solche Vergebung bedeutete nur Worte ohne Gehalt. Damit ist aber nicht gesagt, daß sie nicht demjenigen, der Vergebung nötig hat, psychische Erleichterung bringen könnte.

Ein junger SS-Mann - christlich-katholisch erzogen, aber inzwischen »nazifiziert« - hat an einem bestialischen Judenmord teilgenommen; auf dem Sterbebett wird ihm die Möglichkeit gegeben, einem Juden, der unter den unwürdigsten Umständen in einem Konzentrationslager lebt, seine Geschichte zu berichten, und zuletzt bittet er ihn, ihm - als Jude und im Namen der Juden - zu vergeben. Er bekommt keine Antwort, die Bitte aber verfolgt immer den Gebetenen. Er diskutiert das Problem, unter anderen mit einem katholischen Theologen, der meint, daß er dem SS-Mann die Vergebung hätte gewähren sollen, denn dieser bereute doch zumindest, und Reue ist die wesentliche Bedingung für jedes Vergeben. Da seine Reue vermutlich echt war, »hat er auch die Gnade der Vergebung verdient«. Die letzte Bemerkung ist nicht stichhaltig - keine »Gnade« kann verdient werden -, es ist aber nicht zu bezweifeln, daß die Beichte selbst eine seelische Erleichterung gewesen ist. Vorwurfsvoll sagte der Theologe: »Vor dir lag ein Mensch im Sterben, und du hast ihm seine letzte Bitte nicht erfüllt!« Und die Antwort lautet: »Das ist ja gerade, was mich bedrückt. Aber es gibt eben Bitten, die man einfach nicht erfüllen kann. Ich muß zugeben, daß ich Mitleid mit dem Mann hatte. Doch die Gewißheit, nicht die richtige Instanz für die Erfüllung seiner Bitte zu sein, war stärker als jedes Mitleid.«

Entscheidend und richtig ist hier, daß kein Mensch in einem solchen Fall für einen anderen »die richtige Instanz« sein kann. Ich muß mich dem Juden Josek anschließen, wenn er sagt: »Weißt du, als du von deiner Begegnung mit dem SS-Mann berichtet hast, habe ich zuerst befürchtet, du hättest ihm wirklich verziehen. Du hättest das ja doch nur im Namen von Menschen tun können, die dich dazu gar nicht ermächtigt haben. Was man dir selbst angetan hat, kannst du, wenn du willst, vergeben und vergessen. Darüber bist du nur dir selbst Rechenschaft schuldig. Aber glaub mir, es wäre eine große Sünde gewesen, fremdes Leid auf dein Gewissen zu nehmen.«

Das ist genau und ganz wahr ausgedrückt und entspricht der Bitte: »Und vergib uns unsere Schuld, wie auch wir vergeben unseren Schuldigern.« Damit ist auch die Frage nach der Möglichkeit des Verzeihens - in einem Fall wie diesem - im Zusammenhang mit menschlicher, ethischer oder moralischer Verpflichtung aufgehoben und wird zu der religiösen Frage nach den Möglichkeiten der göttlichen Gnade.

Was aber dem Buch Wiesenthals den eigentlichen Wert gibt, ist die Tatsache, daß der Gewissenskonflikt nicht gelöst wird und nie gelöst werden kann. Nach dem Krieg wurde - besonders mit einer sogenannten »christlichen« Begründung - mehrfach die Forderung gestellt, daß alles vergessen und vergeben werden sollte. (»Die Welt von heute verlangt von uns, daß wir auch denen verzeihen, die uns durch ihre Haltung immer wieder provozieren. Sie verlangt von uns, daß wir einen Schlußstrich ziehen, so, als wäre nichts Wesentliches geschehen.«) Dieser Forderung kann man nie entgehen.

Ich möchte aber doch meinen, daß der Tod des sterbenden Mörders allein dadurch, daß er seine Geschichte erzählte, erleichtert worden war, muß jedoch mit Bestimmtheit jede Gleichsetzung von »Erleichterung« und »Vergebung« bestreiten. Kein Mensch braucht zu bereuen, daß er den Tod eines anderen erleichtert hat, es ist aber keinem Menschen erlaubt, sich an Gottes Platz zu wähnen. Die Erkenntnis, daß die nagende Frage immer nagen wird, ist gerade ein Ausdruck dafür, daß man sich bewußt ist, über die »Gnade« nicht verfügen zu können, und zugleich dafür, daß es eine Gemeinschaft der Schuld gibt zwischen dem, der nach Vergebung verlangt, und dem, der sie verweigert. Ein Gewissenskonflikt, der gelöst werden kann, ist nichts als Taschenspielerei, und damit beschäftigt sich die Erzählung *Die Sonnenblume* nicht, sie beschäftigt sich nur mit dem Leiden derjenigen, die »jene grauenvolle Zeit durchlitten haben und sie immer wieder in Gedanken durchleiden müssen«.

Sie haben das Menschenmögliche getan

Friedrich Heer

Die Menschheitskatastrophen naher Vergangenheit und der Gegenwart, die, immer noch und immer wieder, wie wenn sie sich als Kettenreaktionen aus dem Genocid, aus dem Völker- und Rassenmord der Hitler-Ära entfalten würden, die Menschheit schänden, machen auf einen großen Leerraum aufmerksam.

Es fehlte damals und fehlt oft auch heute an Bewußtseinsbildung und an Gewissensbildung. Ein verengtes, unterentwickeltes Bewußtsein und ein verengtes, unterentwickeltes Gewissen übersehen dies: Kain, wo ist dein Bruder Abel?

Die Tötung, die Ausmordung vor der eigenen Tür, die Schindung und Schändung der »anderen« wird »einfach« nicht wahrgenommen. Gestern und heute nicht wahrgenommen. Sehr wahrscheinlich (für mich persönlich ist dies ein Faktum) besteht ein sehr enger Zusammenhang mit der Nicht-Aufbereitung eines Gewissens in der Nachkriegszeit und dem heutigen Mitmachen am Genocid. Wobei dieses heutige Mitmachen sich beschränken mag auf ölige Phrasen der »Kondolenz« und auf ein stummes, dumpfes Hinwegsehen. Der Genocid von gestern zeugt den Genocid von heute. Ein durch die Wahr-Nehmung des Genocid von gestern verändertes Bewußtsein hätte veränderte Verhältnisse, hätte ein anderes Klima geschaffen: ein mitmenschliches Klima, in dem die mörderischen Dschungel des Genocid einfach nicht gedeihen könnten. Da bis heute die für alle notwendige Klimaänderung nicht geschaffen wurde - wir leben in einem dumpfen Treibhausklima des Mordes und Selbstmordes -, kommt jedem Versuch, die Morde, den Genocid von gestern unserem Bewußtsein einzuprägen und in ihm eine Auseinandersetzung zu erzwingen, besondere Bedeutung zu.

Der Modellfall des Genocid, der Mord Nr. 1 unserer Epoche, ist der Judenmord der Hitler-Ära. Simon Wiesenthal stellt in seiner Erzählung *Die Sonnenblume*, die reiche autobiographische Bezüge trägt, nicht weniger als dies zur Debatte: Kann, ja darf ein einzelner, ein Jude, einem Mörder seiner Schicksalsgenossen den großen Mord verzeihen? Einen Mord, der nicht ihm persönlich angetan wurde - etwa durch Ermordung seines eigenen Kindes, seiner Frau, seiner Mutter, seiner Geschwister.

Die Verlogenheit unserer Zeit und ihre tiefe Korrumpiertheit bekunden sich nicht zuletzt in einem verlogenen, zutiefst falschen Versöhnlertum. Ein Scheinhumanismus und ein flächiges phrasenreiches »Christentum« rufen lauthals: Endet die Prozesse! Schluß mit der »unbewältigten Vergangenheit«! Ja, laßt sie endlich in Ruhe, die armen Teufel, sie haben genug gebüßt. Gemeint sind hier die Mörder von gestern, die, unberührt, heute längst an den trauten Herd ihrer Familien und in gutbürgerliche Berufe eingekehrt sind. *Dieses falsche, verlogene Versöhnlertum* wischt mit seinen öligen Phrasen die wahre Würde des Menschen hinweg. Die wahre Würde des Menschen besteht darin, vor dem Kreuze der großen Menschheitsfragen auszuharren und immer wieder auf einem Kreuzweg zu stehen, an dem an jeden einzelnen die Verantwortung herantritt: wohin gehst du? Was wirst du jetzt tun? Du mußt dich entscheiden - ungesichert, nur der Stimme deines Gewissens allein verantwortlich.

Vor dieser Frage, vor dieser Kreuzsituation fliehen gestern und heute die allermeisten Menschen: deshalb bekommen sie die Fragestellung, die Kreuzwegproblematik, die Wiesenthal in seiner *Sonnenblume* aufrollt, gar nicht zu Gesicht.

Adolf Hitler hat Millionen Menschen mit der Verheißung verführt: er übernehme die Verantwortung für alles, was in seinem Kriege geschehe. Die Wahrheit ist: der Mensch, der immer als Vollmensch ein einzelner ist, ausgesetzt einer einmaligen und einzigartigen Verantwortung, in der seine Last und seine Menschenwürde gründet, kann nur sehr wenig wirklich verantworten: er kann und muß sein eigenes Leben verantworten und trägt ein gewisses Maß von Verantwortung für das Leben und Sterben seiner Nächsten. Der einzelne kann aber nicht Verantwortung übernehmen für den Mord, den ein anderer begangen hat. Die römisch-katholische Kirche kennt die Absolution, das Sakrament der Buße und der Beichte. Der Priester kann dem Mörder, der reuig gebeichtet hat, die Absolution erteilen, die Lösung von den Strafen seiner Sünde. Gott allein jedoch kann auch hier die letzte Lösung, die Erlösung von der Todsünde wirken. Der Priester handelt als sein »Stellvertreter«.

Die Debatte um den »Stellvertreter« hat zumeist nicht in diese Tiefe geführt: Inwieweit können wirklich und damit auch wirksam die Mörder der Hitler-Ära Absolution erhalten, kirchliche Absolution? Für mich ist es sehr wahrscheinlich, daß es die kirchlichen Beichtväter so mancher prominenter SS-Mörder und auch anderer Mörder sich mit der Absolution zu leicht gemacht haben.

Diese Fragestellung steht jenseits der Fragestellung des Simon Wiesenthal, beleuchtet diese jedoch in etwa. Hier, in dieser extremen jüdischen und extremen menschlichen Situation ist Gott »auf Urlaub«, auf jeden Fall ganz fern - wenn er überhaupt irgendwo zu orten ist. Das ist, nebenbei, die Situation, in der sich die allermeisten Menschen heute befinden. »Gott« nimmt hier dem Menschen, dem einzelnen, die Verantwortung nicht ab. Hier zeigt sich nun: im Ernstfall besitzt ein Mensch nicht die Vollmacht, Todsünden zu vergeben, die ein anderer Mensch an anderen Menschen begangen hat. Er, der einzelne, kann eine gewisse Präsenz leisten, ein gewisses

Da-Sein, so hier der Zeuge der Beichte des jungen SS-Mannes. Von diesem seinem schweigenden Da-Sein können möglicherweise heilende, metaphysisch heilende Kräfte auf den sterbenden jungen Mörder einströmen. Mir persönlich ist diese Einwirkung sogar sehr wahrscheinlich. Diese Wirkung entzieht sich aber jeder menschlichen Berechnung. Das Ethos der *Sonnenblume* wird durch keine Spekulationen auf solche möglichen »Lösungen« verdunkelt. Das erscheint mir als eine besonders bemerkenswerte Leistung dieses Berichtes.

Die Sonne der *Sonnenblume* des Simon Wiesenthal hat den Gluthauch der Wüste. Dieser versengt alles »Menschliche« und »Allzumenschliche«. So bleiben, in der Wüste, in der Nacht der Menschheit, diese drei, durch Gründe und Abgründe getrennt, allein. Sie stehen sich gegenüber: der junge Mörder. Der Mann aus dem Volke Israel. Und, als dritter, der abwesende Gott. Der sich nicht durch »fromme Sprüche« beschwatzen und erreichen läßt. Dieser Gott hat dem Menschen eine Verantwortung zugemessen, die er, der Mensch, in jedem letzten Ernstfall nicht tragen kann. Paradox der Gottheit, Paradox des Menschen. Beide lassen sich nicht aufschlüsseln. Für beide gibt es keine »Lösung« und keine »Erlösung«: außer dieser, immer wieder in der unlösbaren Situation aufrecht, schmerzwach zu verharren.

Ernst Simon

Erst jetzt komme ich dazu, Ihnen über meinen Eindruck von der Lektüre Ihres Buches *Die Sonnenblume* zu schreiben. Dieser Eindruck ist tief. In kunstloser Form, deren Einfachheit die Authentizität des Erlebnisberichtes noch steigert, haben Sie es verstanden, eine entscheidende Frage nicht nur aufzuwerfen, sondern auch zu gestalten. Sie muß jeden beschäftigen, der die Verfolgungsjahre mit wachem Herzen und Gewissen durchlebte und weiter mit ihnen zu leben hat, bis zum letzten Atemzug.

Ihre Frage, unser aller Frage, ob man den Mördern verzeihen dürfe oder gar müsse, ist theoretisch nicht zu beantworten. Es wird auf sie sehr verschiedenartige Antworten geben, von denen viele, wenn auch nicht alle, ein Element der uns verborgenen Wahrheit enthalten. Der Zusammenschluß dieser, oft auch widersprüchlichen Elemente zu einer gültigen Formel liegt nicht beim Menschen. Wir können nur unseren Teilbetrag dazu leisten, und der wird vielleicht *der* Wahrheit, die nach dem Talmud Gottes Siegel ist, um so näher kommen, desto stärker er sich seiner Teilhaftigkeit und individuellen Bedingtheit bewußt ist.

Was für Menschen wie Sie gilt, die die Schreckensjahre am eigenen Leibe erlitten haben, gilt erst recht für Menschen wie mich: Ich war damals schon in Erez Israel. Ich kann also für die Reaktion, die Sie von mir erbitten, keinerlei objektive Gültigkeit in Anspruch nehmen, jedenfalls eine weit geringere als die, welche wahrscheinlich Ihrer Antwort zukommt.

Mit dieser Einschränkung möchte ich mir die folgenden Bemerkungen gestatten. Ich stimme Ihnen vollkommen darin zu, daß Verzeihung nicht stellvertretend geübt werden kann. Nur das Opfer selbst, das physisch dazu nicht in der Lage ist, wäre sittlich zu ihr berechtigt. Aus diesem Paradox gibt es keinen Weg: wer verzeihen könnte, darf's nicht, und wer es, für seine Person, dürfte, kann es nicht mehr tun.

Sie sind aber sowohl in Ihrem Verhalten dem blindgeschossenen jungen SS-Mann und später seiner Mutter gegenüber, wie in Ihrem auch gegen sich selbst schonungslosen Bericht bis an die Grenze dessen gegangen, was Ihnen in beiden Situationen möglich war und also sittlich zu verantworten ist. Sie haben dem Sterbenden die Fliegen von der Stirn gescheucht, die ihn quälten, Sie haben den Gegenstand aufgehoben, der ihm aus den kraftlosen Händen fiel, Sie haben zwar sein Vermächtnis nicht als Geschenk angenommen,

aber es seiner armen Mutter übergeben lassen, nach manchen Bemühungen, sie zu finden, und Sie haben der unglücklichen Frau nicht die Wahrheit darüber gesagt, wie diese letzten Habseligkeiten zu Ihnen gelangt sind. Mehr als dies alles mag vielleicht vor Gott - aber was wissen wir? - die Tatsache wiegen, daß Karls Jugendbild, wie es dort im Zimmer der alten Frau hing, mit unschuldigen Augen zu Ihnen sprach, bis Sie ihm seine Behauptung geglaubt haben, er sei nicht als Mörder geboren worden.
Mehr konnten Sie nicht tun, und möglicherweise wäre jedes Mehr ein Weniger gewesen.
Und nun noch ein Letztes: Ich bin sehr beeindruckt von der Tatsache, daß gerade Sie, als Begründer des »Jüdischen Dokumentationszentrums« und als Verfasser des Buches *Doch die Mörder leben*, diese Rechenschaft geschrieben haben, nicht also einer von den ihnen unsympathischen Intellektuellen, welche eine ihnen persönlich zugefügte Beleidigung nie vergessen, aber das ihrem Volk zugefügte Verbrechen schnell zu »verzeihen« bereit sind. Nun, auch unter »Intellektuellen« gibt es lebendige Menschen, und man kann sie wohl milder beurteilen, als Sie es tun. Vielleicht wird einmal eine Zeit kommen, in der die Nachkommen der Mörder und die Nachkommen der Gemordeten erkennen dürfen, daß beide, Mörder und Gemordete, ja: auch die Mörder, Opfer einer grauenhaften Verstrickung der Menschheit, und besonders des deutschen Volkes, waren, tätige Opfer oder leidende Opfer. Diese Zeit ist noch nicht da. Ein Buch wie das Ihre bereitet ihr vielleicht in seiner Redlichkeit mit den Weg.

Carl Zuckmayer

Sie machen es uns, denen Sie vertrauensvoll Ihre *Sonnenblume* zugesandt haben, nicht leicht. Hier erhebt sich eine Gewissensfrage, die man kaum beantworten kann. Aber es ist ja Ihre eigene, die Sie durchlebt haben und immer wieder durchleben. Ich frage mich, seit ich Ihren Bericht gelesen habe: Ist es für einen anderen, der nicht in der gleichen Lage war, überhaupt möglich, sich vorzustellen, wie er sich in der Ihren verhalten hätte? Hätte man ein erlösendes Wort für diesen Sterbenden, der seine Untat bereute und sich damit quälte, finden können? Ich glaube, das »Ego te absolvo« - ich spreche Dich los, (an Gottes Statt) - steht in einem solchen Fall nur dem Priester zu, der sich selbst von der menschlichen Situation völlig abtrennen kann und sich nur als den religiösen Mittler empfindet. Der Mensch, der selbst »Opfer« ist, dürfte kaum imstande sein, das Wort zu finden - wenn er nicht aus Barmherzigkeit lügen will.

Aber Sie haben ja dem Mann verziehen, auch ohne Worte, indem Sie ihn Ihre Hand halten ließen und die seine, die gemordet hatte, nicht zurückstießen. Ich glaube, durch diese Haltung und durch das ruhige Zuhören allein haben Sie dem Mann, dem guten Kern in ihm, Beistand geleistet in seiner Not und vermutlich damit das Menschenmögliche getan. Und Sie waren barmherzig zu seiner Mutter, der Sie erspart haben, das Furchtbare zu wissen und sie damit zu belasten. Wir sind ja alle nur Menschen und stehen eben nicht »an Gottes Statt«. Ich habe in meinem Erinnerungsbuch geschrieben, daß es ein Glück für mich war, bei meiner Rückkehr »nicht hassen zu müssen«, da meine Mutter (jüdischer Abstammung), durch die lange Ehe mit ihrem »arischen« Mann geschützt, verschont geblieben ist. Eine emigrierte Jüdin, die noch in Amerika lebt, schrieb mir, sie könne diese Äußerung nicht verstehen: daß gerade *meiner* Mutter nichts geschehen sei, ändere doch nichts an dem Schicksal der Millionen anderer Mütter. Auch da kann ich nur antworten: Ich weiß nicht, wie ich in anderer Lage empfunden hätte, denn ein Mensch kennt nur sein eigenes, persönliches Erlebnis. Vielleicht hätte ich auch im anderen

Fall die Kraft gehabt, den Haß zu überwinden. Aber vergessen können und dürfen wir ohnehin niemals. Wir sind auch verpflichtet und dürfen nie damit aufhören, der nachgeborenen Jugend die volle Wahrheit über das Geschehene klarzumachen. Jede falsche Schonung wäre da ein Versagen. Und ich bin der Meinung, daß die »Mörder, die leben«, zur Verantwortung gezogen werden müssen, so lange sie leben - auch ohne »Haß«, nur im Sinne des menschlichen und göttlichen Rechtes. Doch wenn man bedenkt, was heute wieder mit den Ibos in Biafra geschieht, nämlich unbarmherziger, grausamer Massenmord, könnte man an den Menschen verzweifeln. Wer wird hier jemals die Schuldigen, die sich hinter Großmachtpolitik verbergen, zur Rechenschaft ziehen?
Ich danke Ihnen für Ihr Vertrauen, und ich empfinde mit Ihnen die Schwere der Problematik, die allen, die mit Bewußtsein ihre Zeit erlebten, auferlegt ist.

Verzeihen aus Schwäche?

Golo Mann

Kaum eine andere Schrift hat den Unterzeichneten in diesen Jahren so bewegt, wie der Bericht Simon Wiesenthals, genannt *Die Sonnenblume*. In seiner Kunstlosigkeit trägt er den Stempel des absolut Wahren. Dies Wahre wirkt so, wie der Judenmord immer wirkt, wenn man mit ihm im Erlebnis, nicht auf dem Umweg über kluge und überkluge Studien, konfrontiert wird: man schämt sich, Mensch zu sein, man verliert, wenigstens für den Moment, jede Hoffnung.

Der Autor wünscht »Stellungnahmen«. Das heißt wohl, er wünscht, daß andere ihm sagen, ob er recht gehandelt habe, als er jenem sterbenden jungen SS-Mann eine Geste der Vergebung verweigerte. Aber können wir ihm diese Entscheidung nachträglich abnehmen? Für meine Person fühle ich, daß ich es nicht kann. Um es zu tun, müßte ich mich zuerst in die Lage versetzen, in welcher er damals war; in die unvorstellbar grauenvolle Lage des Sklaven, der seine Kameraden täglich sterben sieht, gequält und gemordet werden sieht, und das gleiche Schicksal täglich zu gewärtigen hat. In solche Lage kann ich mich ernsthaft nicht versetzen, weil ich weiß, daß ich sie nicht ausgehalten hätte. Denn ich bin ein schwächerer Mensch als Simon Wiesenthal. Und so hätte ich vielleicht gewährt, was er nicht gewährte; nicht aus überlegener Güte oder christlicher Nächstenliebe, sondern eben aus Schwäche. Soll ich den tadeln, der in tiefster Erniedrigung und höchster Not stärkeren Stolz und Charakter bewies?

Der weitere Bericht zeigt, wie sehr jene Stunde am Sterbebett des Feindes, nein, des Gehilfen der Hölle, in Wiesenthals Geist haften blieb, obgleich er doch nur allzuviel Grund hatte, sie zu vergessen. Befreit, errettet ausschließlich dank dem harten Metall seiner Seele, fuhr er nach Stuttgart, um die Mutter des unglücklichen jungen Mörders zu suchen. Er glaubte ihr, er war freundlich zu ihr, er schonte sie. Kann man mehr verlangen? Konnte man das verlangen? Wenn er selber von dieser Einzelerfahrung nicht loskommt, wohl, weil er sie für beispielhaft hält, so ist das Sache seines eigenen Gewissens. Ich kann nur sagen, daß ich ihn nach der Lektüre seines Berichtes noch höher achte als vorher.

Manès Sperber

Wie ich - an Simon Wiesenthals Stelle - auf die Bitte des SS-Mannes reagiert hätte, vermöchte ich nicht zu sagen. Vielleicht hätte ich aus *Schwäche*, also aus *falscher* Güte nachgegeben und die Worte der Verzeihung ausgesprochen, die der Sterbende erwartete. Es mag jedoch sein, daß ich mich genauso verhalten hätte wie Wiesenthal ... Doch gilt es hier, die individualpsychologische Tatsache außer acht zu lassen, daß selbst in solcher Situation der einzelne gemäß seinem Charakter handelt.
Im Hinblick auf die Gewissensfrage, die *Die Sonnenblume* jedem Leser epilogisch stellt, muß man zuvor die folgende Feststellung machen: Wir sind imstande, ein Unrecht, selbst die übelste Missetat, die an uns verübt worden ist, zu vergessen. Geschieht es, dann wird die Frage des Verzeihens gegenstandslos. Warum und auf Grund welch innern Vorgangs wir zu solchem Vergessen fähig sind, soll hier unerörtert bleiben. Neben dem Vergessen, das dem Opfer gelingen mag, gibt es jenes des Täters, das ein unvergleichlich häu-

figeres Phänomen ist. Gewiß bleibt die tiefenpsychologische Einsicht bestehen, daß es kein endgültiges Vergessen gibt. Es handelt sich hier nur um eine mehr oder minder dauerhafte Desaktualisierung.

Muß man vergessen, ehe man vergeben kann? Ist es möglich, die Untat wohl im Gedächtnis zu bewahren und dennoch zu verzeihen? Unter welchen Bedingungen kann dergleichen geschehen?

Die erste Antwort mag zynisch wirken: Am sichersten und dauerhaftesten sind Verzeihung und Versöhnung, wenn die Nachkommen der Täter und die der Opfer sich zu einer kollektiven Einheit unlösbar verbinden - zu einer Familie, einem Stamm, einem Volk, einer Nation. Ernest Renan hat vor etwa hundert Jahren darauf hingewiesen, daß der Bestand der Nationen auf dem Vergessen beruht. Jede von ihnen stellt eine Verschmelzung von Stämmen dar, die einander durch Jahrzehnte, wenn nicht gar durch Jahrhunderte übelstes Leid zugefügt hatten. Jede neue Generation erfährt die Wahrheit über die furchtbare, trennende Vergangenheit, aber dadurch wird das Bewußtsein der Schicksalsgemeinschaft nicht zerstört.

Eine zweite tragische Möglichkeit, die unserem Fall wegen der Einseitigkeit des Verbrechens näher kommt, ist die der äußersten Erniedrigung und erbarmungslosen Verfolgung: Um in ihrem Leben nicht tödlich gefährdet zu bleiben, unterwerfen sich die Opfer oder deren Nachkommen und erklären die verhüllenden Lügen und Rechtfertigungen der Missetäter für wahr. Das ist der zumindest zeitweilige Erfolg der totalen Erpresser und Unterdrücker.

In beiden Fällen wird eine absichtsvolle Desaktualisierung vollzogen, welche die Gegenwart und vor allem die Zukunft von der schweren Last der Vergangenheit befreien soll. Geht hier das Vergessen dem Vergehen voran oder umgekehrt? Die Antwort mag in jedem Falle anders lauten. Gewiß handelt es sich häufig um eine Anwendung des alten jüdischen

Prinzips: *kulo chajav* - alle sind schuld. Und sind alle schuldig, so gehen alle frei aus. Die Strafe wäre zu furchtbar, sie würde die Existenz der Menschheit gefährden, diese aber darf nicht untergehen.

Man kann das Problem zweifellos auch anders formulieren. Es lautet dann: Vergessen die Missetäter selbst, vergessen sie, ehe sie gestanden und bereut haben? Ohne Geständnis und ohne echte Reue ist ihr Vergessen nichts als die Fortsetzung ihres Verbrechens. So verlange man also kein Vergeben, ehe man dessen sicher ist, daß die Schuldigen ihrerseits stets ihrer Schuld eingedenk bleiben werden. Unter diesem Gesichtspunkt ist das ethische Problem, vor das die Juden und die Deutschen gestellt sind, zwar nicht einfach, aber durchaus klar: Damit wir das Recht haben zu vergessen, müssen wir absolut dessen gewiß sein, daß die Deutschen ihrerseits nicht vergessen haben und daß sie willens sind, alles zu tun, damit nie ihrem Gedächtnis entschwinde, was in ihrem Namen verbrochen worden ist. Die beiden Völker sind durch die furchtbaren Geschehnisse auf eine merkwürdige Weise miteinander verbunden - etwa wie der junge SS-Mann auf seinem Totenbett und der Gefangene Wiesenthal es waren. Und wie dieser es bleiben wird bis an sein eigenes Ende. Mögen ihre Taten und ihre Leiden es den Menschen maßlos erschweren, sich dauerhaft und friedlich miteinander zu vereinen, so vermag doch nichts sie voneinander zu trennen.

Seit eh und je lehne ich in Theorie und Praxis die Auffassung von der kollektiven Schuld ab, halte jedoch dafür, daß es eine nationale, respektive staatliche Verantwortlichkeit gibt. In diesem Sinne sind die Reparationen, die die deutsche Bundesrepublik an Israel und an die überlebenden Opfer der Naziverbrechen leistet, durchaus gerechtfertigt und sinnvoll. Sie ersetzen nichts, sie machen nichts ungeschehen - in der Tat sind sie für die Deutschen eine unbedingte psychohygienische Notwendigkeit. Doch kann das nichts an der

Frage ändern: Wie kann man jenen vergeben, die es uns unmöglich machen zu vergessen - sofern wir es wagen wollten zu vergessen -, weil sie ihrerseits entschlossen sind, sich jedenfalls so zu verhalten, als ob sie überhaupt nicht mehr wüßten, was es denn da zu verzeihen und zu vergessen gibt.

War der junge SS-Mann zwar schuldig, so war er es doch anders als die Organisatoren der Vernichtungslager und die Komplicen des Genocids. Im Gehorsam gegenüber einer verbrecherischen Führung vergrößerte er die Schuld, die er auf sich lud, als er sich politisch den Verderbern bedingungslos zur Verfügung stellte. Dies bleibe unbestritten, doch ist es nicht weniger wahr, daß er am Ende gegen sich selbst Anklage erhob. Als Angeklagter ist er in unseren Augen verurteilt und verworfen, als Kläger gesellt er sich den Opfern wieder zu.

Dennoch hatte Simon Wiesenthal recht, ihm die Verzeihung nicht zu gewähren, jedenfalls nicht im Namen des gemarterten Volkes, das damals wie jetzt niemandem solche Mission anvertraut hat. Wäre aber jener junge Mann am Leben und der Gesinnung treu geblieben, die ihn in den letzten Stunden seines Lebens quälte und vielleicht gar verklärte - wäre er heute noch unter uns, würde Wiesenthal ihn verurteilen? Ich glaube es nicht. Und mich dünkt, daß auch ich jenen SS-Mann heute nicht verurteilen könnte.

Die totalitären Verderber zwingen den von ihnen Beherrschten eine Komplicenschaft auf, der sich nur entziehen kann, wer dem Gebot seines Gewissens gehorcht, selbst wenn er dadurch sein Leben gefährdet. So wurden Millionen Menschen schuldig. Keinem sei es vergessen, doch jedem von ihnen vergeben, dem die eigene Schuld zur unversieglichen Quelle einer Gewissensqual geworden ist. Gegen dieses Verzeihen gibt es so wenig einen Gegengrund wie gegen das versöhnende Erbarmen.

Verzeihen fördert indirekt solche verbrecherischen Praktiken

René Cassin

Meiner Ansicht nach ist vor allem wesentlich, daß die Beichte des sterbenden jungen SS-Mannes über die entsetzlichen Verbrechen an Juden und die an Sie gerichtete Bitte um Verzeihung noch während des Krieges stattfanden, als Folterungen und Massenmorde weitergingen.

Die Gefahr, derart verbrecherische Praktiken auch nur indirekt zu fördern und zu verlängern, rechtfertigte es völlig, daß man die Verzeihung verweigerte, wozu Sie sich nach einem Gewissenskampf entschlossen.

Selbst wenn wegen der Heimlichkeit der an Sie gerichteten Bitte ein Verzeihen nicht Gefahr lief, bei anderen lebenden Verbrechern Hoffnung auf Straflosigkeit zu erwecken, so könnte Ihre Weigerung menschlich dennoch nicht verurteilt werden. Krieg bildet leider ein Ganzes: Menschlichkeit gebietet zwar, einen verwundeten Soldaten nicht niederzustrecken, geht aber doch nicht so weit, von demjenigen Vergebung zu fordern, dessen an jeglichem Vergehen unschuldige Familie und Glaubensgenossen verfolgt, gejagt, in Lager verschleppt und schließlich umgebracht werden. Die Situation eines Menschen, der in den Kampf verstrickt ist, kann in keiner Weise mit der von Dienern der Religion verglichen werden, insbesondere nicht mit einem solchen derjenigen Religion, in welcher der todgeweihte Verbrecher erzogen ist.

Angenommen, die Beichte des Verbrechers und sein Tod finden zu einem Zeitpunkt unmittelbar nach Beendigung der

Feindseligkeiten statt, dann ist die Lage eine ganz andere, denn in der individuellen Vergebung läge keine ernsthafte Gefahr mehr, neue Massaker zu ermutigen. Selbst das Gefühlsmoment hat sich gewandelt: Das Ressentiment eines Menschen, der die Seinigen verloren hat, gegenüber den Verbrechern, zu denen der Sterbende zählen konnte, bleibt legitim, ist psychologisch aber nicht mehr notwendigerweise vorherrschend.

Die Hoffnung, daß eine Gemeinschaft, in der nicht alle Verbrecher gewesen sind und deren junge unschuldigen Mitglieder nicht der Verbrechen ihrer Väter angeklagt werden dürfen, zur Vernunft zurückkehrt, kann dann von Gewicht sein, sogar zugunsten dieses oder jenes Verbrechers, der zum Bösen angestiftet wurde und jetzt von aufrichtiger Reue erfüllt ist.

Jedoch muß man auch in diesem Fall individuell den einzelnen Menschen, die zu einer Gemeinschaft von Opfern gehören, eine völlige Freiheit des Urteils zuerkennen.

Hingegen dürfen das Volk als Ganzes und seine sozialen Gruppen in keiner Weise unter dem Vorwand, daß der Kriegszustand beendet sei, *en bloc* die Urheber der Verbrechen weißwaschen. Entschlossene Unterdrückung von Verbrechen gegen die Menschlichkeit darf zeitlich nicht begrenzt werden, und dies nicht als Maßnahme der Rache, sondern um Verbrecher, die bei der Straflosigkeit sicher ihr Haupt erheben würden, daran zu hindern, wieder hohe gesellschaftliche Stellungen einzunehmen und damit *a fortiori* eine Revanche für ihre Niederlage vorzubereiten und mit ihren unheilvollen, haßerfüllten Taten der Gewalt erneut zu beginnen.

In Ihrem Brief spielten Sie auf einen Gewissenskonflikt an, den ich persönlich vor einigen Jahren zu bewältigen hatte, als die juristische Fakultät der Universität Mainz vorfühlte, ob ich möglicherweise den Titel eines Doktors *honoris causa* dieser deutschen Universität als Anerkennung meines Einsatzes für die Menschenrechte annehmen würde, während doch im Laufe des Zweiten Weltkriegs neunzehn meiner Verwandten väterlicherseits in Nizza und acht Angehörige meiner Familie mütterlicherseits in Bayonne - darunter einige Frontkämpfer und Invaliden des Ersten Weltkriegs - im Krieg gefallen oder von den deutschen Truppen verschleppt und als Juden umgebracht worden waren.

Es ist zwar richtig, daß ich selbst vor einem ernsten Gewissenskonflikt stand; schließlich habe ich mich doch zur Annahme des Doktortitels und einer Reise nach Mainz entschlossen. Aber meine Situation war glücklicherweise weniger dramatisch als die, in der Sie sich befanden. Die juristische Fakultät von Mainz, die 1948 unter der französischen Besatzung nach mehr als einem Jahrhundert Dornröschenschlaf wieder zum Leben erweckt worden war, hatte während des Krieges keinerlei Verantwortung tragen können: man konnte sie nicht beschuldigen, ein Hort chauvinistischer Erziehung und Kriegshetze gewesen zu sein. Ganz im Gegenteil gehörte es zu den wesentlichen Zielen ihrer Gründer, die seither auch verwirklicht wurden, an den Ufern des Rheins zwischen der germanischen und der französischen Kultur als Bindeglied für die Versöhnung des deutschen und des französischen Volkes zu wirken.

Ich habe mich damals zu der Frage veranlaßt gefühlt, ob es nicht für mich eine Pflicht sei, meine persönliche Erbitterung als französischer Jude zu überwinden, um einen Beitrag zu den Bemühungen jener deutschen Professoren voller guter Absichten zu leisten. Stellung bezogen hatte ich bereits. Ich gehörte zu denen, die Israels Absicht billigten, vom offiziellen Deutschland materielle Wiedergutmachung anzunehmen und sogar zu fordern.

Da ich es für meine Pflicht hielt, mich meinerseits an einem Zukunftswerk zu beteiligen, habe ich das ohne Einschränkung getan. Weit entfernt davon, die barbarischen Umstände zu vergessen, unter denen so viele mir teure Mitglieder mei-

ner Familie umgekommen waren, habe ich diese bei meiner Rede in Mainz ausdrücklich in Erinnerung gerufen, um zu unterstreichen, in welchem Maße den Franzosen daran liege, in dauerhaftem Frieden mit dem deutschen Volk zu leben, das seinerseits jede Solidarität mit seinen verbrecherischen Elementen zurückweisen müsse.
Wie Sie feststellen können, enthielt die Entscheidung, die ich - so schwierig sie gewesen war - 1962/63 zwanzig Jahre nach Beendigung der Massenmorde getroffen habe und die ich gegebenenfalls erneut treffen würde, Motive, für die man in Ihrem Fall nichts Vergleichbares finden könnte.
Darum fehlt meiner oben dargelegten Ansicht jeder unmittelbare Bezug zu dem persönlichen Fall, den ich soeben beschrieben habe.

Constantine FitzGibbon

In Anbetracht des politischen, philosophischen und religiösen Sinns Ihres Erlebnisses fragen Sie mich: »Hatte ich recht oder unrecht?« Damit bitten Sie mich über Ihr Handeln zu Gericht zu sitzen oder vielmehr über Ihr Versäumnis zu handeln - vor langer Zeit und unter Bedingungen des Grauens. Des weiteren bitten Sie mich, über den sterbenden SS-Mann und ferner seine Mutter zu urteilen. Ich werde mein Bestes tun, um Ihre Fragen zu beantworten, ich muß es jedoch ablehnen, den Richter zu spielen.
Ich tue dies weder aus Prinzip noch aus Angst vor der Verantwortung, die jeder Akt des Richtens mit sich bringt, sondern lediglich aus Mangel an Berufung.
Als Sie *Die Sonnenblume* schrieben, berichteten Sie aufrichtig die Wahrheit über sich selbst, so weit Sie diese Wahrheit erfassen konnten, und Sie sind ehrlich genug zu erkennen, daß Sie die ganze Wahrheit nicht erfassen können. Ich will ver-

suchen, diese Redlichkeit zu erwidern, bevor ich Ihre Frage beantworte.
Ich bin weder Jude noch Deutscher. Sie sagen, daß Sie sogar noch vor der Niedertracht der Nazis in Ihrer Kindheit und Jugend fast nie Menschen kennengelernt hatten, denen Juden einfach nur gleichgültig waren. Ich bin einer der Menschen, die Sie in jenen Tagen nicht kennengelernt haben. In der westlichen Welt des gehobenen Bürgertums, in der ich aufwuchs, waren sich natürlich meine Familie und die Kreise, in denen ich mich bewegte, dessen bewußt, daß es Juden, jedoch nicht, daß es eine »jüdische Frage« gab, und als ich fünfzehnjährig 1935 nach Deutschland kam und das erste antisemitische Gerede hörte, kam mir das ganz schlicht höchst lächerlich vor. Selbstverständlich hatte ich jüdische Witze gehört, aber der Antisemitismus in ihnen war nicht größer als der von ähnlichen italienischen oder französischen Witzen oder der viel gröberen Spöttelei, die wir über die Deutschen hörten. Deshalb lag für mich keine Veranlassung vor, ein umgekehrter Rassist, ein Philosemit zu sein. Als junger Mann, der an Philosophie und Geschichte interessiert war, hatte ich selbstverständlich ein gewisses, aber kein sehr großes Interesse für jüdische Religion und Geschichte; ein größeres als, sagen wir, als für die chinesische, aber ein geringeres als für die griechische, das vielleicht meinem Interesse für die viel kleinere Geschichte meines eigenen Volkes, der Iren, vergleichbar war. (Ich bin nicht römisch-katholisch und betrachtete bis vor kurzem religiöses Denken als interessantes Thema für die intellektuelle Forschung, heute tue ich das nicht mehr.) Daher kam es mir persönlich, bis ich im Alter von 40 Jahren eine jüdische Frau heiratete, nie in den Sinn, nach einem Unterschied zwischen Juden und Christen zu *suchen*, weder bei meinen Freunden noch in den Künsten. Daß mein Sohn zum Teil Jude ist, macht mir, wenn ich mir die Mühe nehme, darüber nachzudenken, eher Freude, da ich es für eine wahrscheinliche Bereicherung halte.

Aber wenn ich auch in keiner Weise Rassist bin - zumindest schmeichele ich mir das, und ich meine damit auch afrikanischen und asiatischen Rassismus -, so bin ich doch in zunehmendem Maße auch kein Antirassist, außer daß ich mich noch einmal freiwillig stellen würde, um wie am 3. September 1939 gegen sadistische Mörder zu kämpfen, die einen so absurden Glauben wie den Nazismus benutzten, um ihre schändlichen Phantasien zu verwirklichen. Meine Gefühle diesen Leuten gegenüber waren stärker, aber von der gleichen Beschaffenheit wie diejenigen, die ich seither Stalinisten und Maoisten entgegenbrachte. Menschen, die Lügen in Handlungen umsetzen, werden unweigerlich zu Mördern, da sie die Tatsachen der »Wahrheit«, wie sie sie sich vorstellen, anpassen müssen; dabei haben sie keine Kenntnis der Wahrheit und sind schließlich wie Ihr SS-Mann genötigt, zuzugeben, daß alles Lüge gewesen war. Deshalb war er zum Schluß gezwungen, *durch Sie* zu beten.
Warum erzählen Sie mir von seinem Gebet? Ich kenne weder Sie noch ihn. Ich kann es nur erahnen durch meine Lektüre, meine Freunde, durch ein wachsendes Interesse an dem, was uns dazu bewegt, uns Gott zuzuwenden.
Hätte ich mich in Ihrer Lage befunden, was mir fast, wenn auch nicht völlig, unvorstellbar erscheint, hätte ich, glaube ich, dasselbe getan wie Sie in jenem Zimmer der Technischen Hochschule. Ich wäre dann dreiundzwanzig Jahre alt gewesen und hätte wahrscheinlich gefunden, daß er mit Hilfe von Mitleid der Rache eine zu leichte Chance bot. (Hierbei sind jedoch die persönlichen Bedingungen äußersten Terrors und teilweiser Ergebung in diesen Terror unberücksichtigt.) Heute hätte ich, glaube ich, obwohl für mich die Umstände gar nicht faßbar sind, mit christlicher Brutalität reagiert, denn heute wären für mich Eli, der Junge in Taganrog, und mein Sohn Francis eins geworden, und ich würde mich an Christus' Bemerkung erinnern, es wäre besser, ihm einen Mühlstein um den Hals zu hängen und ihn ins Meer zu wer-

fen, als daß er einem von diesen Kleinen ein Leid antun könnte: ich glaube, ich würde ihn in seinem Bett erwürgen. Ich komme gleich zum Ende. Ich sagte, daß ich in keiner Weise Rassist bin. Das bedeutet aber nicht, daß wir nicht in unserem Tun und Denken von dem Glauben, in dem wir oder unsere Eltern oder selbst unsere Vorfahren erzogen wurden, beeinflußt seien. Ihre Gewissensnot hinsichtlich Ihrer Handlungsweise entspricht Ihrer Religion. Ich habe die größte Achtung davor, daß Sie das der Welt mitteilen, zumal ich mir vorstellen kann, welche Qual es sein muß, das zu tun. Das größte europäische Verbrechen unserer Zeit darf nicht friedlich unter einer Sonnenblume ruhen.

Herbert Marcuse

Ich glaube, ich hätte gehandelt wie Sie, das heißt, dem sterbenden SS-Mann die Bitte abgeschlagen. Es schien mir schon immer unmenschlich und wie eine Travestie der Gerechtigkeit, wenn der Henker das Opfer um Verzeihung bittet. Man kann und sollte nicht sorglos drauflos töten und foltern und dann, wenn der Augenblick gekommen ist, einfach um Verzeihung bitten und sie erhalten dürfen. Meiner Ansicht nach wird dadurch das Verbrechen fortgesetzt. Im übrigen ist diese Frage nicht auf das jüdische Problem begrenzt. Würde man als Mitglied der Nationalen Befreiungsfront einem amerikanischen Marinesergeanten vergeben, der die eigenen Freunde, Frau und Kinder getötet oder gefoltert hätte? Ist überhaupt irgend jemand zur Vergebung ermächtigt? Ich erinnere mich noch immer an die traumatische Erschütterung nach der Ermordung von Rathenau, als ich las, daß seine Mutter zu der Mutter des Mörders gegangen war und sie getröstet hatte!

So etwas darf nicht wieder geschehen

Jean Améry

Die Hochschätzung Ihrer Aktivität, die Sie, nicht achtend der persönlichen Gefahren, die Ihnen gewiß aus ihr erwachsen, nun seit mehr als zwei Jahrzehnten verfolgen, ist mir zwingender Grund, Ihrem Ersuchen, ich möchte Stellung nehmen zu dem in Ihrer Erzählung *Die Sonnenblumen* aufgeworfenen Problem, unverzüglich nachzukommen. Ein SS-Mann, der an Vernichtungsaktionen teilnahm, starb. Sterbend war er von seinem durch die SS-Lehrjahre mitgeschleppten christlichen Gewissen geplagt, und so wünschte er sich für seine letzten Atemzüge die »Absolution«, den Pardon durch einen Juden. Sie selbst, damals Lagerhäftling, umgeben vom tausendfach gestalteten Tod, der ihre Brüder überfiel und Ihnen zu jeder Stunde drohte, wollten dem Sterbenden die von ihm so dringlich und sogar mit gefalteten Händen verlangten Worte des Verzeihens nicht gewähren. Sie verließen ihn ohne Absolution. Er starb ohne Trost. - Das scheint Sie zu quälen. Das beschäftigt Sie jedenfalls. Sie fordern mit gutem Recht die Meinung von Zeitgenossen heraus: solcher, die mit Ihnen gelitten haben, anderer, die Sie aus den verschiedentlichsten Gründen vielleicht als moralische Autoritäten ansehen.

Was mich betrifft, so bin ich einer von jenen, die, gleich Ihnen, nur zufällig vom großen Kehrbesen nicht miterfaßt wurden. Ein Überlebender. Aber keinerlei moralische Instanz. Meine Meinung ist eine private, engagiert nur mich selber, ist ohne jedes öffentliche Gewicht. Das gewährt mir einen weiten Freiheitsraum. Ich darf sprechen, ohne befürchten zu müssen, daß meine Worte, in welch geringem Maße auch immer, zu Handlungsmaximen werden könnten. Das ist gut so: ich spreche nur für Sie und für mich.

Um es gleich vorwegzunehmen: Sie werden, sehr geehrter Herr Wiesenthal, unvermeidlicherweise von meiner Stellungnahme enttäuscht sein. Ihr Problem ist für mich keines. Das fordert Erläuterung. Sie haben dem sterbenden SS-Mann die jüdische Absolution nicht erteilt. Ich selbst, in gleicher Lage mich befindend, wäre vielleicht nachgiebiger gewesen. Beides, Ihre Unversöhnlichkeit, meine mögliche, wenn auch keineswegs gewisse Großmut, bedeutet für mich nichts, beziehungsweise würde für mich nichts bedeuten. Die Frage von Verzeihen oder Nicht-Verzeihen in einem solchen Falle hat für mich nur zweierlei Aspekte: einen psychologischen und einen politischen. Unterm psychologischen Aspekt gesehen, ist Verzeihen oder Nicht-Verzeihen in einem so und nicht anders gearteten Fall nichts als eine Frage des Temperaments oder auch einer seelischen Stimmung. Ich will Ihnen kein anderes Verhalten als Möglichkeit unterschieben, doch kann ich mir sehr gut denken, daß unter nur minimal variierter Voraussetzung Sie dem Sterbenden vielleicht doch verziehen hätten. Nehmen wir an, Sie hätten sein Auge gesehen, ein bittendes, flehendes, das vielleicht sprechender gewesen wäre als eine sterbende Stimme und gefaltete Hände; oder Sie wären eben ganz zufällig knapp zuvor mit einem jener »anständigen« SS-Leute, wie wir alle sie kannten, in Berührung gekommen, hätten von diesem eine kleine persönliche Menschlichkeit erfahren und wären hierdurch in eine duldsamere Stimmung versetzt worden; oder Sie hätten vernommen, es habe irgendein Deutscher einem nahen Verwandten zur Flucht verholfen - auch derlei, Sie wissen es besser als ich, hat es ja gegeben. Dann hätten Sie also verziehen: es hätte das in meinen Augen genau so wenig bedeutet wie Ihre (oder unter Umständen auch meine) Weigerung. Soweit die psychologische Perspektive.

Nun die politische. Auch aus dieser gesehen, sind in einem so dramatisch zugespitzten Fall, wie er eintrat, aber ganz gewiß ein einmaliger und darum ohne exemplarisches Gewicht ist, Verzeihen oder Nicht-Verzeihen ohne jede Relevanz. Ihr Problem, Sie mögen Agnostiker sein oder gläubig, ich weiß das nicht, gehört dem Bereich von Schuld und Sühne an, ist also, wenn eventuell auch in agnostisch modifizierter Form, ein *theologisches*: und als ein solches besteht es für mich, den Atheisten und, darüber hinaus, jeder moralischen Metaphysik gegenüber gleichgültig-ablehnenden Menschen, nicht. Es geht, so möchte ich meinen, nicht um individuelles Vergeben oder individuelle Unversöhnlichkeit. Man kann sagen: Ihr sterbender SS-Mann hat an Vernichtungsaktionen teilgenommen, er wußte sehr genau, was er tat; er mag sich mit seinem Gott, wenn er an ihn glaubt, arrangieren, mag jedenfalls ungetröstet sterben. Man kann ebensogut sagen: Was kommt's denn schon auf diesen einen an! Soll er in Gottes oder in Dreiteufels Namen in Frieden dahingehen, und wenn ihm an meinem Verzeihenswort liegt, ich sprech es aus. Es gilt das *politisch gleichviel*.

Da ich nun die ganze Frage nur politisch zu sehen vermag (wobei freilich die Axiomatik meines politischen Denkens im Moralischen wurzeln mag, was hier nicht zur Diskussion steht und uns in der Debatte viel zu weit führen würde) -, da ich also das Problem des Verzeihens nur politisch sehen kann, muß ich es mir versagen, in meiner Stellungnahme Ihr Verhalten zu billigen oder es zu verurteilen. Sie sollen allerdings nicht glauben, ich möchte mir nur die Sache leicht machen und peinlichen Fragen mich entziehen. Darum trete ich über aufs politische Terrain, verlasse allerdings dabei notwendigerweise den Boden der Problematik Ihrer Erzählung. Politisch will ich von Vergebung nichts hören! Ich glaube, daß Sie, der Sie in Ihrer ganzen Tätigkeit das politische Feld der Naziverbrechen täglich abschreiten, für meine Haltung Verständnis haben werden. Worauf kommt es mir an? Auf etwas Grundeinfaches: es darf, was Sie und ich erlebt haben, *nicht wieder geschehen,* niemals und nirgendwo. Darum - und ich habe es schon da und dort gesagt und geschrieben - verweigere ich mich jeder Versöhnlichkeit gegenüber Verbrechern und auch solchen, die nur durch Zufall nicht dazu kamen, Untaten zu begehen, sowie schließlich auch gegenüber allen denen, die durch ihr Wort die Unsäglichkeiten vorbereiten halfen. Nur wenn Naziverbrechen wie der Genocid am europäischen Judentum unverjährbar sind und bleiben, nur wenn jeder Untäter gejagt und schließlich erlegt wird, können die potentiellen Mörder von morgen und übermorgen gehindert werden, ihr verbrecherisches Potential zu realisieren. Wie Sie bin auch ich der Meinung - und ich beziehe mich auf Ihren bemerkenswerten Artikel in der Pariser Zeitung *Le Monde* -, daß allzu viele Verbrecher vom Buchstaben des Gesetzes verschont bleiben, daß allzu viele Mörder in Uniform, allzu viele Blutrichter von gestern einen friedlichen Lebensabend verbringen. Ihre Sache, wenn ich Sie recht verstehe, war stets eine politische. So wie ich den Himmel den Engeln und Spatzen überlasse, so lege ich die moraltheologische, moralphilosophische Frage zur Lösung (die, unter uns, niemals eine sein wird) den bestallten Facharbeitern, will sagen: den für ihre Spekulationen fest und mit Pensionsberechtigung angestellten Universitätslehrern in die Hände.

Seien Sie ruhig, lieber Herr Wiesenthal. Sie haben nicht verziehen: es war Ihr gutes Recht; hätten Sie in einer Aufwallung von Rührung das verzeihende Wort gesagt, Sie wären auch zu diesem legitimiert gewesen. Ihr SS-Mann war ein Teufel und - vielleicht auch ein *armer* Teufel. Es kommt auf ihn und sein Sterben nicht an, so wenig wie es ankam auf das Verhalten des Häftlings Wiesenthal. Worauf es ankommt, das ist die Tätigkeit des Leiters und Begründers des »Dokumentationszentrums«. Er hat es nicht mit jenen Verbrechern zu tun, die im Feldspital starben, sondern mit den anderen, die da leben - und besser leben als mancher unserer Kameraden. Der Chef des Dokumentationszentrums soll ihnen dieses süße Leben nicht gönnen und weiter dafür sorgen, daß ein, ach, wie schwacher, wie sanft zupackender Arm diesseitiger Justiz sie erreiche. Dies wünscht mit Dank für Ihre Arbeit und kameradschaftlichem Gruß . . .

Bischof Bluyssen

Bevor ich auf die Frage eingehe, die Sie mir unterbreitet haben, möchte ich Ihnen sagen, daß mich die Lektüre Ihres Buches *Die Sonnenblume* sehr ergriffen hat. Die Geschichte über die Begegnung des jüdischen Gefangenen mit dem sterbenden SS-Mann kennzeichnet nicht in vollem Ausmaß, wohl aber in ganzer Tiefe das grauenhafte Los des jüdischen Volkes vor und während des Zweiten Weltkrieges. Konkreter als es eine historische Studie tun könnte, ruft sie das Elend und die Schrecknisse in Erinnerung, welche Millionen wehrloser Menschen erlitten haben, und die Verbrechen, die ein auf roher Macht basierendes Regime im Rassenwahn an ihnen begangen hat.

Übrigens bin ich mir bewußt, daß die Judenhetze des Nationalsozialismus nicht aus der Luft gegriffen ist. Der Antisemitismus hat tiefe Wurzeln in der Geschichte Europas und hat wiederholt zu Ausbrüchen des Hasses geführt. Im Laufe der Zeiten haben Christen immer wieder, auch aus quasireligiösen Beweggründen, jüdische Minderheiten unterdrückt.

Und was die Nazizeit betrifft - wie viele Menschen haben sich ihrer Verantwortung entzogen, wie viele haben passiv und gleichgültig, vielleicht sogar gefühllos längs des Weges gestanden, auf dem Juden abgeführt wurden, wie viele haben, ohne zu protestieren, zugeschaut, wenn Juden in den Tod getrieben wurden? Sicher, ich weiß, viele haben unter Gefahr für ihr eigenes Leben jüdischen Mitmenschen geholfen, haben sie versteckt und sie mit allem Nötigen versorgt. In den Niederlanden haben die katholischen Bischöfe zusammen mit den anderen christlichen Kirchen, leider ohne irgendwelchen Erfolg, Stellung genommen gegen die unmenschliche Behandlung der Juden.

Doch dürfen wir nicht an der Frage vorübergehen, ob wir für unsere ausgestoßenen und jeden Menschenrechts verlustig erklärten Mitbürger nicht mehr hätten tun können und also auch hätten tun müssen. Wenn ich dies erwäge, fällt es mir schwer, ein Urteil über die Haltung des Juden in Ihrem Buche auszusprechen. Es gibt noch einen anderen Grund, warum ich zögere. Es ist wahr, was eine der Figuren aus Ihrem Buche sagt: »Wer es nicht am eigenen Leibe erfahren hat, wird es schon allein darum nie ganz verstehen können.« Ich habe die Existenz in so einem Lager nicht erfahren. Was ich aber sehr wohl erfahren habe, ist, daß wir es im gewöhnlichen Leben sehr schwierig finden, uns über manchmal sogar nur vermeintliche Beleidigungen hinwegzusetzen und von Herzen zu verzeihen.

Und dies steht nicht im geringsten Verhältnis zu dem, was die Gefangenen in den Konzentrationslagern erdulden mußten.

Wozu ist jemand, dessen Menschenwürde und menschliche Existenz derart untergraben wurde, noch fähig? Wer kann oder wer darf darüber von außen her urteilen?

Sie schreiben, die Gefangenen sagten einander, daß Gott »auf Urlaub« sei. Wo Menschen alles entbehren müssen, was menschlich ist, wo sie in keinerlei Weise als Menschen anerkannt werden, da muß der Gottesglaube wohl gefährdet werden. Denn es ist meine Überzeugung, daß der Gedanke an Gott und das Vertrauen auf ihn unter uns nur durch die

Erfahrung menschlicher Liebe lebendig bleiben können. Über den Konzentrationslagern muß ebenso wie über dem Kalvarienberg der Schrei erschallt sein: »Mein Gott, warum hast du mich verlassen?«

Kann jemand, der von Gott und den Menschen verlassen ist, jemand, für den nichts als das unausweichliche, alles beherrschende Gesetz des herannahenden Todes gilt, seinen Mördern vergeben?

Ist für ihn die Hoffnung, die Aussicht auf die Zukunft, die allein ein Verzeihen ermöglicht, noch zugänglich?

Es zeugt von besonderer Geisteskraft und von einem feinfühlig gebliebenen Herzen, daß die Hauptperson das Geständnis des Sterbenden geduldig anhört, in manchen Augenblicken sogar Sympathie für ihn empfindet und das Vergeben oder Nichtvergeben überhaupt zu einer nie verstummenden Gewissensfrage macht. Hätte er verzeihen müssen? In einer unmenschlichen Situation der echten Menschlichkeit treu zu bleiben, ist etwas Übermenschliches. Ich weiß nicht, ob Menschen diese Übermenschlichkeit aufbringen können. Ich will nur erwägen, was es bedeutet hätte, wenn er doch Verzeihung gewährt hätte.

Aus den Worten des Sterbenden ergibt sich deutlich - und der Gefangene versteht es auch so -, daß er echt und ehrlich bereut. Der abscheuliche Mord, an dem er teilgenommen hat, verfolgt ihn. Wahre Reue setzt voraus, daß man sich nicht der menschlichen Gerechtigkeit zu entziehen trachtet, sondern daß man bereit ist, die gerechte Strafe zu erleiden. Das aber war für ihn auf seinem Sterbebett nicht mehr möglich. Und doch will er mit der Vergangenheit fertig werden, sich ihrer entledigen, sie bewältigen, nicht dadurch, daß er sie aus dem Weg schafft, sie rechtfertigt, verbirgt oder entschuldigt, sondern dadurch, daß er sie in voller Schwere auf sich nimmt und ehrlich beichtet.

Dann muß aber jemand da sein, dem gegenüber er aussprechen kann, was ihn beklemmt, den er bitten kann, seine Reue

zu akzeptieren. Weil die Menschen, denen gegenüber er sein Verbrechen beging, nicht mehr leben, fragt er jemanden, der zu derselben »Schicksalsgemeinschaft« gehört. Dieser eine Jude, der zufällig in diese Situation gerät, kann nicht wie eine juristische Instanz auftreten, die das gerichtliche Verfahren einstellen kann. Niemand hat ihm die Vollmacht erteilt, zu verzeihen. Übrigens hat auch niemand ihn bevollmächtigt, Vergebung zu verweigern. Er steht als individuelle Person am Sterbebett, und der Sterbende verlangt nur, daß dieser eine Mann, der ein Schicksalsgenosse seiner Opfer ist, glauben soll, daß er ehrlich bereut und ihm das sagen will.
Verzeihen hätte bedeutet, daß ein Mensch bereit wäre, ihn trotz seiner entsetzlichen Vergangenheit als Mensch zu akzeptieren, seine Reue anzuerkennen und sich mit ihm zu lösen von dem, was geschehen ist, um sich auf den Weg in eine neue Zukunft zu begeben. Vergeben heißt glauben, daß sogar in dem Menschen, der tief gefallen ist, noch Möglichkeiten zum Guten stecken; es heißt, die Zuversicht bewahren in das letztlich Gute der Menschen und der Welt, wie Anne Frank in ihrem Tagebuch schrieb.
Menschen, die im Rahmen eines Systems dazu gebracht werden, eine ganze Bevölkerungsgruppe als minderwertig anzusehen und sie aus der Menschengemeinschaft auszustoßen, schließen sich selbst durch ihre Verbrechen gegenüber dieser Bevölkerungsgruppe aus der menschlichen Gemeinschaft aus. Zu dieser Erkenntnis war der junge SS-Mann auf seinem Sterbebett gekommen. Die Anmaßung, ein »Herrenmensch« zu sein, war zusammengebrochen und in das Gegenteil umgeschlagen. In dieser Situation hätte Vergeben bedeutet, daß der reumütige Verbrecher trotz seiner Verbrechen und dank seiner Reue wieder in die Menschengemeinschaft aufgenommen wäre, wenn auch nur durch einen einzigen Menschen. Beide wären einander nahegekommen, hätten sich gefunden in der gemeinschaftlichen Erkenntnis, daß es keine »Herrenmenschen« und keine »Untermenschen« gibt, daß die Tren-

nungslinie ausgelöscht werden muß, weil sie unmenschlich ist, und daß sie nie wieder gezogen werden darf. Dann wäre zwei Menschen, die an verschiedenen Seiten der Scheidewand standen, gemeinsam der Durchbruch des *circulus vitiosus* gelungen, sie hätten den verderblichen Kreislauf gegenseitiger Verachtung durchbrochen. Es wäre ein Fünkchen Hoffnung auf eine bessere, menschlichere Zukunft gewesen in einer Zeit, da die Verfolgung noch mit aller Kraft wütete und das schreckliche Leiden noch nicht beendet war.

In diesem Zusammenhang muß die Frage sehr ernst genommen werden: Kann das Vergeben von Verbrechen nicht dazu führen, daß die Gerechtigkeit nicht mehr so ernst genommen wird? Bedeutet es nicht eine Vernachlässigung der Gerechtigkeit, die doch die erste Voraussetzung ist für eine menschliche Welt?

Was ist eigentlich Gerechtigkeit? Gerechtigkeit bedeutet, daß innerhalb einer Gemeinschaft eine Ordnung herrscht, welche die Macht durch das Recht einschränkt, die die Schwachen gegen die Übermacht der Starken beschützt. Die Rechte von denjenigen, die sich selbst nicht verteidigen können, müssen sichergestellt werden dadurch, daß jene, die diese Rechte verletzen wollten, daran gehindert werden, nach eigenen Interessen, eigener Willkür und nach eigenem Belieben zu handeln. Gerechtigkeit will sagen, daß wir alle - denn alle haben hierbei eine Aufgabe, der sich niemand entziehen darf - den Schwachen zu Hilfe kommen, daß wir aufkommen für die Witwen, die Waisen und Fremdlinge, wie es im Gesetz und bei den Propheten steht, daß wir dafür sorgen, daß Kinder nicht in Angst und Bedrohung, wie Eli, sondern in Freude und Geborgenheit heranwachsen ...

Diese Gerechtigkeit muß in unserer Gesellschaft zuallererst gesichert sein. Wir haben nie das Recht, unsere eigene Ruhe aus Feigheit oder Bequemlichkeit dem Einsatz für die Gerechtigkeit voranzustellen. Versöhnungsstreben darf nie entarten in Nachgiebigkeit, welche die Gefahr von Mitschuld birgt. Wenn wir Übeltäter gewähren lassen, wenn wir nicht protestieren und in die Bresche springen für die Menschen, die bedroht werden, dann machen wir uns mitschuldig an dem Leiden von Unschuldigen, das wir nicht verhindern.

Kehren wir zurück in das Sterbezimmer. Ich frage mich, ob sich das Verhältnis vom Starken zum Schwachen nicht radikal umgekehrt hatte. Als der Jude am Sterbebett sitzt, fühlt er sehr wohl, daß der sterbende junge Mann seine ganze Macht verloren hat und machtlos und einsam geworden ist, nicht so sehr des herannahenden Todes wegen, sondern weil er mit schwerer Schuld beladen aus dem Leben scheiden wird. Was gibt es Schrecklicheres, als dem Tod entgegenzugehen nach einem kurzen Leben, das nach menschlichem Ermessen gescheitert ist, verkehrt genutzt wurde?

Aber, ist dann nicht der vorher Mächtige der Schwache, der beschützt werden mußte? Ihn zu akzeptieren und ihm zu vergeben stünde dann nicht im Widerspruch zur Gerechtigkeit, sondern im Einklang mit ihr, obwohl das, wie mir scheint, eigentlich nur möglich ist auf Grund des Erbarmens.

Barmherzigkeit darf das letzte Wort sein über ein individuelles Menschenleben.

Das Evangelium, an das ich glaube, sagt mir, daß Gott auf diese Weise mit dem Menschen verfährt, und daß Er uns auffordert, in diese göttliche Barmherzigkeit miteinzustimmen. Meine Überzeugung ist zutiefst darauf gegründet, daß Verzeihen wahre Menschlichkeit fördert.

Als ich an die letzte Seite Ihres Buches gekommen war, hatte ich den alles beherrschenden Gedanken:

Nie und nimmer dürfen Verhältnisse wiederkehren, in denen es möglich ist, daß Menschen vor eine so übermenschliche Wahl gestellt werden. Nie und nimmer darf es wieder eine so unmenschliche Episode in der menschlichen Geschichte geben.

Nie und nimmer dürfen junge Menschen wieder durch falsche Ideologien zu Mördern gemacht werden.

Nie und nimmer wieder darf sich eine Gruppe zu »Herrenmenschen« aufwerfen und auf Grund dessen andere als »Untermenschen« betrachten und behandeln.
Oder positiv gesagt: Wir müssen daran arbeiten, einen Zustand zu erreichen, in dem alle Menschen einander als vollwertige Menschen anerkennen und als Menschen miteinander verkehren.
Was können wir dazu tun? Was müssen wir dazu beitragen?
Es ist dienlich, die Vergangenheit zu kennen. Die Menschheit kann aus ihrer Geschichte lernen. Es wäre unvernünftig, gedankenlos an der Geschichte vorüberzugehen. Versuche, die Vergangenheit verschwinden zu lassen, können sogar gefährlich sein.
Wenn wir aber weiterkommen wollen als in der Vergangenheit, ist die Frage, ob wir selbst oder ob andere richtig gehandelt haben, nicht am wichtigsten, am wichtigsten ist, daß wir uns darauf besinnen, was wir jetzt und in der Zukunft zu tun haben. Wir haben nicht genügend damit getan, daß wir jetzt wissen, wer in der Vergangenheit gegen die Menschlichkeit gesündigt hat. Auch jetzt gibt es Gewalt, Machtmißbrauch, Diskriminierung und Zurücksetzung, wenn auch in weniger abscheuerregenden Formen, eine permanente Verführung, der wir uns widersetzen müssen. Dies fordert unsere unablässige Wachsamkeit, damit wir die Gefahren erkennen, und unseren immerwährenden Einsatz für eine gerechte, friedliche Weltordnung. Wenn wir uns von dieser Sorge leiten lassen, werden wir dieses Ideal auch der Jugend und somit der Zukunft weitergeben können. Die Chance, daß es uns gelingen wird, ist um so größer, wenn wir alle Kräfte zusammenbringen, die um wahre Humanität in unserer menschlichen Gesellschaft besorgt sind. In dieser Sorge um Humanität fühle ich mich Ihnen, Herr Wiesenthal, so ganz verbunden, daß ich Ihnen diese Gedanken darbiete. Nach meiner Meinung enthalten sie weder Billigung noch Verurteilung. Es sollte nur ein bescheidener Versuch sein, mit

Ihnen über ein ernstes, tief menschliches Problem einer unmenschlichen Situation nachzudenken.
Seien Sie überzeugt von meiner Wertschätzung.

Carlo Schmid

Die Lektüre Ihres Buches kann einen zu Boden drücken. Ich habe manche Bücher, Dokumentationen und Berichte gelesen, darin geschildert wird, welche unnennbaren Scheußlichkeiten Deutsche dem Volk der Juden (und auch Menschen anderer Völker - aber die Juden waren das eigentliche Ziel) angetan haben. So fand ich auf den Blättern der *Sonnenblume* nichts, das für sich selber scheußlicher gewesen wäre, als was ich schon wußte, und mir darum ein weiteres Blatt im Katalog des Unmenschentums hätte aufschlagen können. Das numerische Ausmaß des Entsetzlichen, das Menschen angetan wird, um sie zu schinden, zu foltern, zu ermorden, auf eine Weise, die sie die Achtung vor sich selbst sollte verlieren lassen, läßt sich addieren, läßt sich zu einer Schädelpyramide aufstapeln; aber die eigentliche Frage ist nicht die Zahl der Opfer: das Unendliche läßt sich nicht multiplizieren; auch wenn es an einem einzigen geschah, bleibt sich die Schande gleich, die Schande jener, die es zuließen, daß solches in ihrem Namen getan werden konnte. Freilich sollte der Satz, daß Quantität in Qualität umschlagen kann, auch hier gelten; doch wenn auch nur ein einziges Kind »organisiert« gefoltert worden ist, ohne daß die Sippe der Täter aufschrie, ist alles preisgegeben, was den Menschen ausmacht.
Was sich mir bei der Lektüre ins Herz krallte, ist die Ausweglosigkeit, in die Sie an jenem Sterbebett geworfen wurden, die Ausweglosigkeit und die Gewissensnot, als der sterbende SS-Mann Sie bat, ihm zu vergeben, damit er mit sich selber versöhnt sterben könne - denn ihm zu verzeihen hätte

bedeutet, stellvertretend allen zu vergeben, die gleiches getan hatten wie er; daß er bereut hat, hat ja nichts aufgehoben. Waren jene anderen neben ihm nicht auch vielleicht brave Jungen gewesen, ehe man sie zur Vernichtung des jüdischen »Ungeziefers« aufbot? Ist es in Wahrheit nicht furchtbarer, daß gute Jungen, Söhne guter Eltern, diese Dinge taten, als wenn es Strolche, geborene Verbrecher gewesen wären, die das an Schreibtischen geplante Morden unternahmen?

Und doch ... Freilich wage ich dieses »und doch« kaum hinzuschreiben. Denn wie könnte einer, dem nicht widerfahren ist, was Ihnen widerfuhr - jenen allen, die der eine Mordplan zu einem Schlachtopfer verschmolzen hat -, sich anmaßen, zu werten? Stehen Sie und diese nicht außerhalb der Ordnungen der Gesetzestafeln, die unser Tun regeln sollen, wie jene Henkersknechte sich außerhalb der Ordnungen stellten, nach deren Tafeln menschliches Tun gerichtet werden kann? Gibt es nicht Verbrechen, denen nur der Feuerregen von Sodom und Gomorrha gerecht werden könnte, aber nie der Spruch eines Schwurgerichtes? Und gilt denn nicht auf der anderen Seite auch die Entsprechung, daß jene, die es betroffen hat, in ihrer Reaktion auf die Taten der Henker außerhalb der Ordnungen stehen, innerhalb derer es gestattet, ja geboten sein mag, zu dulden, daß man auf die Gewissensfolter der Frage nach unserer Menschlichkeit gespannt wird?

Und doch ... Stellt uns das Schicksal nicht manchmal vor Situationen, in denen alles »richtig oder falsch« von den Dingen abfällt und im Pathos, im Leiden des hic et nunc, nichts anderes gilt als der spontane Akt der Bewußtwerdung des gemeinsamen Ursprungs von uns allen und das Wort Dostojewskis, daß alle an allem schuld seien?

Ich kann den Satz nicht billigen: »Ein Herrenmensch verlangte von einem Untermenschen etwas Übermenschliches.« So scheint mir das Problem falsch gestellt zu sein. Nicht darauf, ob der SS-Mann von Ihnen etwas Übermenschliches verlangte, obwohl er Sie für einen Untermenschen gehalten hatte, kann es ankommen, sondern darauf, ob auch einer in Ihrer Lage bereit sein muß, seinen »Adam« ans Kreuz schlagen zu lassen, um dem Schächer, der vor Ihnen liegt, im Sterben der Gnade der Versöhnung mit sich selbst teilhaftig werden zu lassen.

Aber wie komme ich zu solchen Worten? Sind sie nicht dem billigen Süßholzraspeln sogenannter Idealisten gleichzustellen, die bei ihren Gedankengängen die Existenz ausklammern? Wäre es nicht richtiger, schlicht zu sagen: Bei einem, dem es ergangen ist wie Ihnen und Ihren Brüdern, ist die Frage nach Recht und Unrecht von irgend etwas, was er einem aus der Schar jener Menschenschänder und Menschenschinder angetan hat, nicht erlaubt ...? Aber auch auf dem Schindanger läßt das Licht vom Himmel die Sonnenblume wachsen.

Ich achte Sie hoch, lieber Simon Wiesenthal, auch um dieses Buches willen. Doch lassen wir das Philosophieren; tun wir alles, damit nicht wieder einmal »gute Jungen« in Verstrikkungen geraten können, die sie zu Bestien machen werden.

Anhang

Die Autoren

Jean Améry

Schriftsteller und Journalist, geb. 1912 in Wien, dort Studium der Literatur und Philosophie. 1938 Emigration nach Belgien, Teilnahme an der Widerstandsbewegung in Belgien. 1943: zwei Jahre KZ-Haft. Seit 1945 freier Schriftsteller in Brüssel, Mitarbeiter an zahlreichen Rundfunkstationen in Deutschland, Mitarbeit an verschiedenen Sammelbänden.
Publikationen: *Geburt der Gegenwart* - *Gerhart Hauptmann* - *Jenseits von Schuld und Sühne* - *Über das Altern* - *Menschen im Ghetto*.

Stefan Andres

Schriftsteller, geb. 1906 in Dhrönchen bei Trier.
Publikationen: *Die Arche (Sintflut)* - *Das Goldene Gitter* (Novellen, Erzählungen) - *Die Hochzeit der Feinde* - *Der Knabe im Brunnen* - *Der Mann von Asteri* - *Der graue Regenbogen* - *Die italienischen Romane* - *Wir sind Utopia* (Novelle) - *Die Dumme* u. a.

Bischof Bluyssen

Bischof von Hertogenbosch, genießt große Popularität bei der holländischen Jugend.

René Cassin

Jurist, Professor, geb. 1887 in Bayonne. Mitglied des Verfassungsrats, Präsident der »Académie des sciences morales et politiques« (Akademie der ethischen und politischen Wissenschaften), Präsident der »Alliance israélite universelle«. Autor von zahlreichen juristischen Werken.

Petru Dumitriu

Schriftsteller, geb. 1924 in Rumänien.
Publikationen: *Inkognito - Der Mann mit den grauen Augen.*

Constantine FitzGibbon

Romanautor, Literaturkritiker, geb. 1919 in Irland, Übersetzungen aus dem Französischen, Deutschen, Italienischen.
Publikationen: *Random thoughts of a fascist Hyena - A life of Dylan Thomas.*

Saul Friedländer

Geschichtsprofessor an der Universität von Jerusalem und am Institut Supérieur d'Etudes Internationales in Genf. In Deutschland vor allem bekannt geworden durch: *Auftakt zum Untergang. Hitler und die Vereinigten Staaten von Amerika* u. a.

Albrecht Goes

Pfarrer und Schriftsteller, geb. 1908 in Langenbeutingen.

Publikationen: Gedichte und Essays, Romane: *Unruhige Nacht - Das Brandopfer.* 1953 Lessing-Preis. Gehört der Deutschen Akademie für Sprache und Dichtung an sowie der Akademie der Künste in Berlin.

Herbert Gold

Schriftsteller, geb. 1924 in den Vereinigten Staaten. Philosophiestudium an der Columbia-Universität und der Sorbonne. Lebt in San Franzisko. Preis der *Hudson Review.* In Deutschland bekanntgeworden durch den Roman *Fremde Väter.*

Helmut Gollwitzer

Theologieprofessor, geb. 1908 in Pappenheim (Bayern). Theologiestudium in München, Erlangen, Jena, Bonn.
Publikationen: *Coena Domini - Freude Gottes - Und führen, wohin du nicht willst - Die christliche Gemeinde in der politischen Welt - Forderungen der Freiheit - Die Existenz Gottes im Bekenntnis des Glaubens.*

Hans Habe

Schriftsteller und Journalist, geb. 1911 in Budapest. Im Zweiten Weltkrieg war er Soldat in der französischen und amerikanischen Armee. Nach dem Krieg wurde er Chefredakteur von *Die neue Zeitung* und einigen Illustrierten *(Münchener Illustrierte, Echo der Woche).*
Publikationen: *Christoph und sein Vater - Ilona - Die Mission - Die Tarnowska - Der Tod in Texas - Das Netz* u. a.

Rudolf Hagelstange

Schriftsteller und Lyriker, geb. 1912 in Nordhausen. Studium der Philologie in Berlin (1931-1933), später Feuilletonredakteur der *Nordhäuser Zeitung*. Im Zweiten Weltkrieg war er Soldat in Frankreich und Italien. Er ist Zeit seines Lebens viel gereist und hat die halbe Welt kennengelernt. Publikationen: *Venezianisches Credo - Die Puppen in der Puppe - Spielball der Götter - Der schielende Löwe oder How do you like America - Zeit für ein Lächeln - Der Krak in Prag - Altherrensommer - Alleingänge.*

Friedrich Heer

Geb. 1916 in Wien, Professor an der Universität Wien, Chefdramaturg des Burgtheaters, Mitglied des PEN-Clubs und der österreichischen Schriftstellervereinigung.
Publikationen: Romane, Essays, wissenschaftliche Werke, *Die Stunde der Christen - Gespräche der Feinde - Der Aufgang Europas - Der 8. Tag - Die Tragödie des Heiligen Reiches - Die europäische Geistesgeschichte - Begegnung mit dem Freund - Offener Humanismus - Europa - Mutter der Revolution - Gottes erste Liebe - Der Glaube des Adolf Hitler.*

Gustav Heinemann

Jurist und Politiker, geb. 1899 in Schwelm/Westf. 1949 Bundesinnenminister in der ersten Regierung Konrad Adenauer. Da er die Wiederbewaffnung Deutschlands ablehnte, gab er 1950 sein Ministeramt auf und trat 1952 auch aus der CDU aus. Seit 1957 Mitglied der SPD. In der Regierung der »großen Koalition« Bundesjustizminister, seit 1969 Bundespräsident.

Abraham J. Heschel

Geb. 1907 in Warschau. Studierte an der Hochschule für die Wissenschaft des Judentums in Berlin. Seit 1940 in den Vereinigten Staaten von Amerika. Seit 1945 Professor für Ethik und Mystik am Jewish Theological Seminary in New York. Publikationen: *Maimonides - Abravanel - The Mystical Element in Judaism - The Spirit of Jewish Prayer - The Insecurity of Freedom.*

Christopher Hollis

Schriftsteller, Sohn eines anglikanischen Bischofs, ist einer der führenden großen Schriftsteller Großbritanniens. Hollis war Präsident der *Oxford Union* und lehrte später Geschichte am Stonyhurst College sowie an der Notre-Dame-University, Indiana. Er ist freier Mitarbeiter des *Spectator*, des *Punch*, und des *New Yorker*. Hollis lebt heute in Mells, Somerset.

Roger Ikor

Universitätsprofessor, geb. 1912 in Paris. Mitglied des Comité d'honneur de la ligue internationale contre l'antisémitisme et le racisme (Ehrenkomitee der internationalen Liga gegen Antisemitismus und Rassismus). Autor zahlreicher Romane; erhielt den Goncourt-Preis für *Regen aus dem Meer* 1955, den Albert-Schweitzer-Preis 1957.

Jacob Kaplan

Großrabbiner von Frankreich, geb. 1895 in Paris.
Publikationen: *Le judaisme et la justice sociale - Racisme et*

judaisme - Le judaisme dans la société française contemporaine u. a.

Robert M. W. Kempner

Dr. jur., Rechtsanwalt, Staatswissenschaftler, Schriftsteller, geb. 1899 in Freiburg/Breisgau. Universitätsstudien in Berlin, Breslau und Freiburg sowie in Pennsylvania/USA. War u. a. amerikanischer stellvertretender Hauptankläger beim Nürnberger Prozeß. Berater der Israelis beim Eichmann-Prozeß. Publizierte u. a. *Eichmann und Komplicen* und eine Reihe von Artikeln in wissenschaftlichen Zeitschriften und Magazinen. Gewann Preise der Carnegie Corporation, USA, und der Carl-Schurz-Foundation, USA.

Joseph Kessel

Schriftsteller und Journalist, geb. 1898. Mitglied der Académie Française.
Publikationen: *Alkoholiker. Rausch und Heilung - La Belle de Jour. Die Schöne des Tages - Glühendes Land. Land der Verheißung. Israel 1924-1948-1961.*

Hermann Kesten

Schriftsteller, geb. 1900 in Nürnberg. 1933 Emigration.
Publikationen: *Glückliche Menschen - Die Zeit der Narren - Kopernikus - Casanova* - Essays, Literaturkritiken u. a. *Der Geist der Unruhe - Lauter Literaten.*

Primo Levi

Chemiker und Schriftsteller, geb. 1919 in Turin. Kämpfte 1943 im italienischen Widerstand, wurde nach Auschwitz deportiert, dann von den Russen 1945 befreit und nach Rußland gebracht. Später kehrte er nach Italien zurück.
Publikationen: *Atempause - Ist das ein Mensch - Die Verdoppelung einer schönen Dame und andere Überraschungen.*

Paul Gerhard Linhardt

Doktor der Theologie, geb. 1910 in Naksov, Professor für Kirchengeschichte in Aarhus.
Publikationen: *Die Bibel und das dänische Volk - Geschichte der norddeutschen Kirche - Das ewige Leben.*

Salvador de Madariaga

Diplomat und Schriftsteller, geb. 1886 in Spanien.
Publikationen: *Engländer, Franzosen, Spanier, ein Vergleich - Columbus. Entdecker neuer Welten* u. a.

Golo Mann

Dr. phil., geb. 1909 in München, Professor für Geschichte an der Technischen Hochschule Stuttgart, war Professor des Olivet-College in Michigan. Ass.-Professor des Claremen's College und Gastprofessor in Münster. Erhielt 1962 den Fontane-Preis für Literatur.
Publikationen: *Friedrich von Gentz - Vom Geist Amerikas - Deutsche Geschichte im 19. und 20. Jahrhundert - Geschichte und Geschichten.*

Gabriel Marcel

Philosoph und Schriftsteller, geb. 1889 in Paris. Kath. Konvertit.
Publikationen: *Auf der Suche nach Wahrheit und Gerechtigkeit. Vorträge in Deutschland - Dialog und Erfahrung. Vorträge in Deutschland - Gegenwart und Unsterblichkeit - Der Mensch als Problem - Die Menschenwürde und ihr existentieller Grund*, Schauspiele; Großer Literaturpreis der Académie Française, Friedenspreis des Deutschen Buchhandels 1964.

Herbert Marcuse

Philosoph und Soziologe, geb. 1898 in Deutschland. Verläßt Deutschland bei der Machtübernahme durch die Nazis. Flieht in die Schweiz, dann nach Paris, läßt sich 1937 in den Vereinigten Staaten nieder. Professor am Russischen Institut der Columbia-Universität 1952-1954, Professor in Harvard 1954 bis 1965.
Publikationen: *Hegels Ontologie und die Theorie der Geschichtlichkeit - Psychoanalyse und Politik - Über Revolte, Anarchismus und Einsamkeit. Ein Gespräch - Triebstruktur der Gesellschaft. Ein philosophischer Beitrag zu Siegmund Freud.*

Jacques Maritain

Philosoph, geb. 1882 in Paris, Professor am Kath. Institut in Paris 1914, an der Universität von Princeton 1941-1942 und 1948-1960, französischer Botschafter am Vatikan 1945 bis 1948.

Publikationen: *La philosophie bergsonienne - Religion et culture - Humanisme intégral* - in Deutschland bekanntgeworden durch *Der Bauer aus der Garonne. Ein alter Laie macht sich Gedanken.*

Martin Niemöller

Kirchenpräsident, geb. 1892 in Lippstadt/Westf., Dr. h. c. der Universitäten Göttingen, St. Louis, Halifax, London/Ontario, Delhi, Chicago, Budapest, Bratislava.
Publikationen: *Vom U-Boot zur Kanzel - Dennoch getrost - Ach Gott im Himmel sieh darein - ... zu verkünden ein gnädiges Jahr des Herrn!* (6 Dachau-Gespräche 1946).

Leon Poliakov

Historiker (ès lettres), geb. 1910 in Leningrad. Lebt heute in Paris, war Redakteur des antinazistischen Pariser Tageblatts. Er hat zahlreiche Bücher über den Antisemitismus verfaßt. *L'histoire de l'antisémitisme - De l'antizionisme à l'antisémitisme.*

Hans Werner Richter

Schriftsteller, geb. 1908 in Bansin/Ostsee, seit 1946 freier Schriftsteller, Gründer der »Gruppe 47«.
Publikationen: *Die Geschlagenen - Sie fielen aus Gottes Hand - Du sollst nicht töten - Linus oder der Verlust der Würde.* Er war Herausgeber der Zeitschrift *Der Ruf.* 1950 erhielt er in Berlin den Fontane-Preis und 1952 den René-Schickele-Preis, der von Thomas Mann, Alfred Neumann und Hermann Kesten gestiftet wurde.

Luise Rinser

Schriftstellerin, geb. 1911 in Pitzling/Oberbayern. Psychologische Studien und Pädagogik. Wurde im Dritten Reich inhaftiert.
Publikationen: *Die gläsernen Ringe - Jan Lobel aus Warschau - Daniela - Gefängnistagebuch - Der Schwerpunkt - Die vollkommene Freude* u. a.

Michel Riquet

Pfarrer, geb. 1889 in Paris. Vizepräsident der Gesellschaft der Deportierten.
Publikationen: *Face au pouvoir - Face aux athéismes - La parole de Dieu* u. a.

Carlo Schmid

Völkerrechtslehrer und Politiker (SPD), geb. 1896 in Perpignan. War Professor für öffentliches Recht in Tübingen (1946), seit 1953 für politische Wissenschaften in Frankfurt; seit 1949 MdB, 1949–1966 Vizepräsident des Bundestages, seit 1966 Minister für Angelegenheiten des Bundesrates und der Länder, seit 1969 Vizepräsident des Bundestages.

Kurt von Schuschnigg

Österreichischer Politiker und Jurist, geb. 1897 in Riva/Gardasee. 1934-1938 nach der Ermordung von Dollfuß Bundeskanzler. Seit Einmarsch der Nationalsozialisten bis Kriegsende in Haft (zuletzt KZ). Seit 1948 Professor in St. Louis.

Léopold Sédar Senghor

Geb. 1906 in Joal (Senegal). Präsident der Republik Senegal und Regierungschef.
Publikationen: *Négritude und Humanismus - Pierre Teilhard de Chardin und die afrikanische Politik*, Gedichte u. a., Großer Internationaler Preis für Poesie 1963 und Friedenspreis 1968.

Ernst Simon

Dr. phil., Professor, Pädagoge, geb. 1899 in Berlin. Studium in Berlin und Heidelberg. 1928 nach Jerusalem ausgewandert.
Publikationen: *Die Psychologie des jüdischen Witzes - Die Lehren Pestalozzis - Jüdisches Erwachsenenbild im nationalsozialistischen Deutschland als geistiger Widerstand - Für die Sache der Erziehung*. 1953 Preis der Stadt Jerusalem.

Paul-Henri Spaak

Belgischer Staatsmann, geb. 1899 in Schaerbeek bei Brüssel. Mitglied der Königlichen Akademie Belgiens. 1932 wurde er sozialistischer Parlamentsabgeordneter, später Außenminister und mehrmals Premierminister seines Landes. Er war Präsident der Beratenden Versammlung des Europarats und Generalsekretär der NATO.

Manès Sperber

Schriftsteller, geb. 1905 in Ungarn. Verläßt Deutschland bei

der Machtübernahme durch die Nazis und läßt sich 1934 in Frankreich nieder. Teilnahme an der Résistance.
Publikationen: *Wie eine Träne im Ozean* (Romantrilogie) - *Zur täglichen Weltgeschichte.*

Friedrich Torberg

Prof., Erzähler, Lyriker, Kritiker, geb. 1908 in Wien. Von 1940–1951 in den Vereinigten Staaten, nachher in Wien.
Publikationen: *Der Schüler Gerber hat absolviert - ... und glauben, es wäre die Liebe - Mein ist die Rache - Hier bin ich, mein Vater - Das fünfte Rad am Thespiskarren.*

Vercors

Schriftsteller und Graphiker, geb. 1902 in Paris. Mitbegründer der Editions de Minuit.
Publikationen: *Le silence de la mer - La marche à l'étoile - Les armes de la nuit* u. a.

Herman Wouk

Schriftsteller, geb. 1915 in New York, Pulitzer-Preis 1952.
Publikationen: *Die Caine war ihr Schicksal - Ein Mann kam nach New York - Nie endet der Karneval.*

Carl Zuckmayer

Schriftsteller, geb. 1896 in Nackenheim/Rhein. Universitätsstudium in Heidelberg (Naturwissenschaften). Kriegsdienst im Ersten Weltkrieg, emigrierte 1938 in die Schweiz und 1939 in die Vereinigten Staaten (Farmer und Schriftsteller). Publikationen: *Kreuzweg* - *Der fröhliche Weinberg* - *Schinderhannes* - *Katharina Knie* - *Hauptmann von Köpenick* - *Des Teufels General* - *Der Seelenbräu* - *Barbara Blomberg* - *Der Gesang im Feuerofen* - *Als wär's ein Stück von mir*. Auszeichnungen: Büchner-Preis 1928, Kleist-Preis 1947, Goethe-Preis 1952, Dr. h. c. Dartmouth-College 1956, Dr. phil. h. c. Universität Bonn 1957.

Inhalt

Die Sonnenblume 5

Von Schuld und Vergebung 109

Es gibt keine Antwort auf diese Frage 111

Saul Friedländer 111 Albrecht Goes 112 Roger Ikor 116 Joseph Kessel 122 Gabriel Marcel 123 Friedrich Torberg 124 Vercors 125 Herman Wouk 126

Niemand kann vergeben, was andere erlitten 128

Herbert Gold 128 Abraham J. Heschel 129 Jacob Kaplan 131 Robert M. W. Kempner 135 Hermann Kesten 137 Primo Levi 143 Jacques Maritain 145 Martin Niemöller 145 Kurt von Schuschnigg 146 Paul-Henri Spaak 151

Kein Recht und Gesetz ohne Gnade 153

Stefan Andres 153 Gustav Heinemann 155 Christopher Hollis 156 Leon Poliakov 162 Michel Riquet 162 Léopold Sédar Senghor 165

Sühne als Voraussetzung des Verzeihens 167

Hans Habe 167

Richtet nicht ... 172

Salvador de Madariaga 172 Hans Werner Richter 175 Luise Rinser 176

Schon die Reue ist eine gnädige Wirkung des göttlichen Geistes in uns 181

Petru Dumitriu 181 Helmut Gollwitzer 186 Rudolf Hagelstange 190 Paul Gerhard Linhardt 193

Sie haben das Menschenmögliche getan 197

Friedrich Heer 197 Ernst Simon 200 Carl Zuckmayer 202

Verzeihen aus Schwäche? 205

Golo Mann 205 Manès Sperber 206

Verzeihen fördert indirekt solche verbrecherischen Praktiken 210

René Cassin 210 Constantine FitzGibbon 213 Herbert Marcuse 216

So etwas darf nicht wieder geschehen 217

Jean Améry 217 Bischof Bluyssen 221 Carlo Schmid 228

Anhang 231

Die Autoren 233

Schutzumschlag und Einband Jan Buchholz und Reni Hinsch
unter Verwendung eines Ölgemäldes von Bernd Koether
Gesetzt aus der Korpus Janson-Antiqua
Gesamtherstellung Kleins Druck- und Verlagsanstalt, Lengerich